図解でわかる

# 14歳からの地政学

鍛冶 俊樹・監修
（軍事ジャーナリスト）
インフォビジュアル研究所・著

図解でわかる

# 14歳からの地政学

## 目次

## Part. 5
# 混乱するヨーロッパと中東

## Part.6
# 地政学的思考の基礎



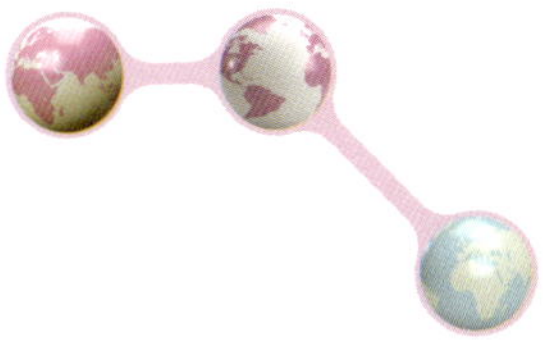

Geopolitics

# はじめに

# 「引っ越しのできない隣人同士」が共存するための理想と理性の地政学は可能だろうか

## 地政学 Geopolitics ＝地理学＋政治学

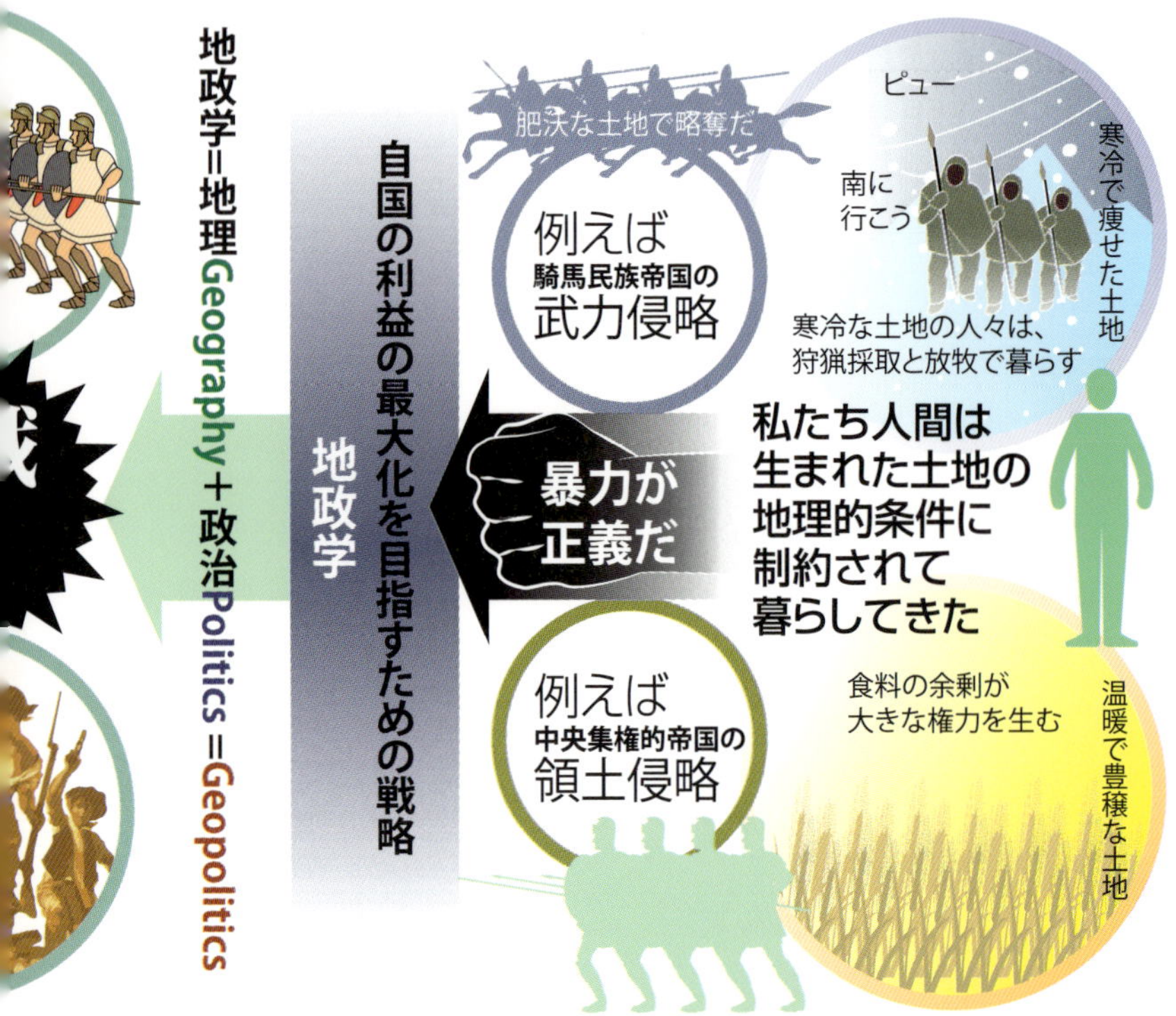

ピュー
寒冷で痩せた土地
南に行こう
寒冷な土地の人々は、狩猟採取と放牧で暮らす
肥沃な土地で略奪だ
例えば
騎馬民族帝国の
武力侵略
私たち人間は生まれた土地の地理的条件に制約されて暮らしてきた
暴力が正義だ
温暖で豊穣な土地
食料の余剰が大きな権力を生む
例えば
中央集権的帝国の
領土侵略
自国の利益の最大化を目指すための戦略
地政学
地政学＝地理Geography＋政治Politics＝Geopolitics


地政学という言葉を、よく耳にするようになりました。従来であれば、国際関係論とか、国際政治学と呼ばれる領域の事柄が、地政学と呼ばれるケースも多くなりました。地政学 Geopolitics とは、地理 Geography と政治 Politics を組み合わせた造語です。その趣旨は、国際的な政治・軍事に関わる事柄を、地理的な様々な条件を基に考察することです。

例えば、日本と中国の関係は、しばしば「引っ越しのできない隣人同士」と形容されます。ずっと土地の境界を巡って争いが絶えず、先祖代々仲が悪い。かといって引っ越すわけにもいかず、これからもずっと隣同士で暮らさなければならない。この絶対的な地理的条件の中で、我が家は隣との関係をどうするか。これを考えるのが典型的な地政学の課題です。

この課題に対して、答えは大きく2つあります。ひとつは、しかたがないから、どうやって仲良く暮らすか、その方法として政治・軍事だけではなく、双方の歴史や生活文化まで視野に入れて、最善の解決策を探ること。これが人間の理性に基づいた、地政学的問題解決の道筋です。

もうひとつは、面倒だから隣をぶち壊して自分の家にしてしまえ。これは、人間の欲望と憎悪、そして暴力を基本とした地政学的結論だと言えます。残念ながら、これが、かつての世界の常識でした。隣の異教徒、隣の異民族、隣の経済体制を滅ぼして領土を広げる戦いが、延々と繰り返されてきました。そして、地政学は、これらの戦いを正当化する理論として利用されてきました。

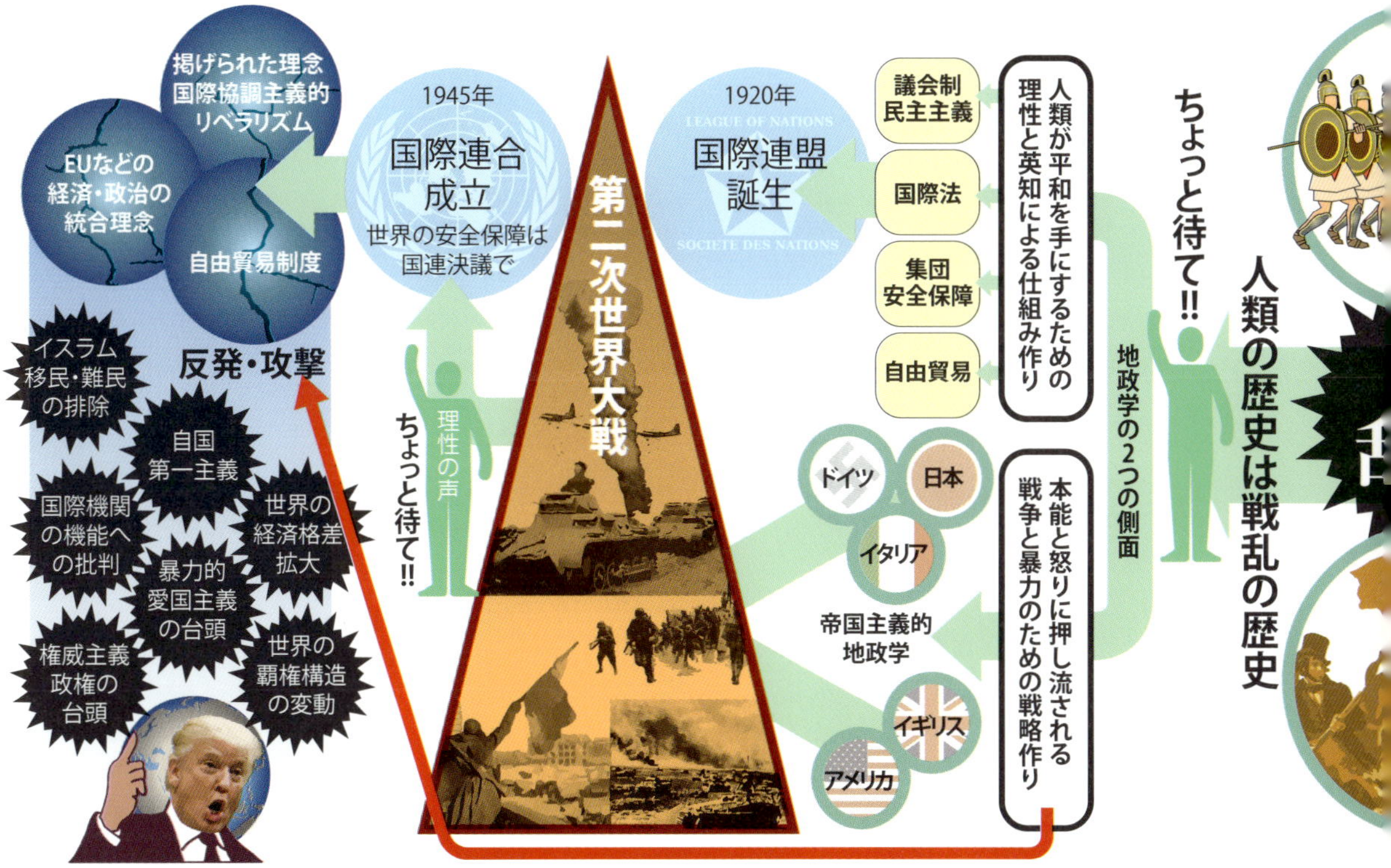
人類の歴史は戦乱の歴史
ちょっと待て!!
地政学の2つの側面
人類が平和を手にするための理性と英知による仕組み作り
本能と怒りに押し流される戦争と暴力のための戦略作り
議会制民主主義
国際法
集団安全保障
自由貿易
ドイツ
日本
イタリア
帝国主義的地政学
イギリス
アメリカ
1920年
国際連盟誕生
第二次世界大戦
1945年
国際連合成立
世界の安全保障は国連決議で
理性の声
ちょっと待て!!
掲げられた理念
国際協調主義的リベラリズム
EUなどの経済・政治の統合理念
自由貿易制度
反発・攻撃
イスラム移民・難民の排除
自国第一主義
国際機関の機能への批判
世界の経済格差拡大
暴力的愛国主義の台頭
権威主義政権の台頭
世界の覇権構造の変動

狭いヨーロッパをナチスドイツが席巻した時は「帝国の生存圏」という地政学的概念が他国への軍事侵略を正当化しました。同様に日本がアジアに進出した時には「大東亜共栄圏」という地政学的概念が提唱されました。また、アメリカが一貫して追求してきたのは「海洋大国」という地政学的国家戦略であり、その結果としての太平洋支配でした。

しかし、それらの結果起きた戦いのあまりの非道さ、あまりの破壊の凄まじさに、人間はやっと理性に立ち帰り、理性による地政学的問題解決を試みます。1000万人近い死者を出した第一次世界大戦のあと、国際連盟が誕生します。一国の利益ではなく、国際的な協調によって共通の利益を追求しようという、理性の声が人々を動かしました。ところが、この理性の声がまた欲望と憎悪に塗り替えられ、第二次世界大戦が勃発しました。

いま私たちが生きているのは、第二次大戦が終わり、人類が理性を取り戻した時代です。国際連合が結成され、ヨーロッパにはEUが誕生しました。リベラリズムと自由貿易、そして多文化主義を基調とする、グローバルな平和主義の時代でした。

しかし、この理性の平和の時は、いま大きな転機を迎えています。

再び自国第一主義が叫ばれ、異民族・異教徒の排斥が叫ばれ、恒久平和という理想のために人類がつくり出した国際協調の制度が揺らいでいます。

本書は、地政学というフィルターを通して、世界のいまの姿を俯瞰《ふかん》しようとするものです。地政学的危機と言われる現場には、いま見えている地表の下に、民族の生活文化、宗教、経済的営みの歴史、戦いの記憶、近隣との交渉など、その民族の歴史の総体がいまも熱いマグマのように埋もれています。本書が目指したのは、この総体を可能な限り地表に取り出すことです。それは、政治的・軍事的に対立する民族、国家の、対立の構造を可視化する試みとも言えます。

その視点の先に、地球に生きる「引っ越しのできない隣人」のための、理想と理性による新しい地政学的解決が見えるでしょうか。

Part 1
地政学的
危機の現場へ
1

ホルムズ海峡

# 日本のタンカー攻撃事件は中東地政学の高等練習問題

アメリカとイランが対峙する
ペルシア湾ホルムズ海峡で
日本のタンカーが攻撃され
炎上した

## 謎に包まれたタンカー攻撃の意図

２０１９年６月13日、ホルムズ海峡オマーン沖で、日本の会社が運行するタンカーが、何者かの攻撃を受け、炎上しました。折しも、緊迫するアメリカとイランの関係調整のために、日本の安倍首相がイラン首脳と話し合いを行った、その日に起こった事件でした。

この事件の意図と犯人をめぐって、世界では様々な憶測が流れ、幾つもの犯人説が浮上しました。まず、事件直後にアメリカが「イラン革命防衛隊の仕業だ」と断定します。その証拠として偵察機から撮影した、革命防衛隊とおぼしき小型船の映像を公開しました。しかし、この説に関係国は一様に疑問を呈し、日本も態度を保留します。

わざわざ日本の安倍首相を招き、アメリカとの交渉の打開策を協議しようとしていたのはイランです。そのイランが自らの試みに水を浴びせて、どのような利益があるのか？　当然のことながら、イランはアメリカのコメントを即座に否定します。

次に浮上したのがアメリカの自作自演説です。ベトナム戦争に介入するきっかけとなった、アメリカの謀略トンキン湾事件（ｐ51参照）を世界はまだ忘れていません。

その後も、諸説が飛び交います。犯人はイランと敵対しているサウジアラビア、アラブ首長国連邦とイスラエルが雇ったゲリラだ。いやいや、実はイランの内部の反体制ゲリラだと。そして、テレビでは識者《しきしゃ》が訳知り顔で言います。

「中東では、何が起こるかわからない」と。

## 中東情勢は、なぜ予測不可能なのか

中東とは地政学的な概念です。かつてイギリスがインドを植民地支配した時代、イギリスから見て東方のインドとの間の地域

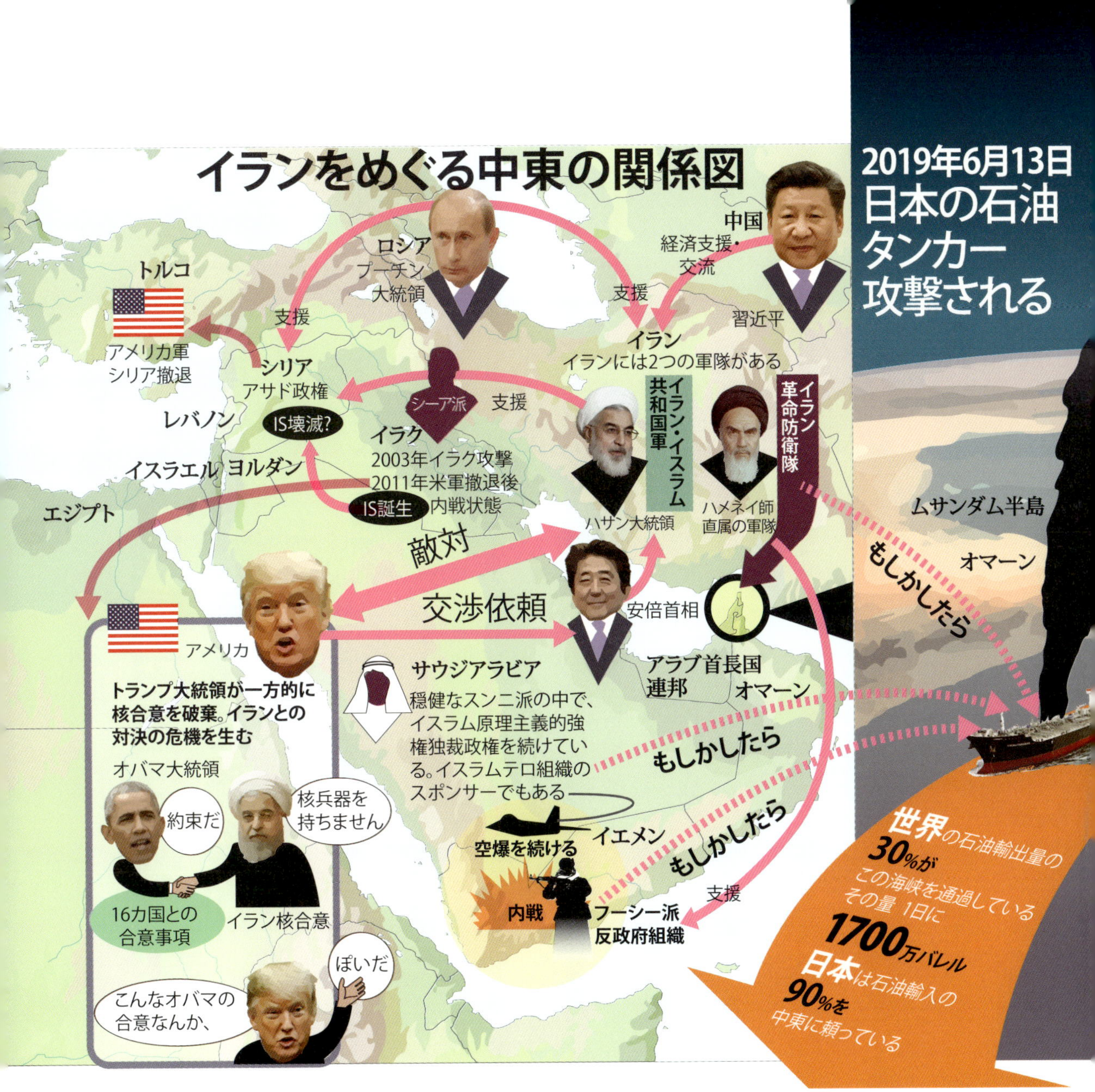


をそう呼んだのです。地理的には北アフリカからアフガニスタンまでを指します。

アフリカとアジアを結び、ヨーロッパにも隣接する地の利によって、中東は古来、地政学的に重要な地域でした。

エジプト、メソポタミア、ペルシア（現在のイラン）、ローマ帝国、オスマン帝国など、幾多の文明の舞台となり、こうした民族文化の影響を現在に継承してもいます。

また、ユダヤ教、キリスト教、イスラム教が誕生した地でもあり、これら3宗教の共存と対立、抗争の歴史が続いていることを、私たちは知っています。

この民族、文明、宗教が複雑に絡み、対立する地域で、近代になり石油が発見されたことで、欧米との資源をめぐる抗争の歴史が始まります。特に、イランとアメリカの積年の抗争、そこから拡大したイラク、アフガニスタン、シリアの紛争が現在へと受け継がれています。

今回のタンカー攻撃事件は、地球の地層のように深い、中東の地政学的な歴史が、地表に噴出させた噴火のひとつとも言えるでしょう。この噴火の要因については、p58から詳しく探っていきます。

Part 1
地政学的危機の現場へ
2

南沙諸島

# なぜ大陸国中国は南シナ海内海化を強引に推し進めるのか

## 南シナ海進出によりアメリカを牽制

地政学の法則のひとつに内海化があります。海域周辺の島々、沿岸地域を勢力圏に収め、その海域をあたかも自国の海のように支配することです（詳しくはｐ78）。現在、中国が南シナ海で実施する強引な島嶼《とうしょ》の軍事基地化は、その典型といえます。

左の地図は、南シナ海の海底地形とベトナム、フィリピン、中国が管理権を主張する境界線、そして中国が進出する南沙《なんさ》諸島を重ね合わせたものです。南シナ海は大陸から浅い大陸棚が続き、ベトナムとフィリピンの間で深い海溝《かいこう》になっていることがわかります。中国が主張する九段線と称する境界線は、この海溝の縁を取り囲んでいます。中国の意図が、この海域の平均水深１２００ｍ以上の深海と、そこから顔を出す岩礁《がんしょう》群の内海化にあるのは一目瞭然です。

中国は、米軍が１９７３年に南ベトナムから撤収すると、南ベトナムが領有していた南シナ海の西側にあるパラセル諸島を占領。１９９２年に米軍がフィリピンから撤収すると、フィリピンやベトナムなどが領有を主張していた南沙諸島に一方的に軍事基地の建設を開始し、２０１４年には、軍用機が発着できる飛行場や軍艦が寄港できる巨大な軍事施設の建設が開始され、現在も進行中です。

南シナ海の中央に位置する南沙諸島を把握したことで、中国はいつでも南シナ海の沿岸国に陸軍を大量に派兵し、通行する諸外国の航空機や船舶を軍事的に停止させることができるようになりました。

そして中国のもうひとつの目的は、アメリカに対して核報復力を誇示することです。大陸間弾道ミサイル搭載の原子力潜水艦を、この内海の深部に潜ませ、台湾から西太平洋へ進出させることを意図しています。

当然アメリカは中国の南シナ海の内海化を認めない方針で、米海軍の艦隊による「航行の自由」作戦を敢行。ここに米中の地政学的危機的状況が生み出されました。

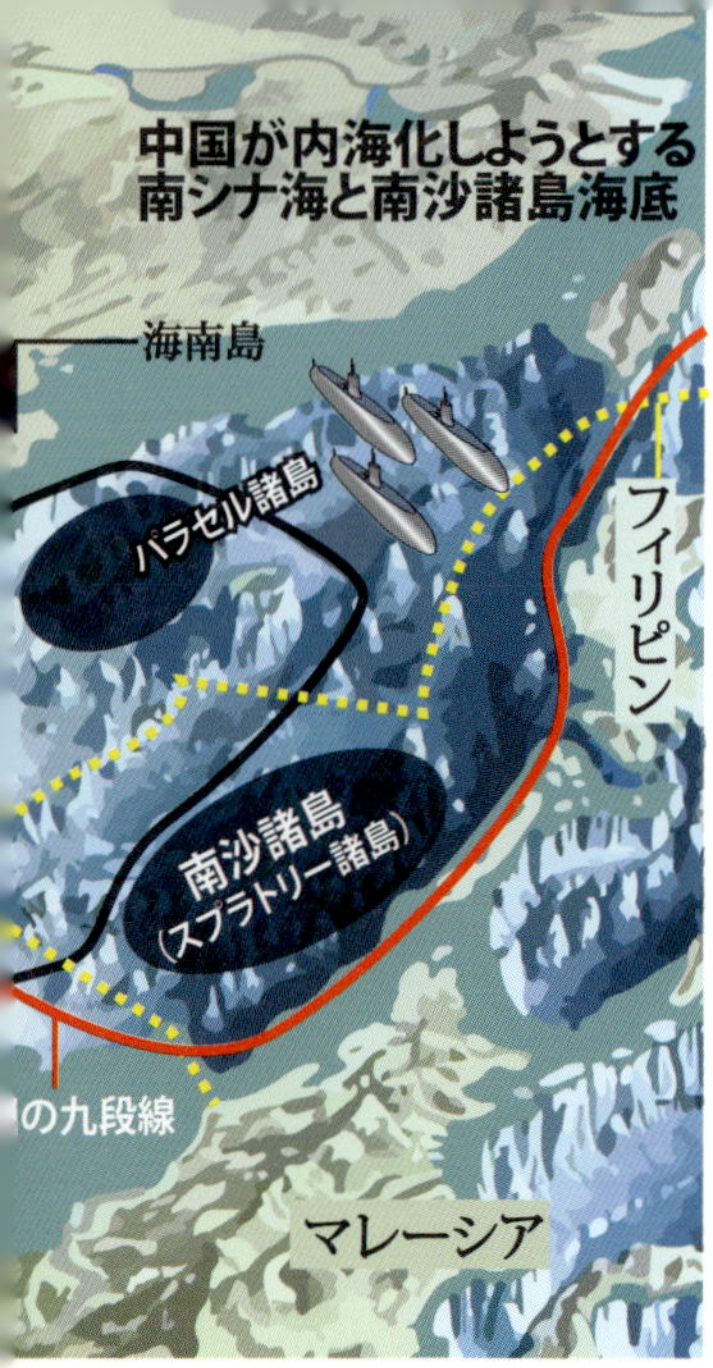
中国が内海化しようとする
南シナ海と南沙諸島海底
海南島
パラセル諸島
フィリピン
南沙諸島
（スプラトリー諸島）
の九段線
マレーシア

**ティザード堆**

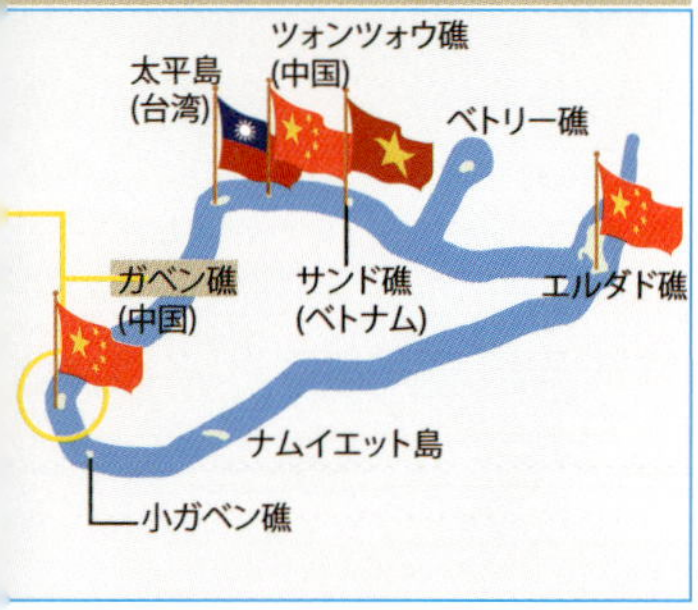
ツォンツォウ礁（中国）
太平島（台湾）
ベトリー礁
ガベン礁（中国）
サンド礁（ベトナム）
エルダド礁
ナムイエット島
小ガベン礁

**ティザード堆**
その島嶼のひとつであるガベン礁では中国による埋め立てが進んでいる。島内にはレーダー設備を備えた施設やヘリパッド、大型船が接近できる港湾施設の建設が確認されている

# 中国の南沙諸島進出状況

**⑤スビ礁**
ドーム型レーダー施設や3,000m級滑走路、高さ55mの灯台の建設のほか、ミサイルの砲台や格納庫、バスケットボールコートなどが整備されている。中国人民解放軍海軍が駐留する

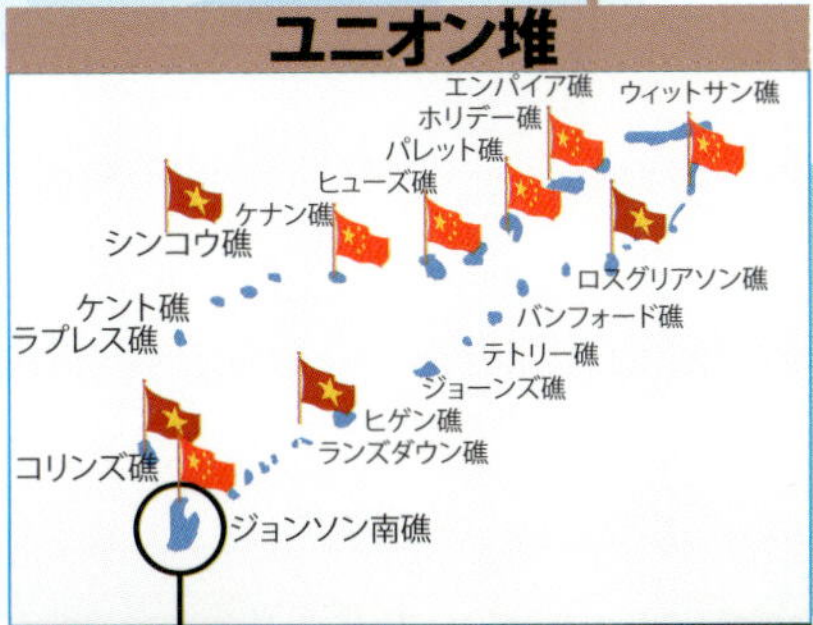

**ファイアリー・クロス礁（永暑島）**
南沙諸島最大の人工島。軍事関係者200人が常駐し、ロケットランチャーが配備される。ほかにも中国国有の通信会社が移動通信基地を設置、3,000m級滑走路の建設や軍港施設の整備が進んでいる

**ユニオン堆**
その島嶼のひとつである、ジョンソン南礁は中国が実効支配を行う。海南省の一部とされ、島内には高さ50mの灯台が建設、ほかにもレーダー塔や携帯電話の通信塔などの施設が確認されている

**ミスチーフ礁**
約190もの建造物や3,000m級の滑走路、気象観測所などが建設されている。環礁南側を拡幅し、周辺には軍艦も多数見られるため、将来的に海軍基地として使用されることが予想される

Part 1
地政学的
危機の現場へ
3

尖閣諸島

# 習近平の「海洋強国政策」の実験場
# 中国との果てしない消耗戦が続く

## 日本領海を脅かす中国の意図

2010年9月、沖縄県の尖閣《せんかく》諸島の日本領海内で、違法操業の中国の漁船が日本の巡視船に体当たり攻撃を繰り返した末、海上保安庁により拘束されました。この事件をきっかけに、中国では激しい反日デモが組織されました。

事件への反応はこれで収まらず、日本人会社員4人の拘束事件、日本へのレアアース輸出停止など経済制裁へとエスカレートします。この一連の事件は、中国共産党の厳重なコントロール下で、意図的に引き起こされたとみて間違いありません。

中国は1960年代まで尖閣諸島を日本領として認めていましたが、1970年代、尖閣諸島周辺での天然ガス埋蔵が確認されると、突然自国領と主張し始めたのです。

そして1992年、米軍のフィリピン撤

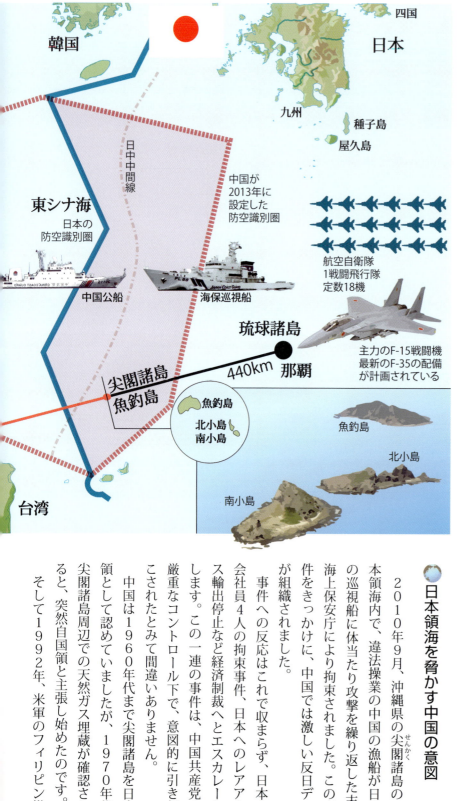

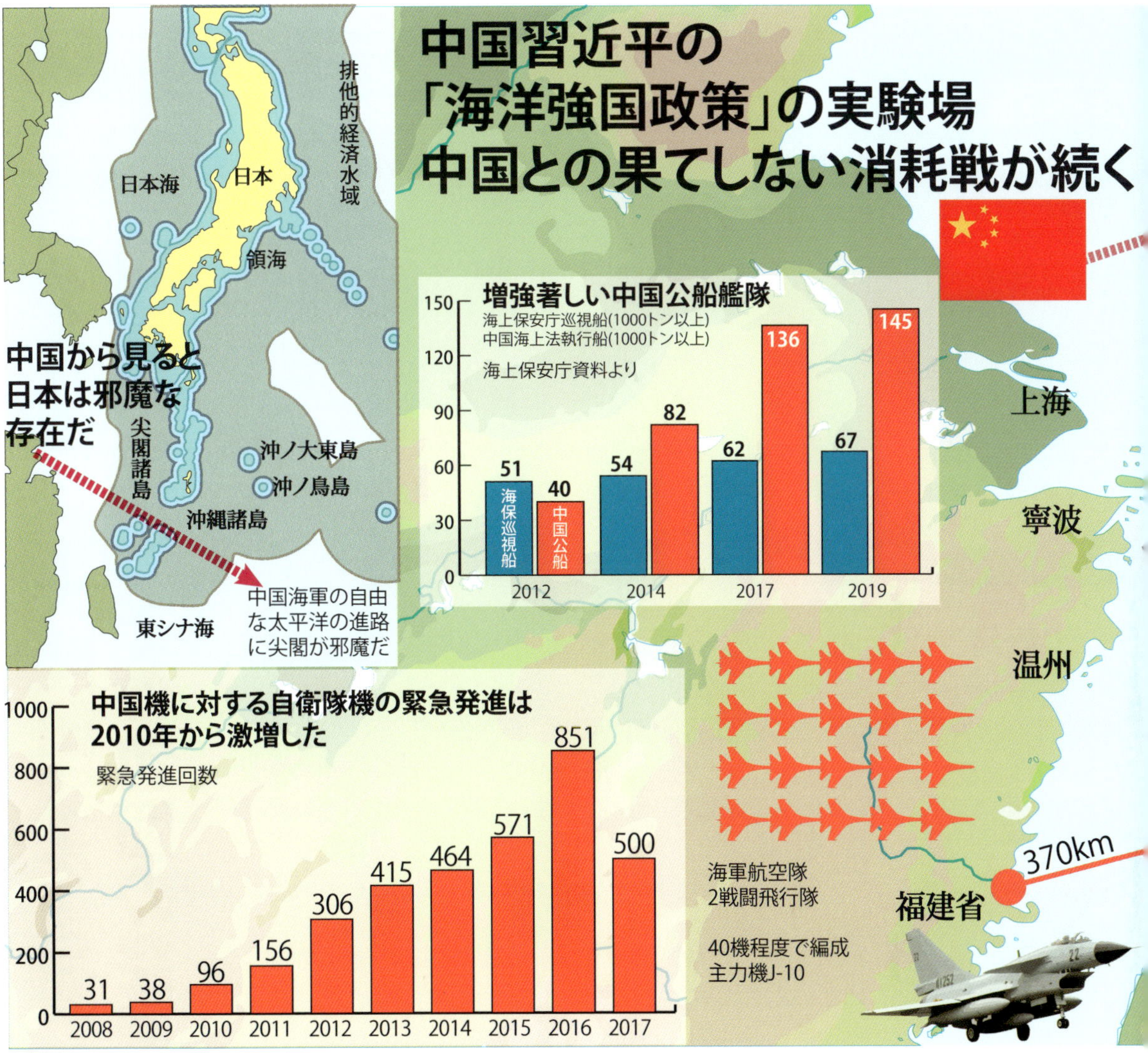


収を契機に、尖閣周辺で中国漁船が操業を始め、無断上陸事件も起こりました。このような経緯の上で、２０１０年の漁船衝突事件が起きたのです。

この事件以来、中国の海洋警察は尖閣周辺を我が物顔で航行するようになり、日本の排他的経済水域でありながら、中国の漁船は操業でき、日本の漁船は中国船に追尾され安心して操業できない状況が続いています。これに対抗し、日本の海上保安庁の巡視船の警備行動も本格化しています。

中国は船舶と同様に、福建省《ふっけん》の航空隊から発進した戦闘機による防空識別圏への飛行も常態化。自衛隊機による緊急発進も、２０１６年の８００回をピークに、現在も年間４００回以上も実施されています。

このような中国軍の強引とも言える東シナ海進出は、２０１２年に表明された習近《しゅうきん》平《ぺい》主席の「海洋強国建設」によって、中国政府の基本政策として実行されています。東シナ海を太平洋へ自由に出入りできる中国の海にする。この目的のために、物量に勝る中国によって、先の見えない消耗戦が仕掛けられています。尖閣諸島の地政学的危機は、ここに存在しています。

米中覇権戦争

# アメリカは大陸国家を包囲し いま中国は、その包囲の突破を図る

## 覇権国アメリカの3つの勢力圏

まず左の地図を見てください。ここではアメリカの地政学的な展開と、中国の習近《しゅうきん》平《ぺい》政権が掲げる「一帯一路《いったいいちろ》」の展開が、ユーラシア大陸の周辺で敵対的に干渉し合っている様子を図示しています。

この地図を見ると、アメリカの勢力圏が、海を越えてユーラシア全域にわたって及んでいることがわかります。アメリカは大陸国家と思われがちですが、実は海洋に進出する海洋国家なのです（詳しくはｐ76～77）。海洋国家としてのアメリカの勢力圏は、３つの領域に分かれていることが見て取れます。この３つの勢力圏は、第二次世界大戦後の米ソ冷戦で、アメリカがソ連に対抗するために設定されたものでした。

第一の領域は、ヨーロッパを覆うアメリカとヨーロッパの共同軍事同盟ＮＡＴＯ（北大西洋条約機構）圏です。これはまさにヨーロッパに大陸国家ソ連のパワーが及ぶのを防衛するためのものでした。

第二の領域は、アフリカの東海岸からインドネシアに至る海域と、その防御地域です。このゾーンは、中東からアメリカの同盟国への石油輸送の安全を確保するためのものです。

第三の領域は広大な太平洋ですが、その防衛の目的は、ソ連・中国などの社会主義国の影響がその外縁諸国に及ぶこと（かつては共産主義のドミノ理論と言われました）を防ぐために設定されたものです。アメリカは一番北側の日本からインドネシアまでの国々と、個別に軍事協定を結び、共産主義国の勢力拡大を警戒していました。

アメリカは、この地球全域を覆う勢力圏に世界最強の軍事力を配備しています。海洋には打撃艦隊と呼ばれる、原子空母を中核とした、海洋から内陸を攻撃できる戦

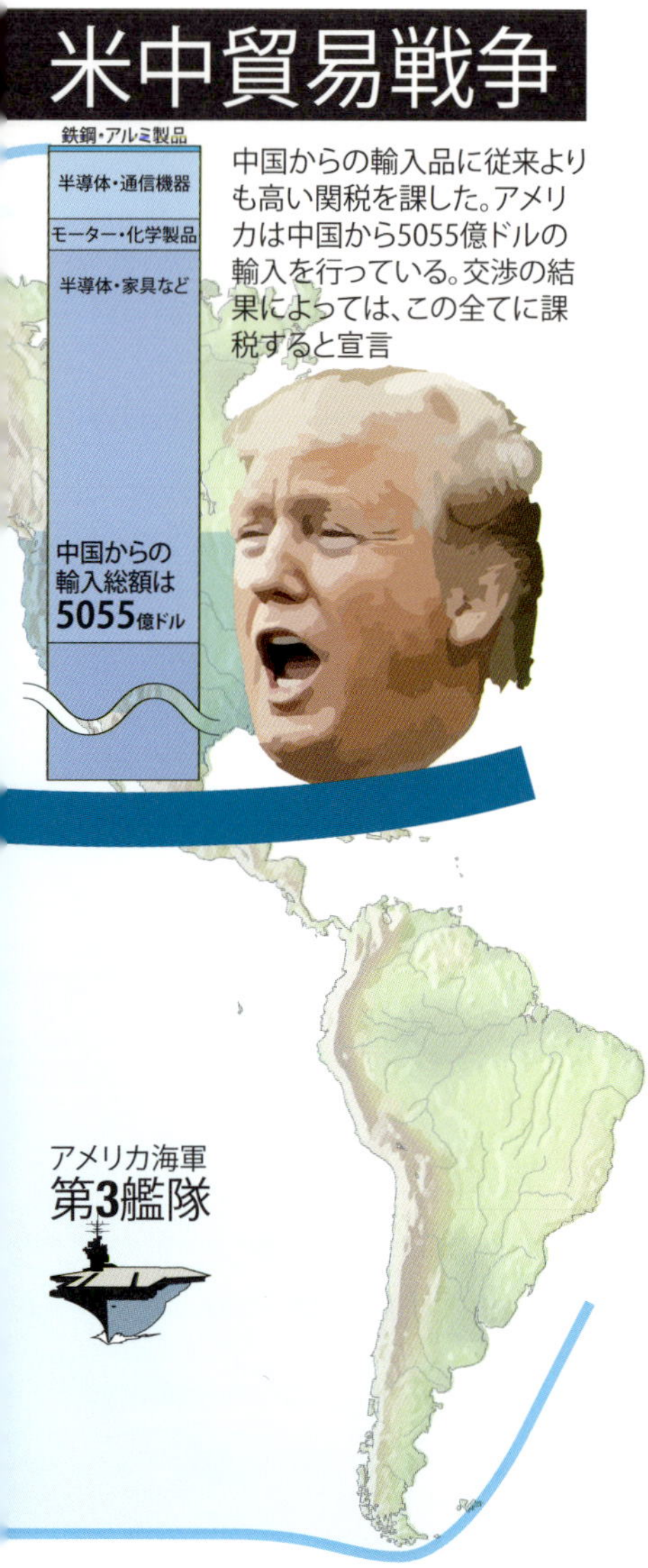
米中貿易戦争
鉄鋼・アルミ製品
半導体・通信機器
モーター・化学製品
半導体・家具など
中国からの輸入品に従来よりも高い関税を課した。アメリカは中国から5055億ドルの輸入を行っている。交渉の結果によっては、この全てに課税すると宣言
中国からの輸入総額は5055億ドル
アメリカ海軍
第3艦隊

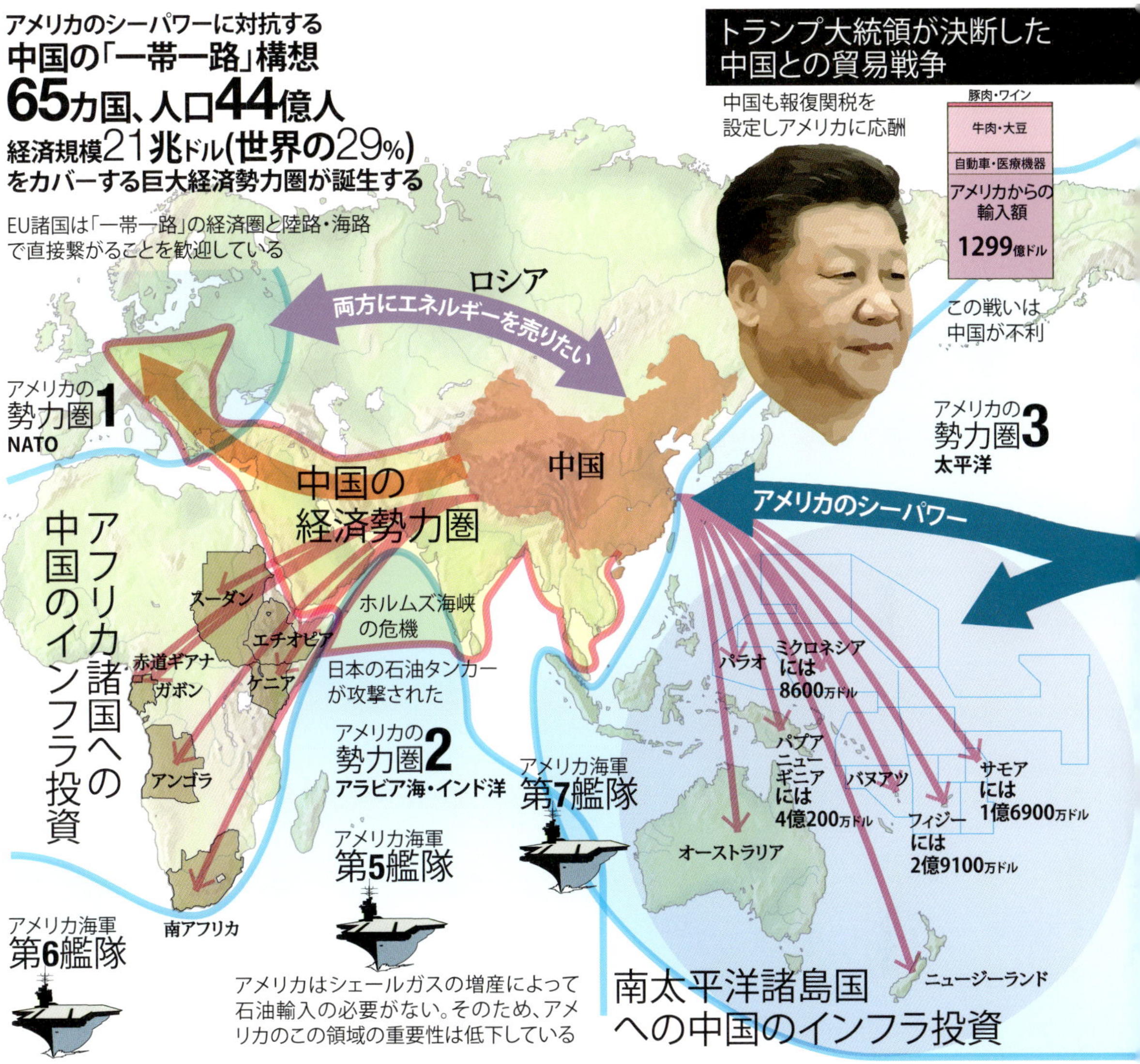
アメリカのシーパワーに対抗する
中国の「一帯一路」構想
65カ国、人口44億人
経済規模21兆ドル(世界の29%)
をカバーする巨大経済勢力圏が誕生する
EU諸国は「一帯一路」の経済圏と陸路・海路で直接繋がることを歓迎している
トランプ大統領が決断した中国との貿易戦争
中国も報復関税を設定しアメリカに応酬
豚肉・ワイン
牛肉・大豆
自動車・医療機器
アメリカからの輸入額
1299億ドル
この戦いは中国が不利
ロシア
両方にエネルギーを売りたい
アメリカの勢力圏1
NATO
中国
アメリカの勢力圏3
太平洋
中国の経済勢力圏
アメリカのシーパワー
アフリカ諸国への中国のインフラ投資
スーダン
エチオピア
赤道ギアナ
ガボン
ケニア
アンゴラ
南アフリカ
ホルムズ海峡の危機
日本の石油タンカーが攻撃された
アメリカの勢力圏2
アラビア海・インド洋
アメリカ海軍第7艦隊
アメリカ海軍第5艦隊
アメリカ海軍第6艦隊
パラオ
ミクロネシアには8600万ドル
パプアニューギニアには4億200万ドル
バヌアツ
フィジーには2億9100万ドル
サモアには1億6900万ドル
オーストラリア
ニュージーランド
アメリカはシェールガスの増産によって石油輸入の必要がない。そのため、アメリカのこの領域の重要性は低下している
南太平洋諸島国への中国のインフラ投資

力を配備しています。陸上にも世界に約800箇所、約20万の兵を配備しています。1991年に、この防衛圏の敵であったソ連が崩壊しました。その時点で、アメリカの広大な防衛圏は役割を終えたはずでした。しかしそうはなりませんでした。この軍隊は、あたかも世界の警察官のように振る舞い、各地で発生する紛争や、アメリカが敵とみなす国々への軍事行動を続けてきました。第二次世界大戦後も、アメリカは戦い続けてきたのです。このような戦いを、アメリカは自らの使命とし、その戦いの正義を世界に宣言してきました（p30参照）。

この軍事によって平定された世界は、同時にアメリカの通貨ドルによる自由貿易と、自由な経済行為が保証された世界でもあります。国境を越えて、単一の通貨システムと経済・金融システムが働く世界をグローバル経済の世界と呼び、このようなシステムを設定した国家を覇権《はけん》国家と呼ぶこともあります。

このような覇権国家アメリカは、どのようにしてできてきたのでしょうか。覇権国アメリカの歴史については、p24から詳しく見ていきます。

## アジアの時代とは

# かつて世界の富の大半はアジアにあった 西欧の繁栄は歴史の中の例外か？

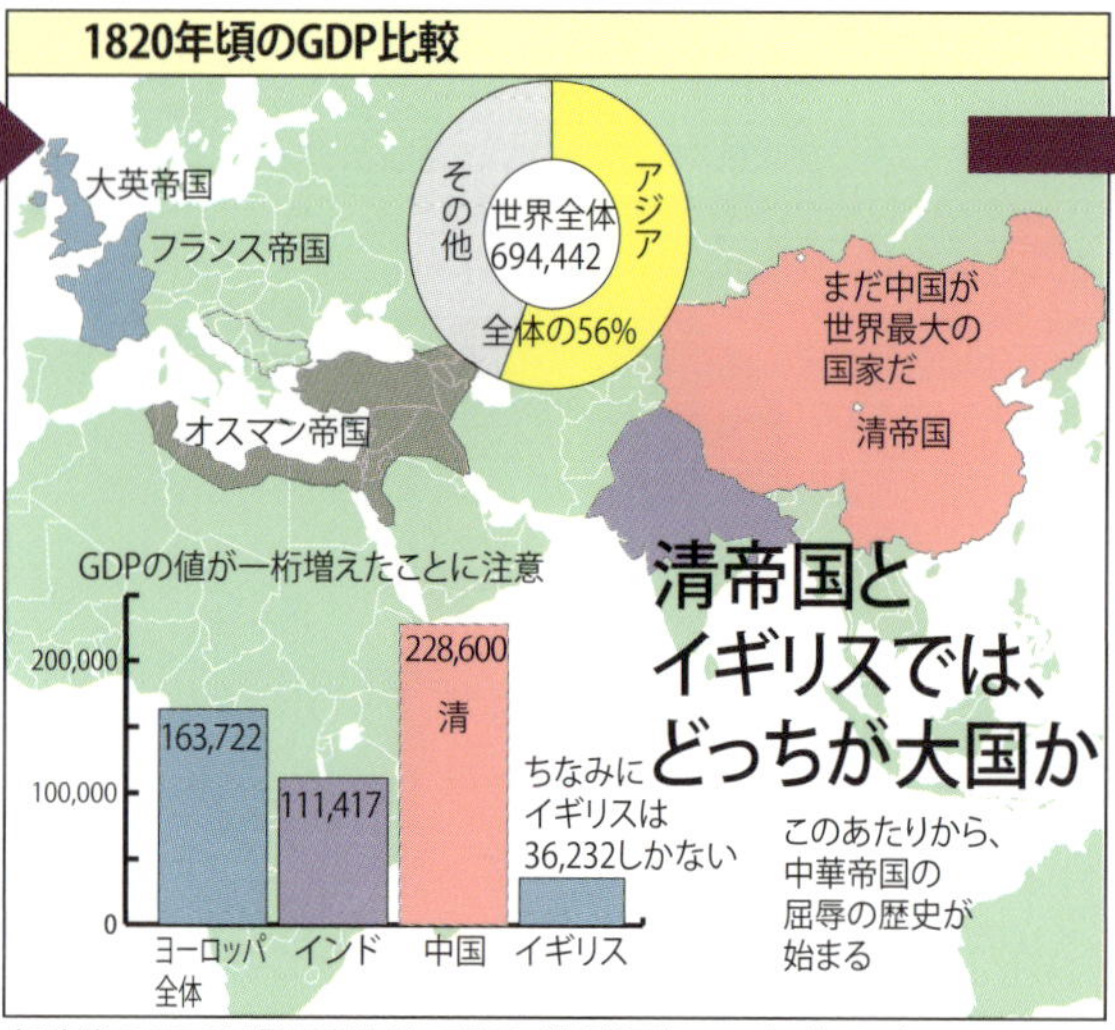
1820年頃のGDP比較
大英帝国
フランス帝国
オスマン帝国
その他
アジア
世界全体 694,442
全体の56%
まだ中国が世界最大の国家だ
清帝国
清帝国とイギリスでは、どっちが大国か
GDPの値が一桁増えたことに注意
200,000
100,000
0
163,722
111,417
228,600 清
ちなみにイギリスは36,232しかない
このあたりから、中華帝国の屈辱の歴史が始まる
ヨーロッパ全体
インド
中国
イギリス

各時代のGDPは『経済統計で見る 世界経済2000年史』による

18~19世紀は
大英帝国の時代だった
産業革命
帝国主義
資本主義
議会民主主義

西欧的社会制度を作る

そして20世紀は
アメリカの時代
自由と民主主義
自由な貿易
自由な金融資本主義
世界の警察官

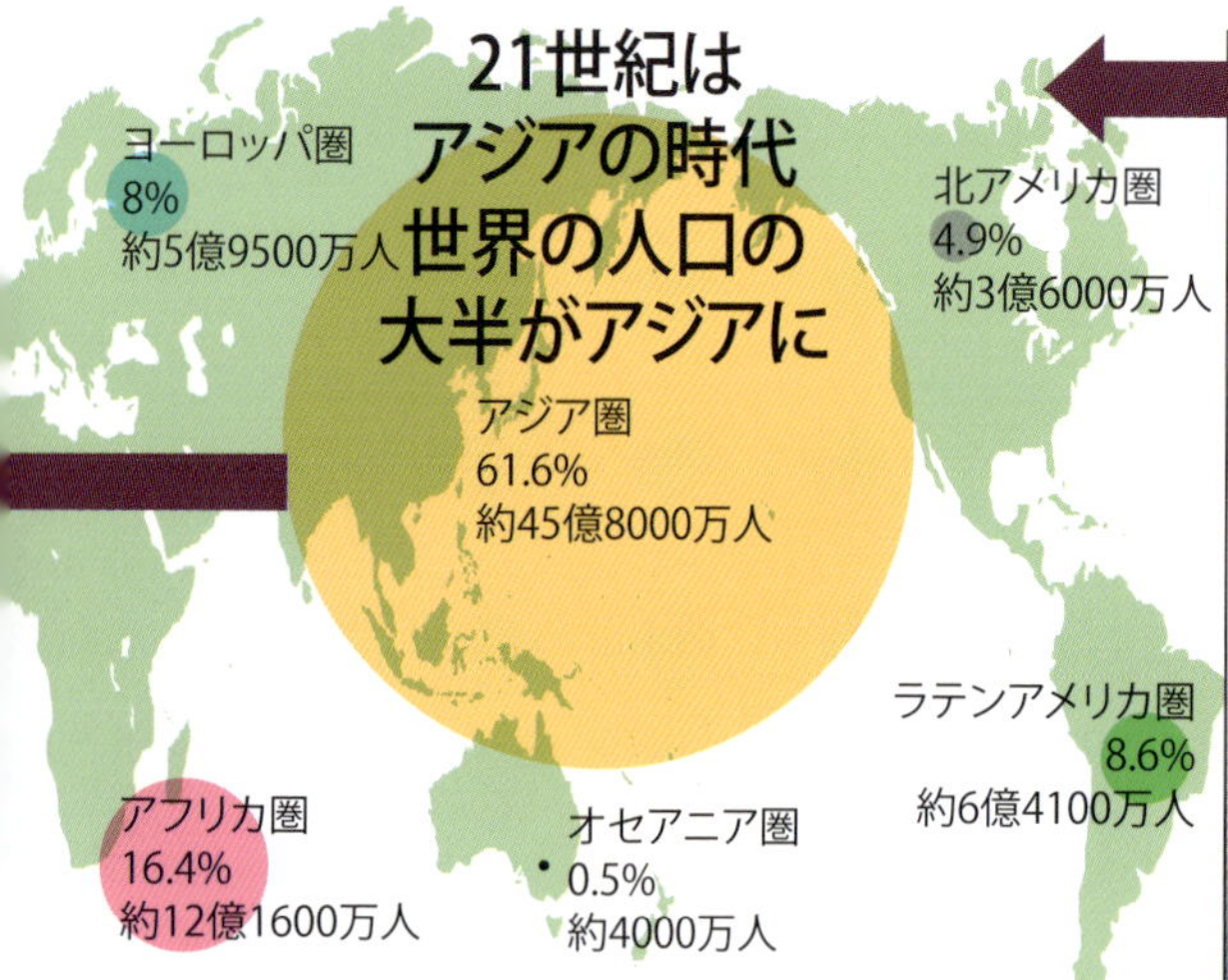
21世紀はアジアの時代 世界の人口の大半がアジアに
ヨーロッパ圏 8% 約5億9500万人
北アメリカ圏 4.9% 約3億6000万人
アジア圏 61.6% 約45億8000万人
ラテンアメリカ圏 8.6% 約6億4100万人
アフリカ圏 16.4% 約12億1600万人
オセアニア圏 0.5% 約4000万人

国連調査「World Population Prospects」より

### 2000年間世界の中心はアジアだった

地政学だけではなく、経済学、国際政治学、文明史学など幅広い分野で、近年一致して提唱されているテーマがあります。

21世紀は、国際経済・政治の中心軸が、欧米からアジアに移動する、という主張です。この主張の裏側にあるのは、欧米先進国の経済成長の限界、人口の減少と高齢化、欧米諸国の優位を保ってきた技術革新、経済・貿易システムの制度疲労など、先進国側の構造的な衰退現象です。

シンガポール国立大学リー・クアンユー公共政策大学院のキショール・マブバニ院長はこう述べます。「西洋が世界を支配したこの2世紀が、長い歴史の中では顕著な例外であることもまた事実である。何しろ西暦1年から1820年までの長きにわたり、世界の二大経済大国はずっと変わらず

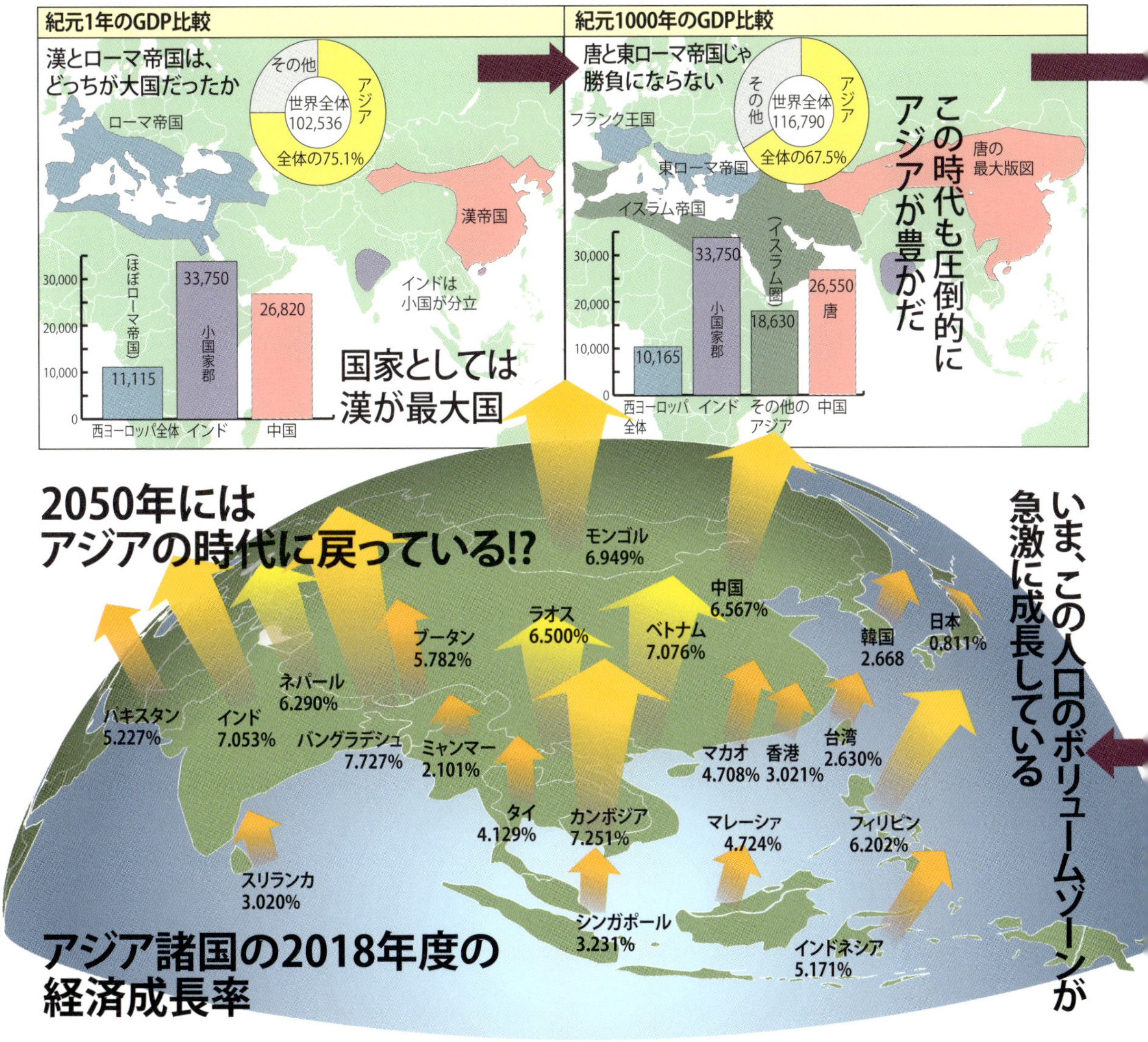


中国とインドだったのである」

上段にある図を見てください。キショール院長が言う、西暦1年と1820年頃の世界経済の規模をヨーロッパとアジアで比較したものです。1820年頃に限っても、当時のイギリスのGDP（国内総生産）は中国の16％程度しかありません。アジアの圧倒的な豊かさを知ることができます。

この後、世界はイギリスを筆頭とする西欧諸国の時代に突入します。産業革命に伴う科学技術革新、資本主義経済、民主主義制度、世界を繋ぐ自由な貿易システムなどの近代化によって世界の富は欧米先進国に集中しました。アジア・アフリカ諸国は低開発国として、相対的な貧困に沈みました。

そんな状況が約200年間続き、再びアジアの時代が来る。そう言われる理由は何でしょうか。最も直接的な指標は世界の人口構成です。現在、いわゆる欧米先進国の人口が世界人口の13％に過ぎないのに対し、約60％以上がアジアに集中しています。この60％の人々がいま豊かになろうとしています。世界の経済成長の中心はアジアに移り、その推進力は、かつての世界一の経済大国の地位を奪還《だっかん》しようとする中国です。

中国の社会主義的市場経済はアメリカと対峙
アジアの時代の覇権争いの勝者となるのか
ロシア
世界貿易輸出額
世界1位
2兆4870
億ドル
人口は
世界1位
13億
9538万人
世界貿易輸出額
2位 アメリカ
1兆6640億ドル
輸出額
日本は4位
7384億ドル
日本
日本海
日米安全
保障条約
黄海
アメリカの勢力圏
突破しようとする中国
太平洋
中華人民共和国
尖閣諸島問題
台湾併合問題
台湾
パキスタン
ミャンマー
アメリカのシーパワー
ラオス
タイ
南沙諸島
問題
中国が想定する
第2列島線
カンボジア
ベトナム
フィリピン
インドネシア
マレーシア

## アメリカの覇権 vs 中国の台頭

# 世界の地政学的転換点にいる一党独裁資本主義という大国・中国

### 世界第2の大国がもたらす影響

中国が日本を追い抜いて、GDP（国内総生産）でアメリカに次ぐ世界第2の経済大国になったのは、2010年のこと。その30年前、中国が資本主義市場経済への路線を敷いた当時のGDPは、現在の47分の1にすぎなかったなど、現在の若い世代には信じられないでしょう。

その中国がいま国際社会で、唯一の覇権《はけん》国アメリカと対峙《たいじ》する超大国としての立場を鮮明にしています。中国の台頭が、国際社会へ及ぼす影響は多岐にわたりますが、ここでは大きく3点にまとめてみましょう。

まず第1点は、前項で見たように、経済力の重心がアジアに移動する時、その渦の中心が中国となることです。

第2点は、欧米が主導したグローバル経済の勝者が、その経済体制を支える自由

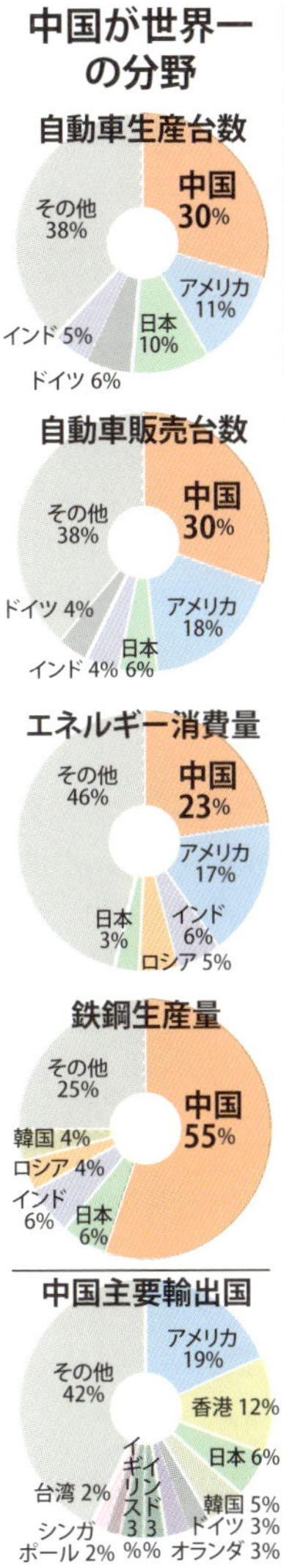


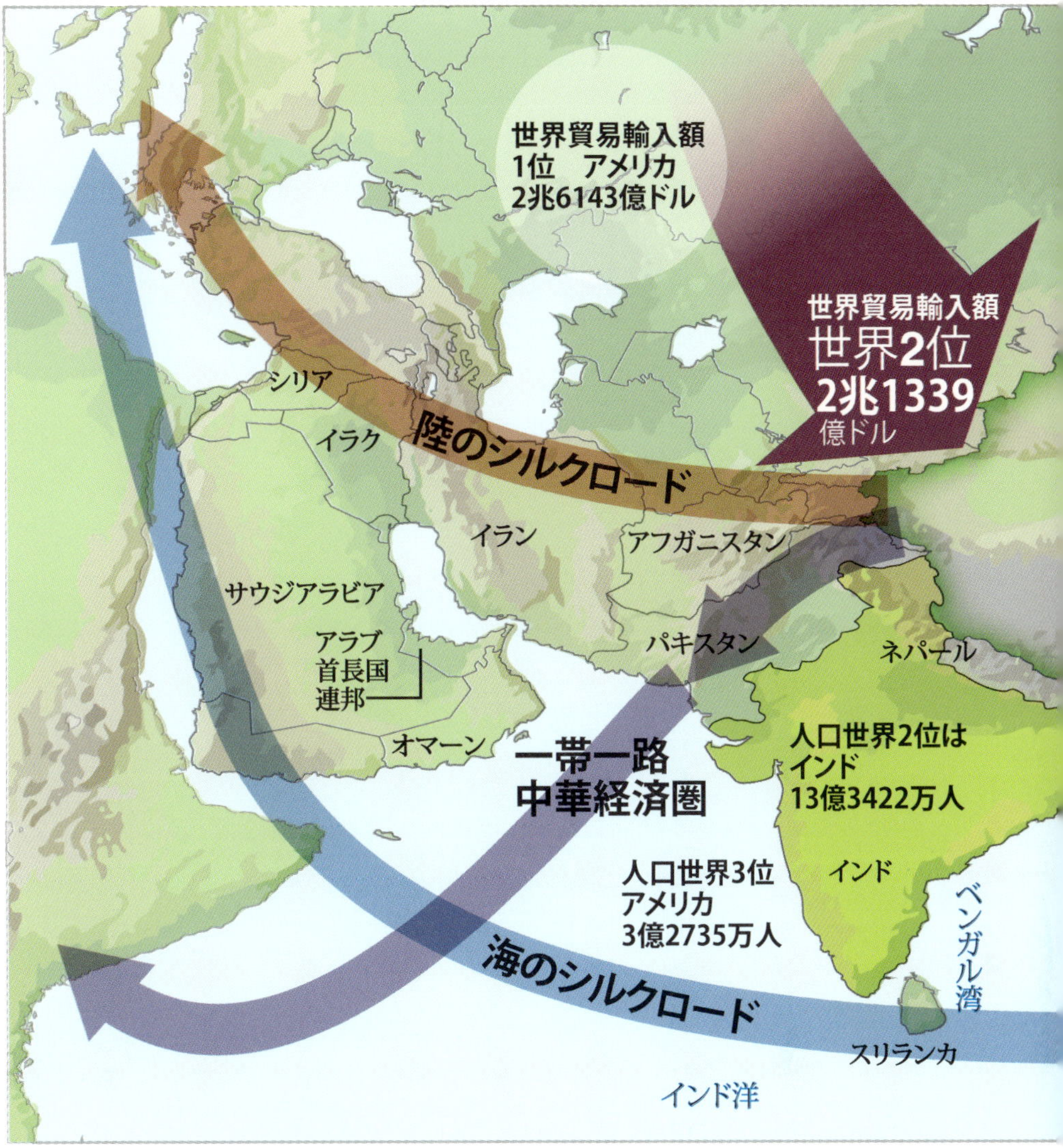


主義政治体制ではなく、共産主義一党独裁の政治体制であったことです。当初、国際社会は中国経済を支援しました。アメリカの歴代民主党政権も、積極的な投資と人的な交流を行い、中国経済の自立を助けました。その目的は、中国の第2のロシア化だったと言えます。長く冷戦を戦ったソ連は、1991年に経済と政治の民主化の過程で崩壊しました。同様に中国も、経済の民主化によって豊かさを知った民衆が政治の民主化を促し、その結果として共産党支配が瓦《が》解《かい》することをアメリカは期待していました。

しかし、事態はアメリカが望むように推移せず、共産党による国家資本主義という特異な形態の経済体制が、現在の巨大な経済圏を誕生させたのです。

そして第3点はもっと深刻で、この巨大な経済力は、アメリカにとって見過ごせない規模の軍事力を中国の人民解放軍にもたせました。ソ連崩壊後、唯一の軍事覇権国として君臨したアメリカの地政学的パワーバランスが、中国の登場で大きく変化しようとしています。次のページから、この中国という国家をつくりあげてきた歴史を通して、現在の姿を探ってみましょう。

## 中国は世界の中心だった

# 習近平が言う「中華帝国」の栄光と屈辱の歴史認識を知る

## 中華帝国は周辺の民をこう見ていた!!

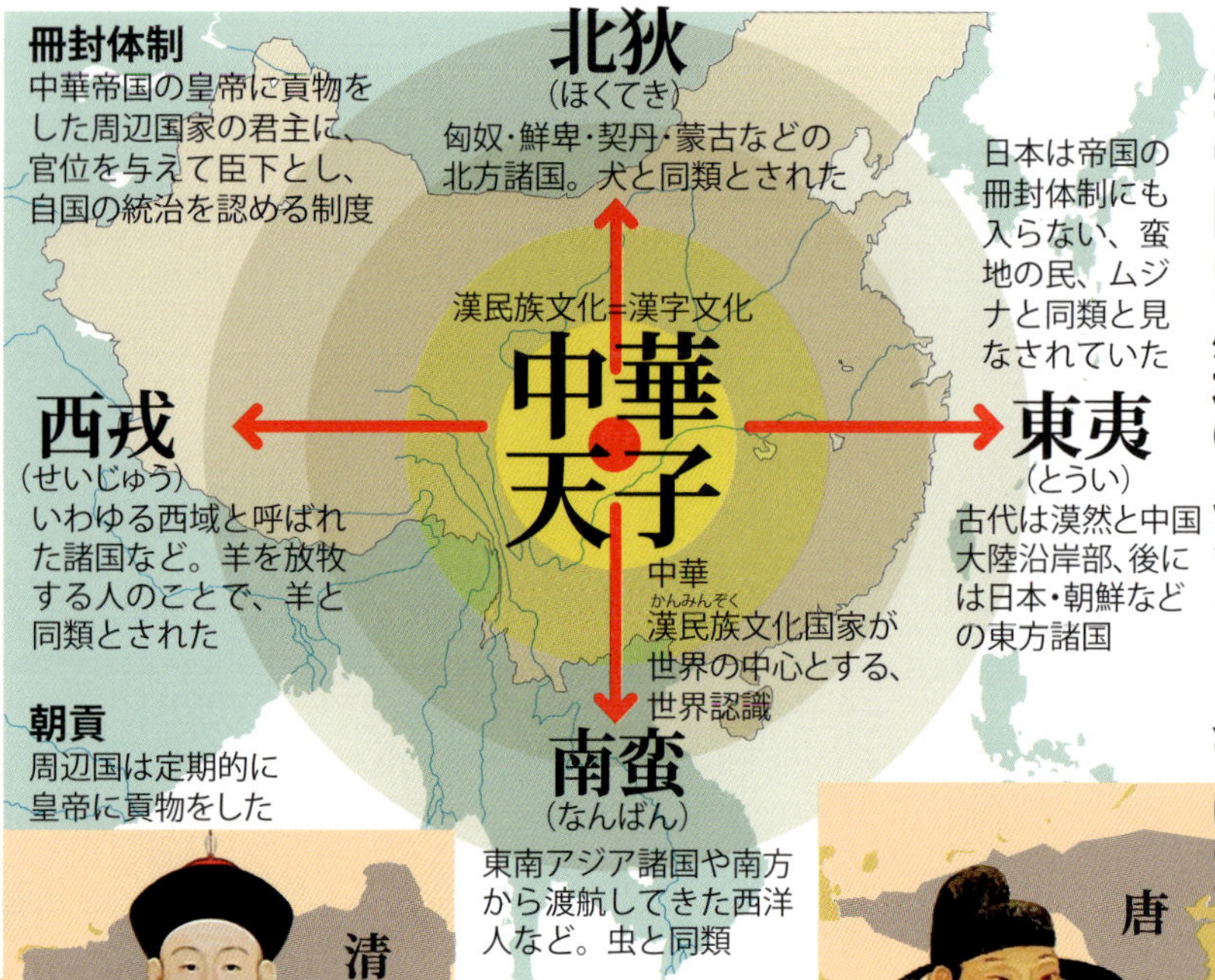
冊封体制
中華帝国の皇帝に貢物をした周辺国家の君主に、官位を与えて臣下とし、自国の統治を認める制度
北狄
（ほくてき）
匈奴・鮮卑・契丹・蒙古などの北方諸国。犬と同類とされた
日本は帝国の冊封体制にも入らない、蛮地の民、ムジナと同類と見なされていた
漢民族文化＝漢字文化
中華
天子
西戎
（せいじゅう）
いわゆる西域と呼ばれた諸国など。羊を放牧する人のことで、羊と同類とされた
東夷
（とうい）
古代は漠然と中国大陸沿岸部、後には日本・朝鮮などの東方諸国
中華
漢民族《かんみんぞく》文化国家が世界の中心とする、世界認識
朝貢
周辺国は定期的に皇帝に貢物をした
南蛮
（なんばん）
東南アジア諸国や南方から渡航してきた西洋人など。虫と同類

清

**中華帝国の最後の栄華に輝く清朝第6代皇帝　乾隆帝**

清帝国を18世紀世界最大・最強の国家とした。その領土はモンゴル、中央アジアのトルキスタンまで。ビルマへの遠征も行った。在位60年におよんだ

紀元1000年頃の世界の帝国の中で、唐が最大の経済大国だった

**それ以来ずっと、中華帝国が、世界で最も豊かな国家だった**

唐

**唐を当時世界最大の国家にした第9代皇帝　玄宗**

途絶した唐を復活させ、様々な施策によって唐の全盛期をつくった。その領土は中央アジアへ及んだ。後半生楊貴妃への溺愛で治世が乱れ、唐の滅亡の原因もつくる

## 18世紀になっても清帝国が最大の大国だった

### 世界の中心は常に中国だという自負

2012年、中国共産党総書記の座についた習近平《しゅうきんぺい》は、就任演説でこう述べました。「中華民族の偉大な復興の実現が、近代以降の中華民族の最も偉大な夢である」と。

習近平が復興しようとする偉大な中華民族とは何か。それはp14～15で取り上げた、2000年間世界で最も豊かであり続けた中華帝国です。ユーラシア大陸の東に広大な領土を有する中華帝国は、自らが世界文明の中心であることを自明とする独特の文明史観を持っていました。

漢族と呼ばれる人々は、古代より黄河《こうが》中域に漢字を基本とした高度な文明をつくりあげ、周辺民族を圧倒する存在となります。「漢族こそが世界文明の中心にいる」という自負が中華思想です。

この中華思想によって形成された帝国に

# その中華帝国に屈辱の歴史が訪れる

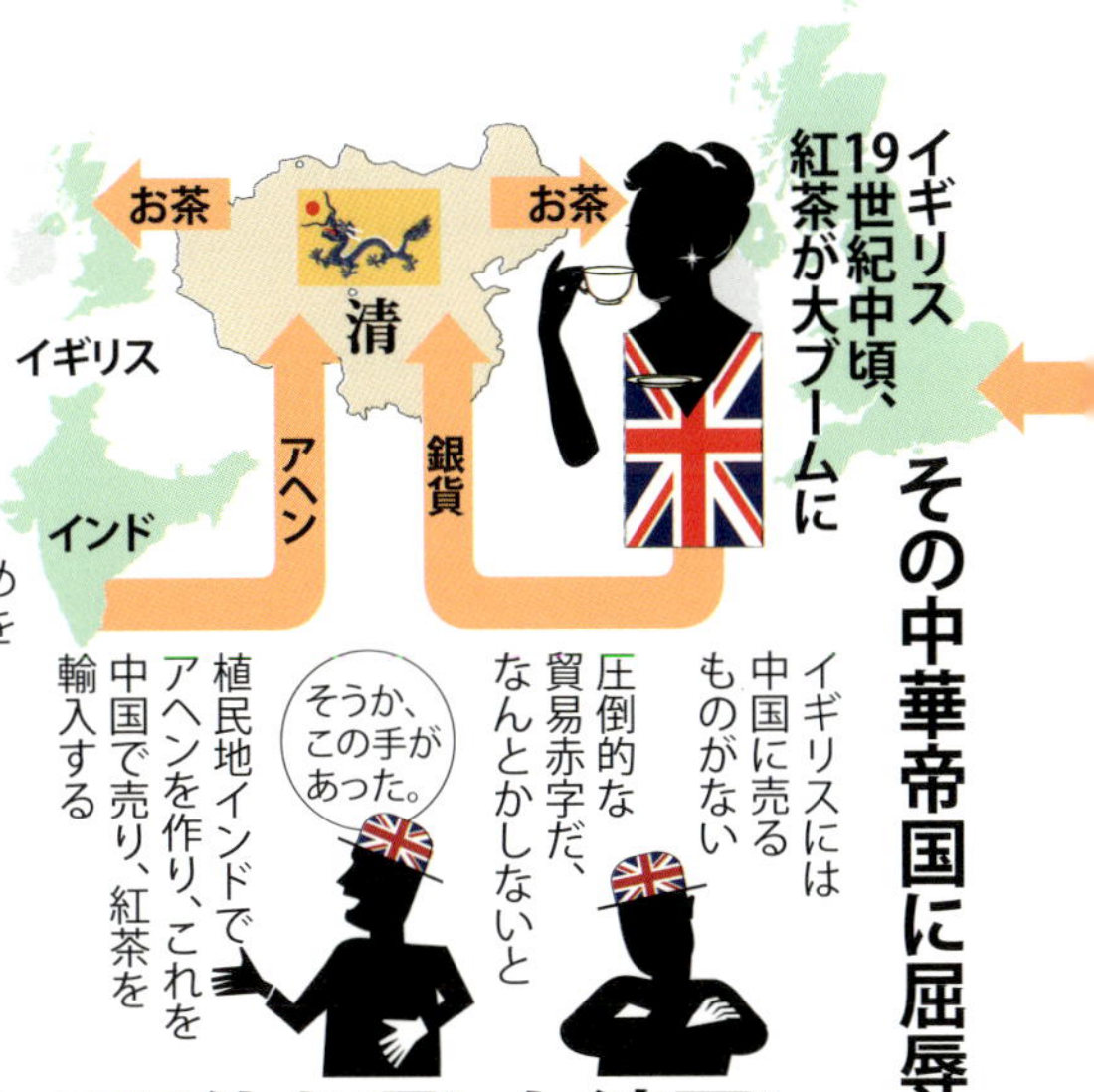
イギリス
19世紀中頃、紅茶が大ブームに
お茶
お茶
清
イギリス
インド
アヘン
銀貨
イギリスには中国に売るものがない
圧倒的な貿易赤字だ、なんとかしないと
そうか、この手があった。
植民地インドでアヘンを作り、これを中国で売り、紅茶を輸入する

このため中国で、アヘン中毒が蔓延した清国は、当然アヘンを輸入禁止にした

アヘン禁輸を実行するため林則徐は没収したアヘンを焼却処分にした

▼

この措置に言い掛かりをつけ、イギリスは清国に戦争をしかけた

▼

イギリスの武力に清国政府は降伏し、南京条約で香港を割譲

アヘン戦争1840~1842
北京
1840年 英軍進軍ルート
南京
上海
清国降伏
1841～2年 英軍進軍ルート
廈門
広州
林則徐が アヘンを焼却
香港いただき!!

## アヘン戦争で弱体を晒した清国に、西洋列強が群がる

イルクーツク
チタ
東清鉄道
ハバロフスク
ハルビン
ロシア帝国
南満洲鉄道 1905年 ロシアから購入
京奉線 1907年 イギリスから購入
長春
奉天
ウラジオストク
日本海
張家口
山海関
大連
朝鮮
ロシアの勢力圏
北京
旅順
日本
石家荘
太原
威海衛(イギリス)
黄河
青島(ドイツ)
ドイツ勢力圏
日本の勢力圏
清
洛陽
南京
上海
イギリスの勢力圏
漢口
武昌
杭州
重慶
長江
福州
台北
台湾
雲南
広州
九龍(イギリス)
香港島(イギリス)
マカオ(ポルトガル)
ハノイ
ハイホン
広州湾(フランス)
フランスの勢力圏
各国の鉄道・租借地
イギリスなど
日本
ドイツ
フランス
ロシア
中国

ロシア 仲裁するから遼東半島をよこせ

ドイツ 俺には青島をよこせ

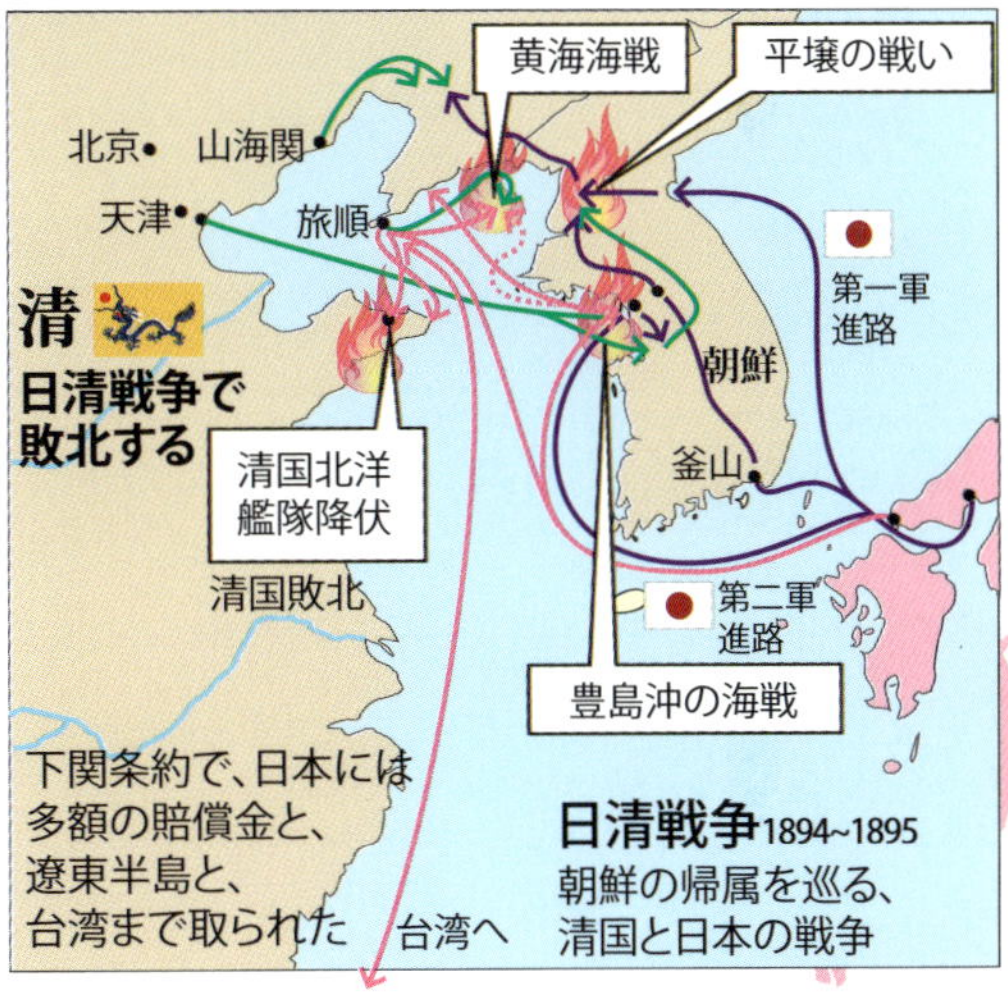
黄海海戦
平壌の戦い
北京
山海関
天津
旅順
第一軍進路
清
日清戦争で敗北する
朝鮮
清国北洋艦隊降伏
釜山
清国敗北
第二軍進路
豊島沖の海戦
下関条約で、日本には多額の賠償金と、遼東半島と、台湾まで取られた
台湾へ
日清戦争1894~1895
朝鮮の帰属を巡る、清国と日本の戦争

そして、あの日本にまで負けてしまった

とって、周辺の国々は禽獣《きんじゅう》にも等しい劣った存在であり、周辺国は武力のみならず、文明の求心力によっても服従する国家（朝《ちょう》貢《こう》国）となりました。朝貢国は、中華の皇帝に貢物をし、皇帝から与えられる官位を拠り所に自らの国家を統治しました。ですから中華帝国にとって、他国とは常に劣った、隷属《れいぞく》するものでしかありませんでした。ちなみに日本は東夷《とうい》と呼ばれ、東方のムジナと同類にされていたのです。

この中華思想は18世紀の清《シン》朝に至っても強固に健在でした。ヨーロッパ諸国が圧倒的な軍事力でアジアを植民地化する過程で、清朝にも通商条約を求める使節がやってきましたが、清朝の官司の目には、新たな朝貢国の登場にしか見えません。国家間の対等な貿易など知らなかったのです。

清朝の官司たちは、訪れたヨーロッパの使節を南蛮《なんばん》と呼び、蔑《さげす》みました。ところが、イギリスとのアヘン戦争で、その蔑んだ南蛮の圧倒的な武力に敗北し、次々と不当な条約を結ぶことを余儀なくされます。ここから始まるのが中華帝国の屈辱の歴史なのです。東夷と蔑んだ日本に敗れることで、この屈辱は頂点を極めます。

中国共産党の誕生

# 屈辱の日中戦争と内戦に勝利し 中国共産党は共産革命政権を樹立

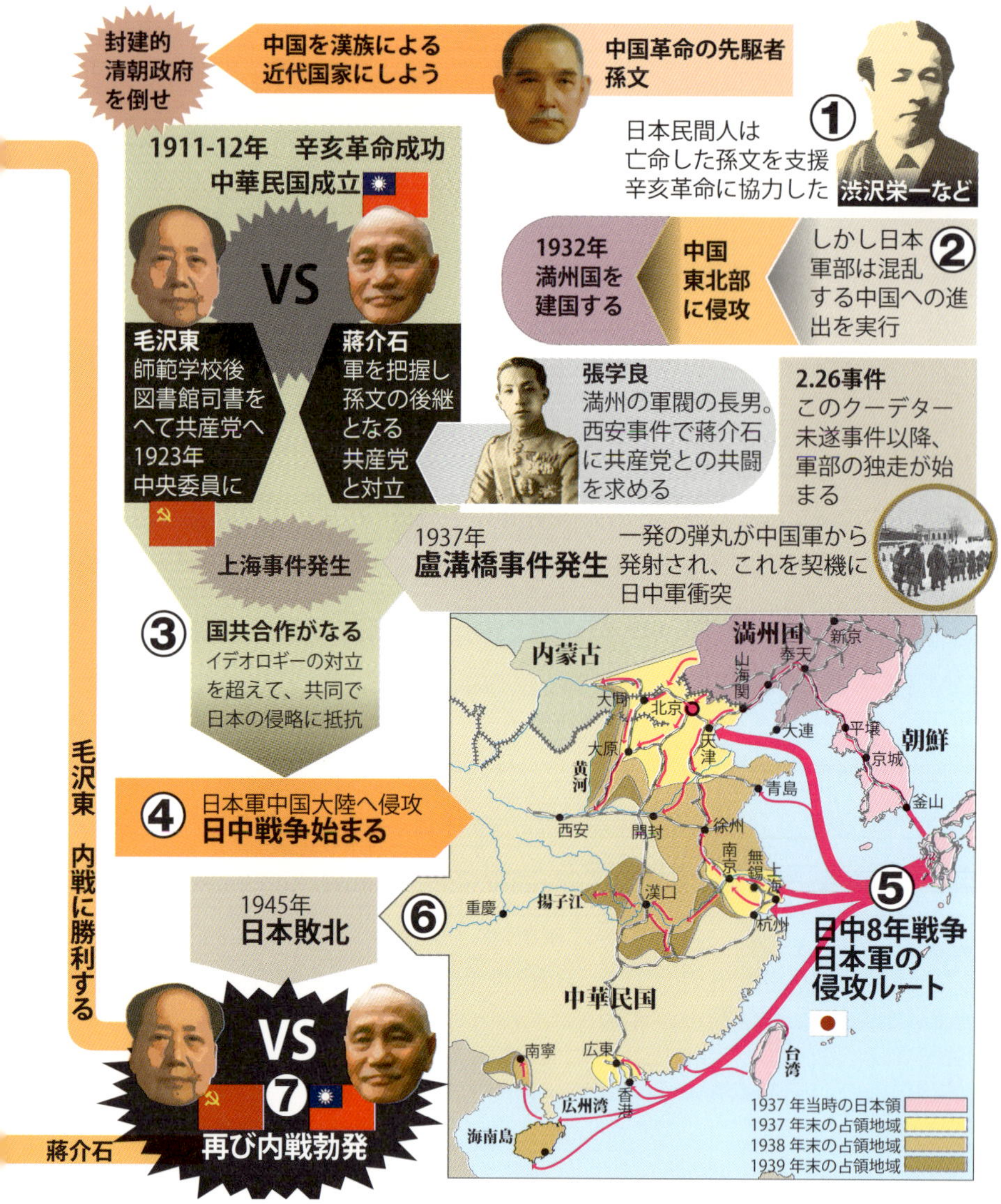


## 孫文から毛沢東へ、革命の推移

中華民族にとって、中華革命の先駆者は孫文《そんぶん》です。満州族の支配する清《シン》朝を倒して、漢族の近代国家を樹立し、欧米の侵略に対抗しよう、これが孫文の革命でした。孫文は清朝政府に弾圧され、日本に避難します。明治・大正期の日本は中国革命の秘密基地でした。渋沢栄一《しぶさわえいいち》などの日本の経済人も孫文の革命を支持し支援を続けました。

1912年に清朝政権は倒れ、孫文の辛《しん》亥《がい》革命は成功します。しかし、ここから中華民族の屈辱の歴史の第2幕が始まります。

孫文の死後、日本の軍隊に留学経験をもつ蒋介石《しょうかいせき》が跡を継ぎます。彼の前に現れたのが、まだ小さな組織だった中国共産党です。共産党と蒋介石率いる国民党の戦いが始まります。この戦いの間隙を縫って、日本軍が中国本土へ侵略の軍を進めてきたの

## 共産党一党独裁の仕組みが作られた

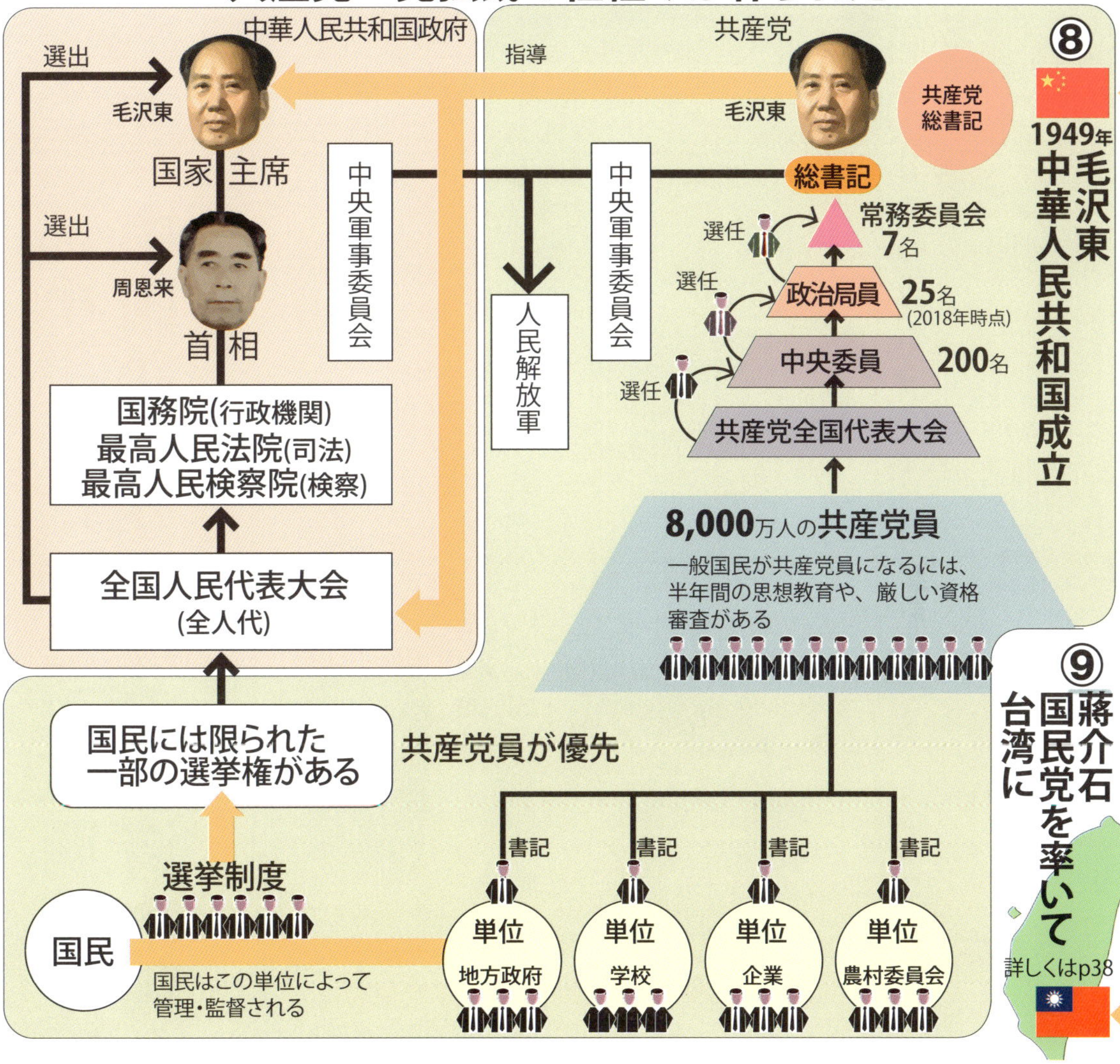

中華人民共和国政府
共産党
選出
指導
毛沢東
国家主席
毛沢東
共産党総書記
総書記
選出
周恩来
首相
中央軍事委員会
中央軍事委員会
人民解放軍
選任
常務委員会 7名
選任
政治局員 25名 (2018年時点)
中央委員 200名
選任
共産党全国代表大会
国務院(行政機関)
最高人民法院(司法)
最高人民検察院(検察)
全国人民代表大会
(全人代)
8,000万人の共産党員
一般国民が共産党員になるには、半年間の思想教育や、厳しい資格審査がある
国民には限られた一部の選挙権がある
共産党員が優先
選挙制度
書記
書記
書記
書記
国民
単位 地方政府
単位 学校
単位 企業
単位 農村委員会
国民はこの単位によって管理・監督される


⑧ 1949年 毛沢東 中華人民共和国成立

⑨ 蒋介石 国民党を率いて台湾に

詳しくはp38

です。日本との戦いを渋る蒋介石を、共産党と共同の抗日戦に導いたのは、日本軍に自領の満州を奪われた張学良《ちょうがくりょう》でした。8年に及ぶ泥沼の戦いの末に、日本が敗北しますが、毛沢東《もうたくとう》率いる共産党と蒋介石の戦いは内戦へと突入します。

1949年、毛沢東が勝利し、敗れた蒋介石は国民党を率いて台湾に政権を移します。現在の台湾問題はここから始まります。

ユーラシア大陸の中国領を把握した毛沢東は、中国共産党が指導する中華人民共和国を樹立しました。ここに、中華民族の屈辱の歴史は幕を閉じ、ここから始まるのが習近平《しゅうきんぺい》が主張する偉大な復興の物語です。

上図は、毛沢東がつくりあげた共産党一党独裁の中華人民共和国の組織図です。

革命を通して人民を指導し勝利に導いた共産党が、国民の上に存在します。国民によって構成される国家は、常に上位の共産党によって指導される存在。これが一党独裁の構造です。国民の平等な選挙によって、複数の政党の中から政権政党が選別される民主制との違いは、ここにあります。共産党内の権力闘争を勝ち抜いた、わずか200名ほどの中央委員が国を動かすのです。

経済大国への道のり

# 鄧小平が始めた改革開放が起爆剤 中国が世界2位の経済大国となるまで

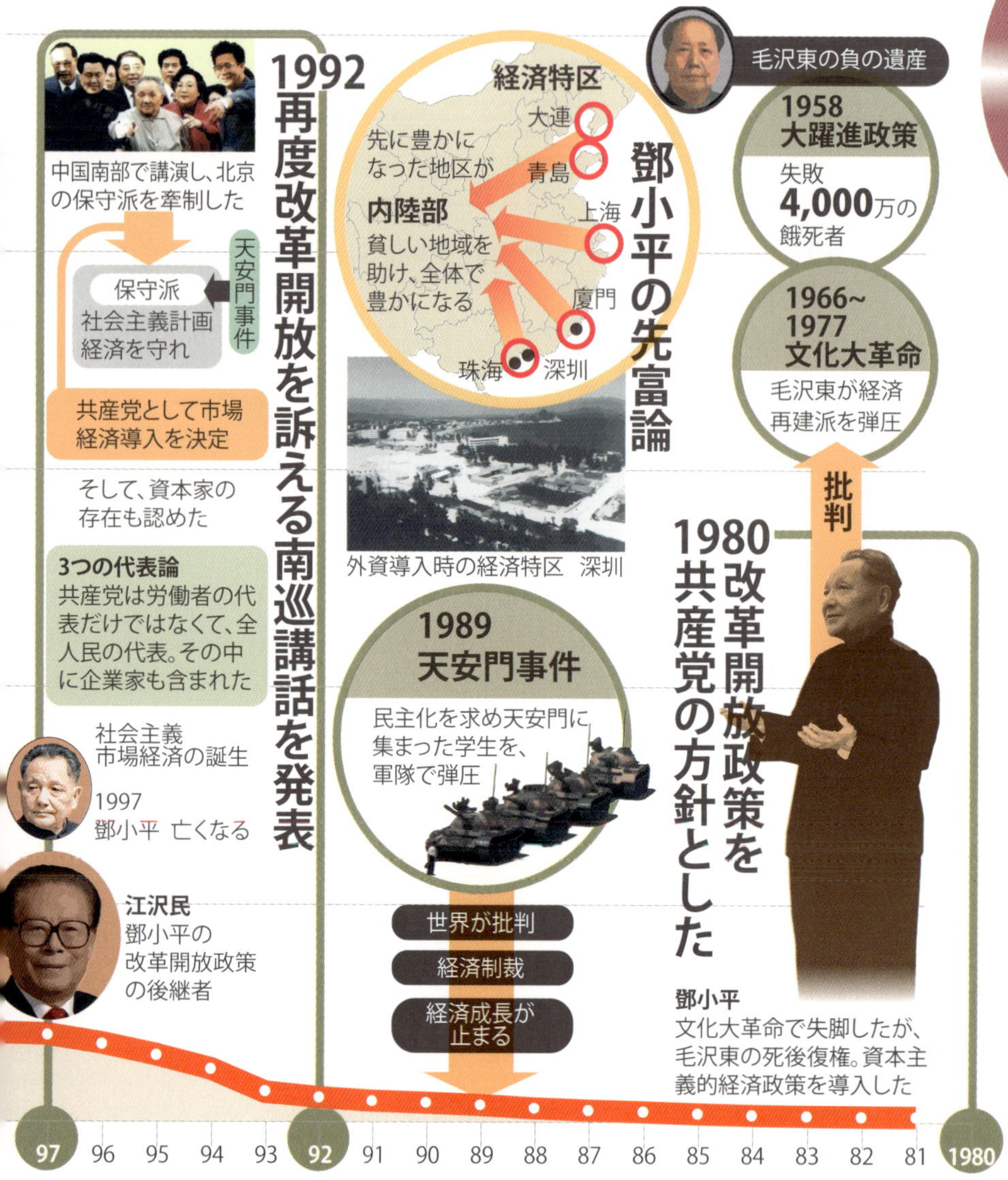
毛沢東の負の遺産
1958
大躍進政策
失敗
4,000万の餓死者
1966~1977
文化大革命
毛沢東が経済再建派を弾圧
批判
1980
改革開放政策を共産党の方針とした
鄧小平
文化大革命で失脚したが、毛沢東の死後復権。資本主義的経済政策を導入した
鄧小平の先富論
経済特区
大連
青島
上海
廈門
深圳
珠海
先に豊かになった地区が
内陸部
貧しい地域を助け、全体で豊かになる
外資導入時の経済特区 深圳
1989
天安門事件
民主化を求め天安門に集まった学生を、軍隊で弾圧
世界が批判
経済制裁
経済成長が止まる
1992
再度改革開放を訴える南巡講話を発表
中国南部で講演し、北京の保守派を牽制した
天安門事件
保守派
社会主義計画経済を守れ
共産党として市場経済導入を決定
そして、資本家の存在も認めた
3つの代表論
共産党は労働者の代表だけではなくて、全人民の代表。その中に企業家も含まれた
社会主義市場経済の誕生
1997
鄧小平 亡くなる
江沢民
鄧小平の改革開放政策の後継者
97
96
95
94
93
92
91
90
89
88
87
86
85
84
83
82
81
1980

## 鄧小平の先富論からの始まり

毛沢東《もうたくとう》が中国共産革命の象徴であれば、その後の中国を市場経済へと導いた、今日の繁栄の象徴は鄧小平《とうしょうへい》です。身長150センチという小柄な彼が、巨体の毛沢東を実務の面で支え続けました。

しかし、毛沢東が独自の大躍進政策で失敗を重ね、経済が疲弊すると、毛沢東を批判して失脚。文化大革命時も同様に、鄧小平は2度目の失脚に追い込まれました。

しかし毛沢東の死後、鄧小平は復権。そこで打ち出したのが改革開放政策でした。経済発展のために、積極的に資本主義を受け入れる、中国独自の社会主義市場経済政策を打ち出したのです。

東海岸の諸都市を経済特区として開放し、外資を導入し、工業化を推進。現在、中国で最も繁栄する深圳《しんせん》、上海《シャンハイ》などの発展は、

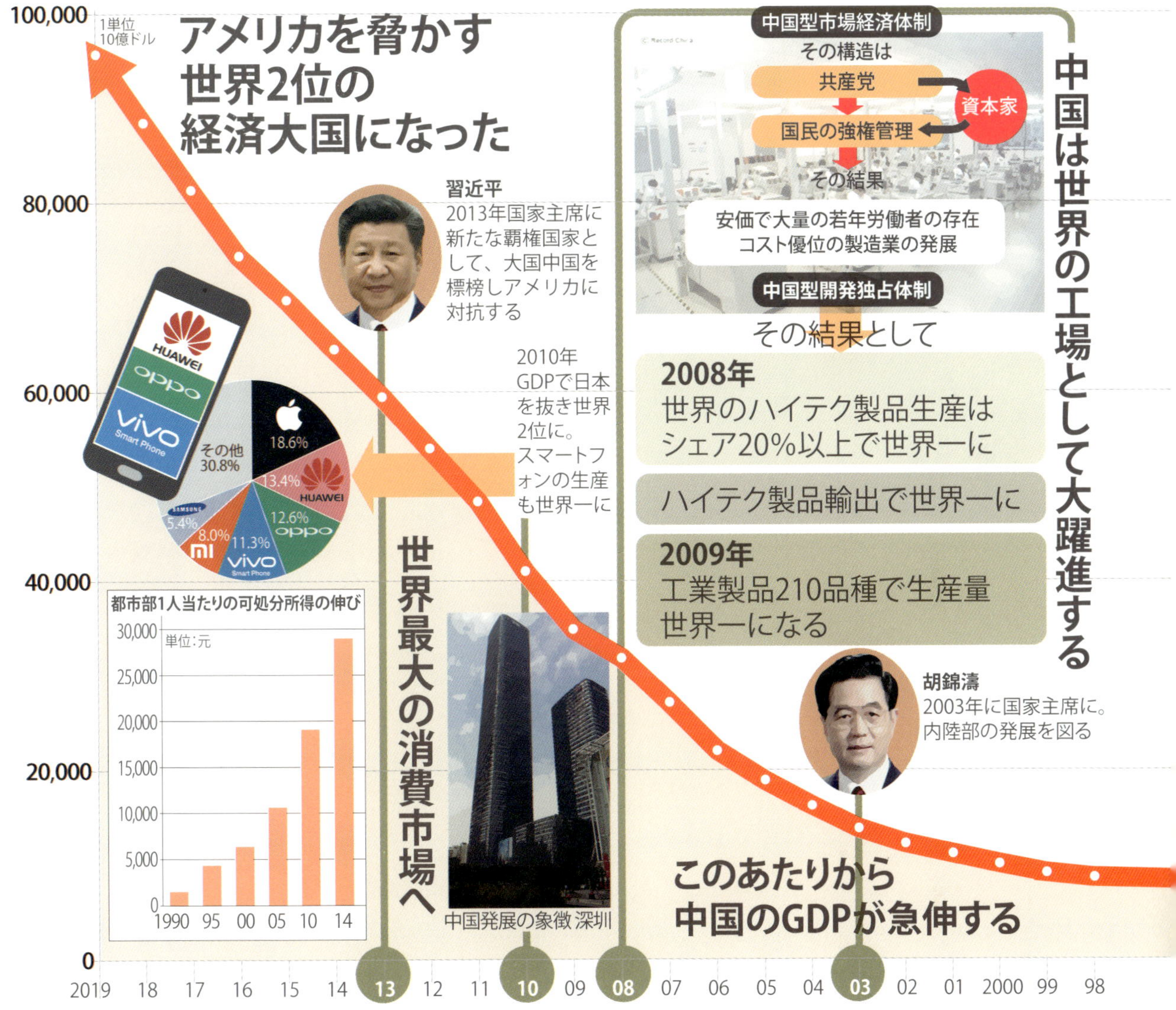


ここから始まります。

しかし、1989年に天安門《てんあんもん》事件が起きます。選挙制度の民主化と政治の自由を求める学生に対して、鄧小平は軍隊を使った武力鎮圧を断行します。

経済の自由化はいい、しかし共産党の一党独裁を脅かす政治制度の民主化は絶対に許さない。現在の習近平《しゅうきんぺい》に繋がる、中国共産党の揺るぎない意志の表明でした。

鄧小平の死後、江沢民《こうたくみん》、胡錦濤《こきんとう》は忠実に鄧小平の示した道を邁進。中国は世界の工場としてフル回転し、気づくと日本を追い越し、アメリカの背中にも迫る経済大国へと変貌していました。

習近平は、そんな経済大国の指導者として登場しました。その彼が掲げたスローガンが「偉大な中華帝国の夢、一帯一路《いったいいちろ》の実現」でした。ユーラシア大陸を中国の経済圏で覆うというこの計画は、アメリカの世界戦略に対する挑戦でもあります。

米中の経済に端を発した対立が、貿易戦争へと拡大し、地政学的な米中の構造も大きく変貌しようとしています。次のページからは、対立する国、アメリカの地政学的特徴を見ていきましょう。

武装する市民

# 戦い続ける覇権国家アメリカ その精神のルーツを探る

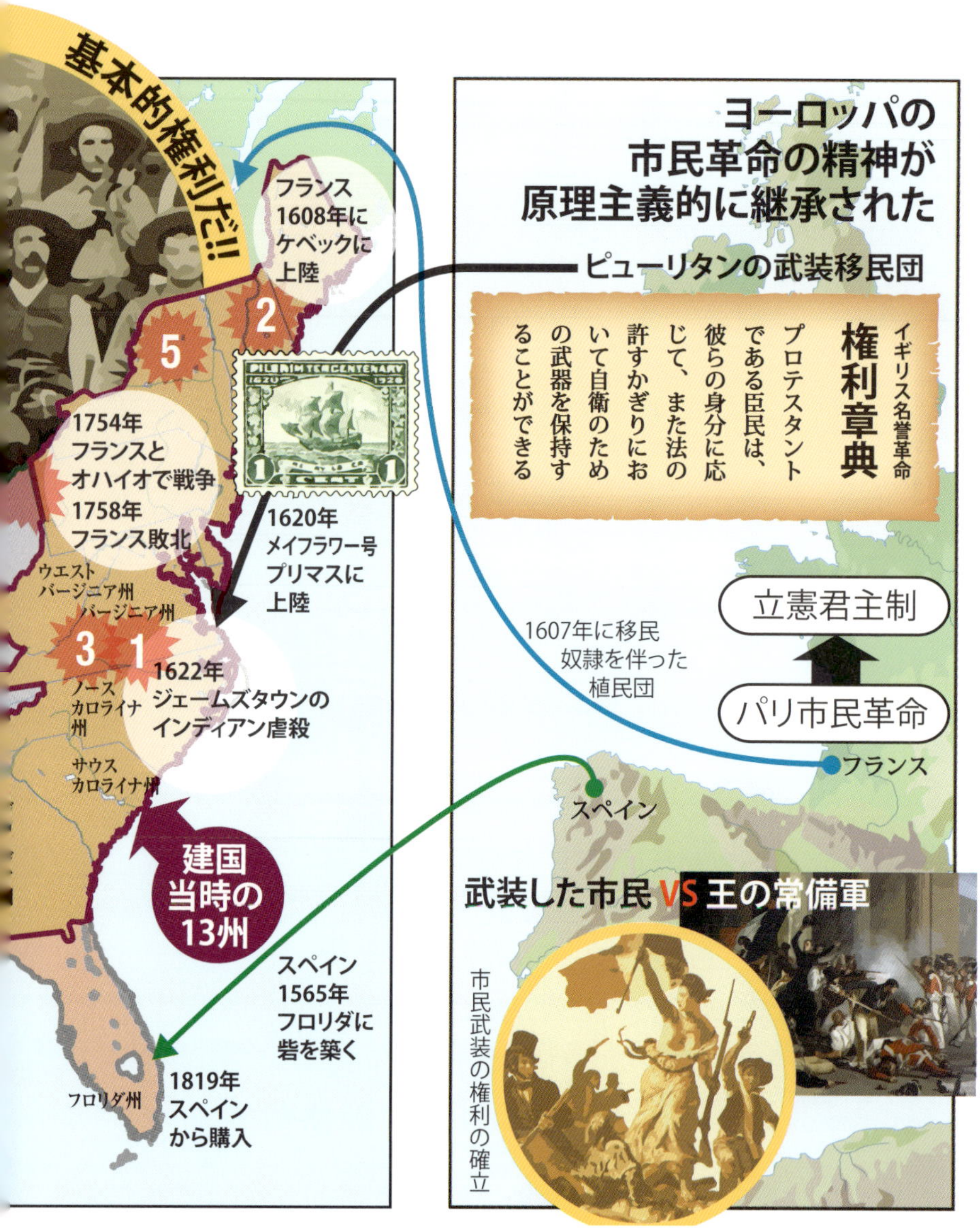
基本的権利だ!!
フランス 1608年にケベックに上陸
2
5
1754年 フランスとオハイオで戦争 1758年 フランス敗北
1620年 メイフラワー号 プリマスに上陸
ウエストバージニア州
バージニア州
3
1
1622年 ジェームズタウンのインディアン虐殺
ノースカロライナ州
サウスカロライナ州
建国当時の13州
スペイン 1565年 フロリダに砦を築く
フロリダ州
1819年 スペインから購入
ヨーロッパの市民革命の精神が原理主義的に継承された
ピューリタンの武装移民団
イギリス名誉革命
権利章典
プロテスタントである臣民は、彼らの身分に応じて、また法の許すかぎりにおいて自衛のための武器を保持することができる
立憲君主制
パリ市民革命
1607年に移民 奴隷を伴った植民団
フランス
スペイン
武装した市民VS王の常備軍
市民武装の権利の確立

## 建国以来守られる武装市民の権利

2018年3月24日、アメリカの高校生たちが、銃の規制強化を求めるデモを全米で繰り広げ、80万人が参加しました。同年2月にフロリダの学校で17人が犠牲になった銃乱射事件がきっかけです。これまでも類似した事件が起こるたびに、銃の規制強化を求める声があがり続けてきました。

しかし、トランプ大統領を始め、アメリカの政界も主流の世論も、年間1万人以上が銃により死亡しても銃規制に動きません。アメリカ以外の国であれば規制されている銃が、なぜ放置されているのでしょうか。

彼らが銃の所持を擁護する根拠は、アメリカ合衆国憲法修正第2条です。そこにはこう書かれています。

「人民が武器を保有し、または携帯する権利は、これを侵してはならない」

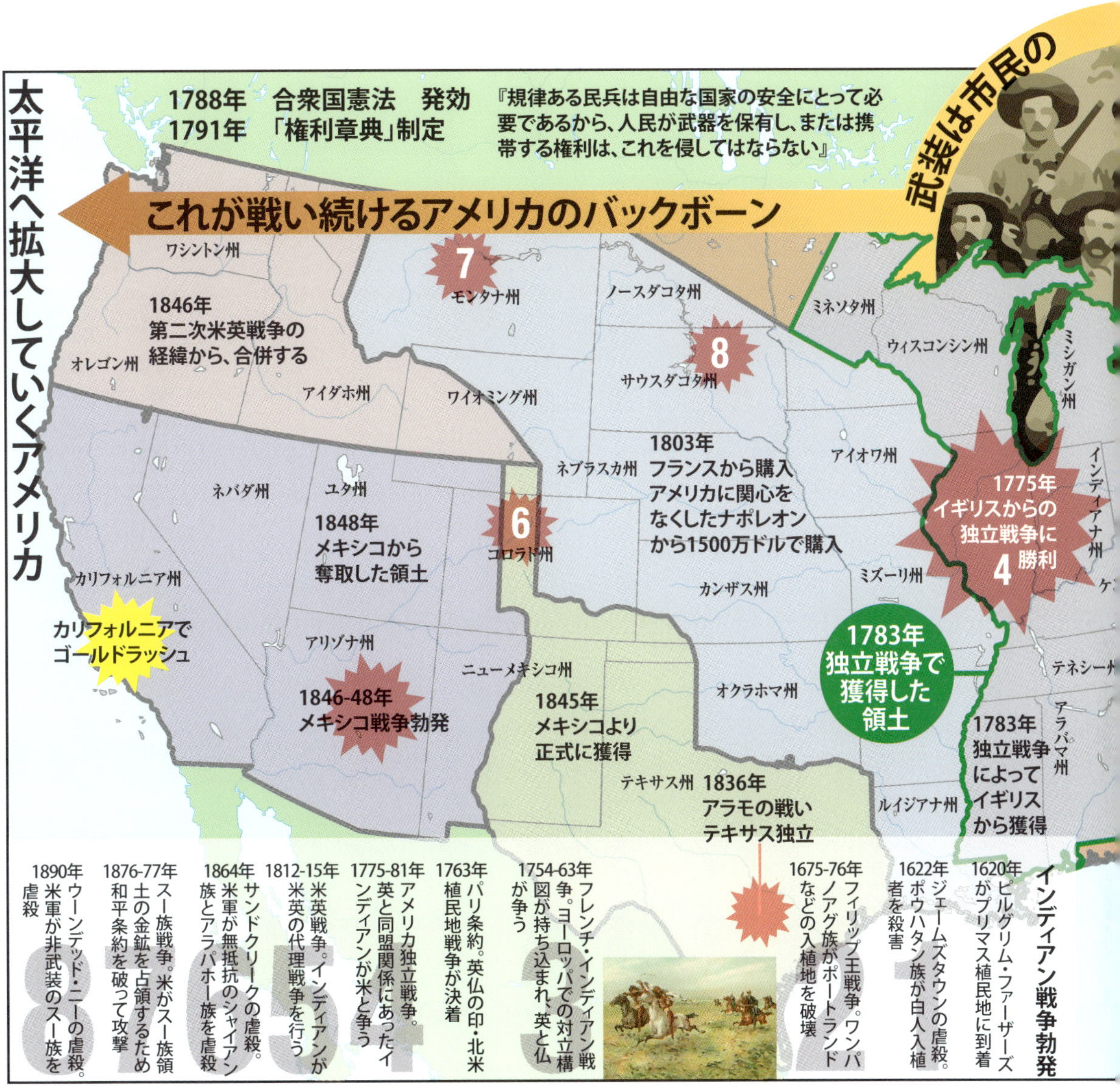

武装は市民の
太平洋へ拡大していくアメリカ
1788年　合衆国憲法　発効
1791年　「権利章典」制定
『規律ある民兵は自由な国家の安全にとって必要であるから、人民が武器を保有し、または携帯する権利は、これを侵してはならない』
これが戦い続けるアメリカのバックボーン
ワシントン州
オレゴン州
アイダホ州
モンタナ州
ワイオミング州
ノースダコタ州
サウスダコタ州
ミネソタ州
ウィスコンシン州
ミシガン州
アイオワ州
ネブラスカ州
ネバダ州
ユタ州
コロラド州
カンザス州
ミズーリ州
インディアナ州
カリフォルニア州
アリゾナ州
ニューメキシコ州
オクラホマ州
テキサス州
ルイジアナ州
アラバマ州
テネシー州
1846年
第二次米英戦争の経緯から、合併する
1848年
メキシコから奪取した領土
1803年
フランスから購入
アメリカに関心をなくしたナポレオンから1500万ドルで購入
1775年
イギリスからの独立戦争に勝利
1783年
独立戦争で獲得した領土
1783年
独立戦争によってイギリスから獲得
カリフォルニアでゴールドラッシュ
1846-48年
メキシコ戦争勃発
1845年
メキシコより正式に獲得
1836年
アラモの戦い
テキサス独立
7
8
6
4
インディアン戦争勃発
1620年 ピルグリム・ファーザーズがプリマス植民地に到着
1622年 ジェームズタウンの虐殺。ポウハタン族が白人入植者を殺害
1675-76年 フィリップ王戦争。ワンパノアグ族がポートランドなどの入植地を破壊
1754-63年 フレンチ・インディアン戦争。ヨーロッパでの対立構図が持ち込まれ、英と仏が争う
1763年 パリ条約。英仏の印・北米植民地戦争が決着
1775-81年 アメリカ独立戦争。英と同盟関係にあったインディアンが米と争う
1812-15年 米英戦争。インディアンが米英の代理戦争を行う
1864年 サンドクリークの虐殺。米軍が無抵抗のシャイアン族とアラパホー族を虐殺
1876-77年 スー族戦争。米がスー族領土の金鉱を占領するため和平条約を破って攻撃
1890年 ウーンデッド・ニーの虐殺。米軍が非武装のスー族を虐殺

なぜこのような物騒な憲法ができたのか、その理由は、アメリカという国家ができた時代にまでさかのぼります。

アメリカ建国の初期は、主としてヨーロッパ、特にイギリスのピューリタン（改革派プロテスタント）と呼ばれる人々の移民から始まります。彼らが生きた17世紀はヨーロッパ社会の激動期でした。イギリスではキリスト教のプロテスタントによる名誉革命が実行されます。この革命を担ったのが、武装した一般市民です。市民の武装が、革命の鍵だったのです。その後フランスでは勃興《ぼっこう》した市民が絶対君主と闘い、王政を倒し立憲君主制を確立します。

イギリスの名誉革命で獲得された市民の「権利章典」には、プロテスタントは自衛のための武器を保有することができる、と記されています。この市民革命の精神を堅持した人々がアメリカを建国し、武装の精神は、憲法修正第2条に受け継がれているのです。銃で武装した移民団は、まず先住民と戦います、インディアン戦争です。移民たちは、西から東へと、目前の敵と戦い、国土を獲得していきました。アメリカとは、銃武装した市民がつくった国家なのです。

宗教国家

# 巨大宗教国家アメリカの神の正義と戦争の正義

## 神の名のもとに進められた開拓

アメリカを建国した人々の精神のバックグラウンドには、故郷であるヨーロッパの名誉革命の精神を受け継いだ市民の武装の権利がありました。そして、もう一つ、未開の蛮地《ばんち》、西部開拓を支えたものに、アメリカで誕生した独特な信仰があります。

新天地アメリカ大陸は、神から与えられた「約束の地」である。この土地を開拓＝文明化することは、キリスト教徒である自分たちの使命であると考えたのです。

１８４５年、ジャーナリストのジョン・オサリバンによって提唱された、この「マニフェスト・デスティニー（明白な運命）」という西部開拓のスローガンは、信仰深い移住開拓者たちに、自らの開拓行為を神の名のもとに正当化する根拠を与えました。

未開の野蛮な土地を文明化＝開拓することは、神の御意志である。従って、我々の開拓行為は、神の御意志にそうものであり、「善」なる行為である。この「善」なる行為に敵対するものは「悪魔」である。そう人々は素直に考えます。では「悪魔」とは何か、自分たちの開拓行為を邪魔するものすべてが「悪魔」です。開拓者が移住した当時のアメリカ大陸内部には、約２００万人の先住民が部族ごとに暮らしていました。開拓者たちはこの「悪魔」と戦争を続けながらフロンティアを西へと進んだのです。

前ページのアメリカ地図を見てください。東海岸に上陸してから、開拓者たちは戦い続けていきます。フランスと戦い、故国イギリスと独立戦争を戦い、スペイン領メキシコと戦い、ついには１８６１年、同じアメリカ人同士が戦う南北戦争に突入してしまいます。１８６５年の北軍の勝利に終わるこの凄惨《せいさん》な内戦によって、両軍の死傷者は計１１０万人にも達しました。

この内戦の間にも進められた大陸横断鉄道の開通で、西部開拓は終点を迎えます。西海岸にまで至った広大な大地は、銃と血によって奪い取った大地だったのです。

そして、西部開拓者たちの前には、広大な太平洋が広がっていました。大陸国家として領土拡大を続けてきたアメリカは、海洋に乗り出します。フロンティア・スピリットの次なる約束の地は、海洋帝国に転じたアメリカが支配する太平洋です。

MANIFEST DESTINY

明白な運命のもとに鍬と銃を持ったプロテスタントの開拓団が行く

## アメリカは神から授かった「約束の地」この地を開拓するのが神のご意志

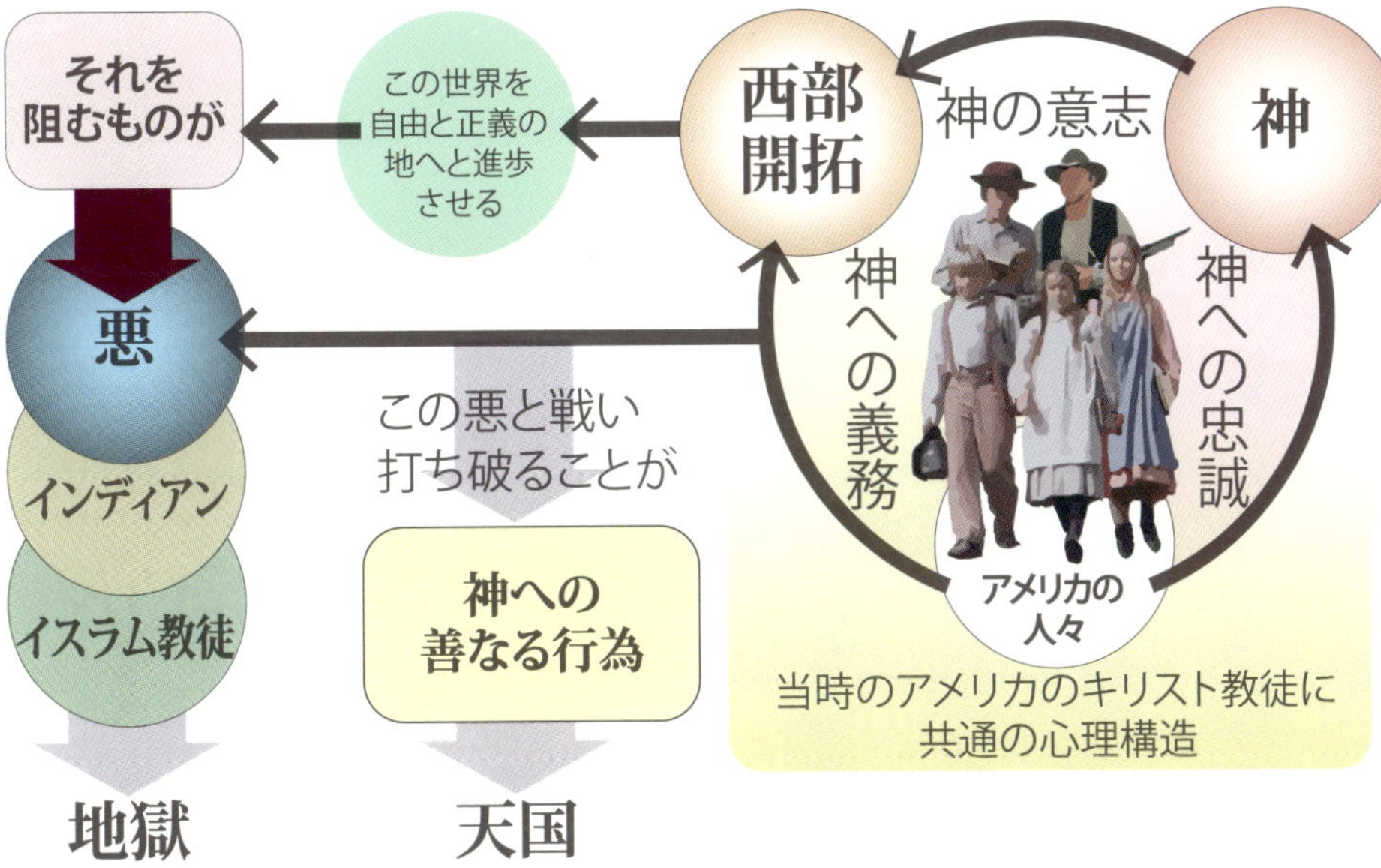


現在でも、アメリカ人の多くは天国と地獄を信じている

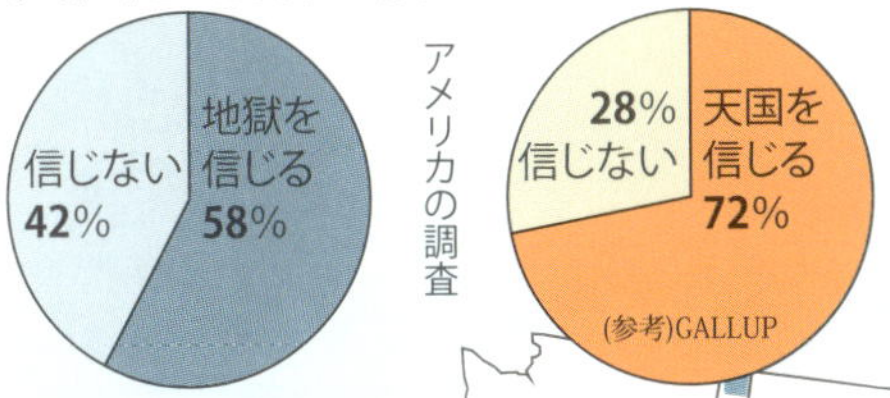


今でも週に1回は教会に行く人々が、たくさんいる社会だ

カトリック

| (才) | 教会に行く | 行かない |
|---|---|---|
| 21〜29 | 25% | 75% |
| 30〜39 | 43% | 57% |
| 40〜49 | 40% | 60% |
| 50〜59 | 31% | 69% |
| 60〜 | 49% | 51% |

プロテスタント

| (才) | 教会に行く | 行かない |
|---|---|---|
| 21〜29 | 36% | 64 |
| 30〜39 | 46% | 54 |
| 40〜49 | 41% | 59 |
| 50〜59 | 44% | 56 |
| 60〜 | 48% | 52 |

Rew Resaearch center

### アメリカ宗教分布

Religious Congregations and Membership in the United States,2000　を参考に作成
人口比 5位までの宗派を示した

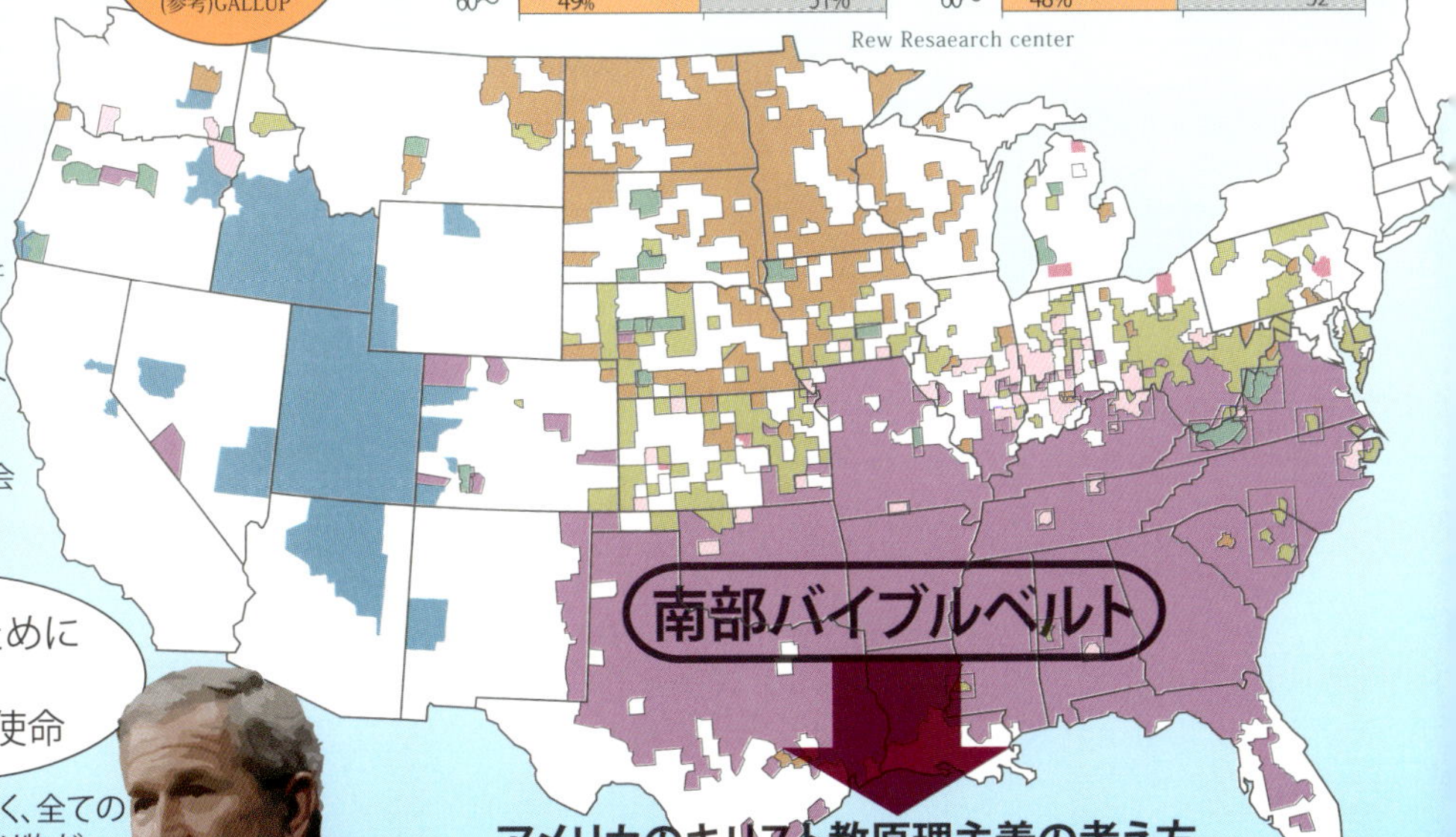

自由は米国だけでなく、全ての人類への神からの贈り物だ。
米国はこの神の約束を世界に拡大する使命を担っている

**2003年2月テネシー州ナッシュビルでの演説にて**

### アメリカのキリスト教原理主義の考え方

米国人口の4分の1を占めると言われ、最大宗教勢力となっている。

聖書の言葉を厳格に守る。

同性愛や中絶、進化論、フェミニズムに反対。

イスラエル支持を主張。

信者は南部・中西部で特に多く、政治への影響力が大きい。

ジョージ・W・ブッシュの外交や軍事政策を左右した。

白人福音派信者によるトランプ支持率も約75%、この支持の維持がトランプの政策方針の重要な要因

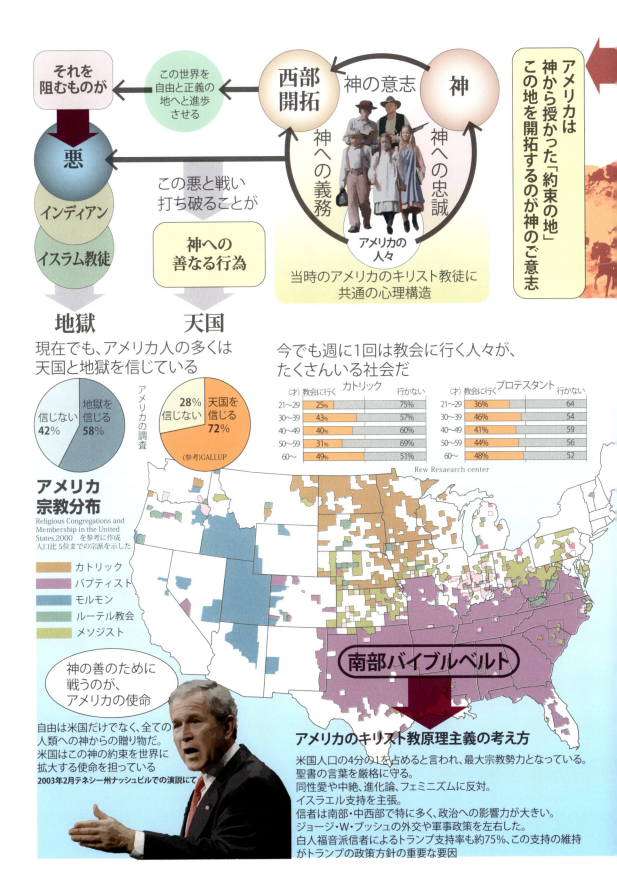

シーパワー

# 太平洋を支配することが海洋帝国アメリカの基本戦略

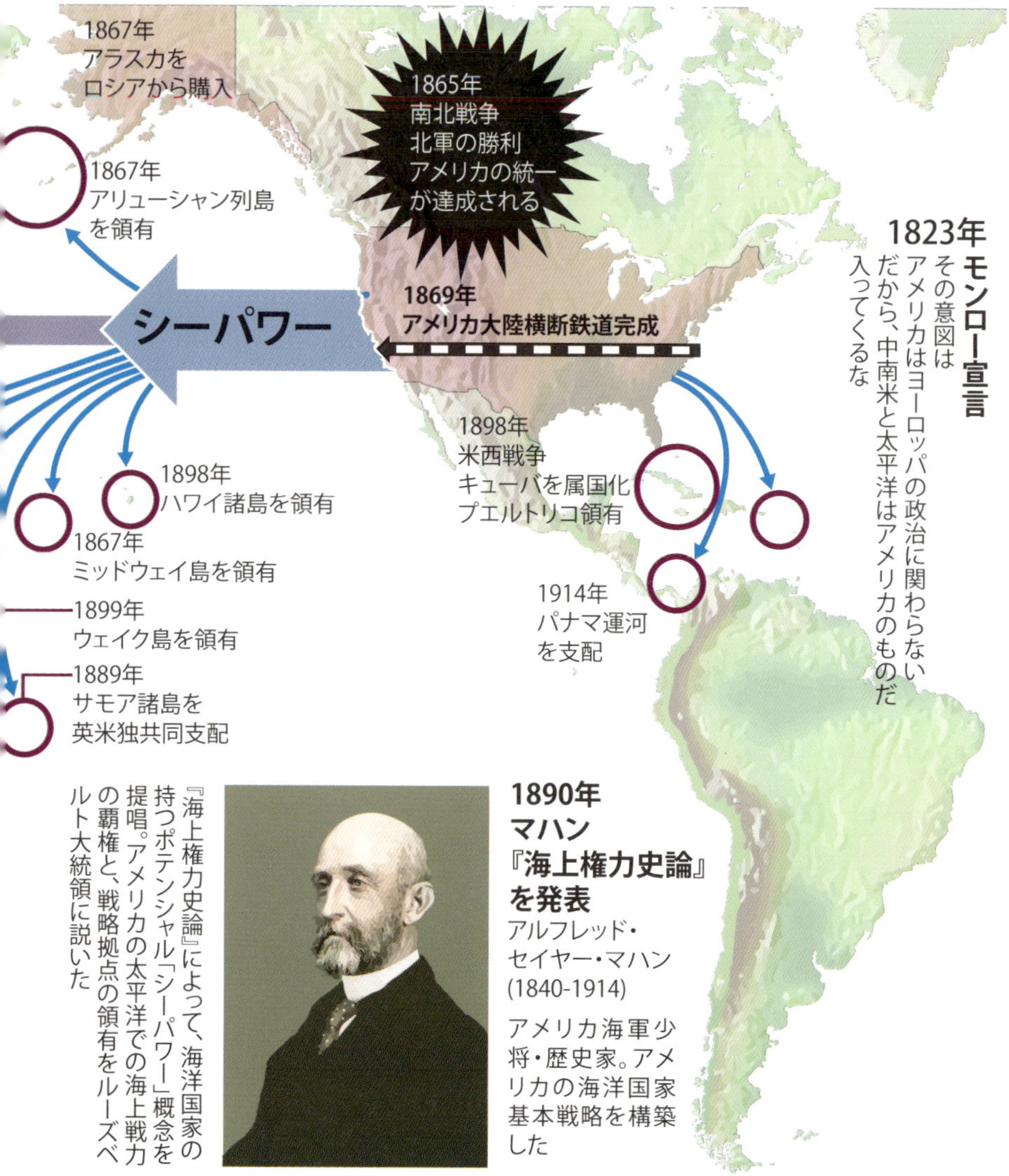
1867年
アラスカを
ロシアから購入
1865年
南北戦争
北軍の勝利
アメリカの統一
が達成される
1867年
アリューシャン列島
を領有
1823年モンロー宣言
その意図は
アメリカはヨーロッパの政治に関わらない
だから、中南米と太平洋はアメリカのものだ
入ってくるな
1869年
アメリカ大陸横断鉄道完成
シーパワー
1898年
米西戦争
キューバを属国化
プエルトリコ領有
1898年
ハワイ諸島を領有
1867年
ミッドウェイ島を領有
1914年
パナマ運河
を支配
1899年
ウェイク島を領有
1889年
サモア諸島を
英米独共同支配
『海上権力史論』によって、海洋国家の持つポテンシャル「シーパワー」概念を提唱。アメリカの太平洋での海上戦力の覇権と、戦略拠点の領有をルーズベルト大統領に説いた

**1890年**
**マハン**
**『海上権力史論』を発表**
アルフレッド・セイヤー・マハン
(1840-1914)
アメリカ海軍少将・歴史家。アメリカの海洋国家基本戦略を構築した

## シーパワーによって太平洋を西へ

西部開拓を果たしたアメリカは、2つの課題を抱えていました。第一に、ヨーロッパ列強が、これ以上南北アメリカ大陸に進出するのを防ぐこと。第二に、西に広がる未開の太平洋を自ら支配することでした。

そのために1823年に発せられたのが、第5代大統領J・モンローの議会教書、いわゆる「モンロー宣言」です。アメリカはヨーロッパの政治に干渉しない代わりに、ヨーロッパもアメリカの西半球の政策に干渉しない。要するに西半球をアメリカの権益圏として宣言したものでした。これは同時に、スペインの弱体化によって次々と独立を宣言した中南米諸国に、ヨーロッパが干渉するのを阻止する目的もありました。

こうして確保した太平洋を、いかに支配するか。その戦略理論を提示したのが、海

# 1860年代から1905年までのアメリカの太平洋進出ルート

東洋の海洋国
日本と
ぶつかる
日本は
日清・日露戦争に
勝利する
1905年
対日戦を想定する
「オレンジ計画」
始動する
日本
台湾を
領有
1898年
米西戦争
アメリカ、
フィリピン独立を
阻止し米比戦争に
1902年
アメリカ
フィリピンを領有
1898年
グアム島を領有

アール・H・エリス

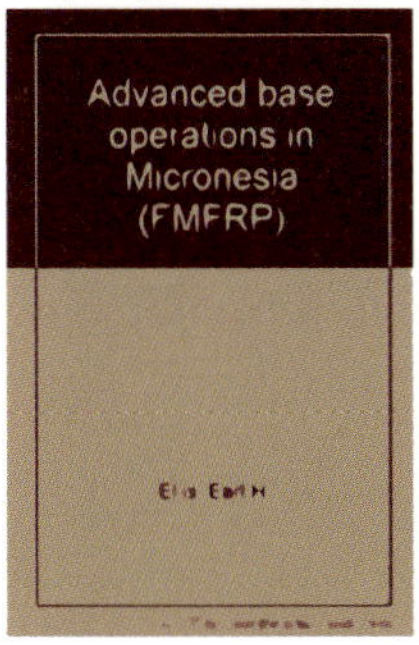

Advanced base
operations in
Micronesia
(FMFRP)

「ミクロネシア前進基地作戦行動」の表紙

### 日本を敵国として「オレンジ計画」が実行された

太平洋へ進出したルーズベルトは、東の海洋国家日本に、行く手を遮られる。近い将来の交戦を予感し、対日戦争計画「オレンジ計画」が立案された。当初は3つのプランが策定されたが、最終的にアール・H・エリス海兵隊少佐の「ミクロネシア前進基地作戦行動」が採用された。島嶼づたいに太平洋を逐次攻め上がる戦法は、太平洋戦争において、そのとおりに実行された

米軍とフィリピンのゲリラたちの「パセオの戦い」を描いた、アメリカの絵画

### フィリピンの独立を圧殺した米比戦争

1897年に米西戦争で米軍がマニラを占領。フィリピンがスペインからの独立を宣言するも、アメリカはそれを黙殺。1900年からゲリラ戦が始まり、凄惨で残酷な米軍の戦いにアメリカでも批判が高まるが、1902年に鎮圧された

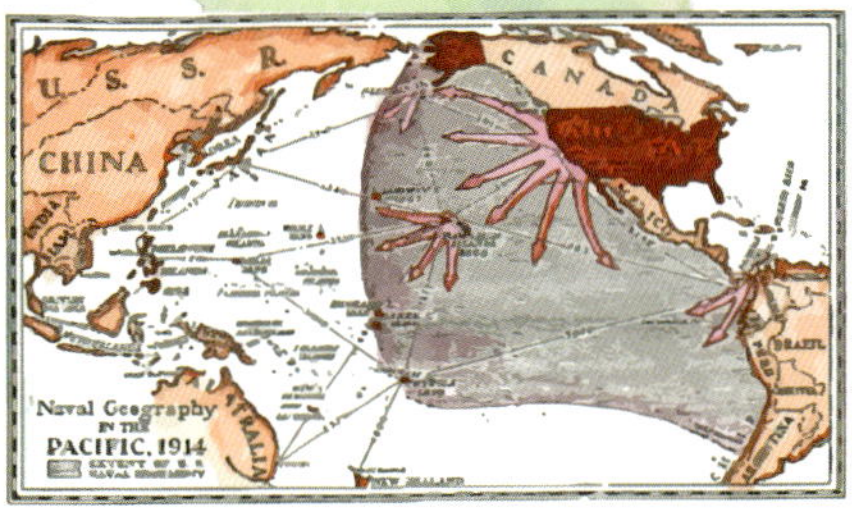

U. S. S. R.
CANADA
CHINA
Naval Geography
IN THE
PACIFIC, 1914

軍軍人マハンの『海上権力史論』でした。「世界の諸処《しょしょ》に植民地を獲得せよ。アメリカの貿易を擁護し、かつ外国に強圧を加えるために諸処に海軍基地を獲得し、これを発展させよ」と、マハンは述べています。こうした海上の権力をシーパワーと定義して、その獲得の手段として海軍力、造船力、工業力の育成を提唱。シーパワーによって、公海での商船隊・漁船隊の活動が保障され、アメリカは太平洋支配に乗り出します。

これ以降のアメリカの太平洋戦略は、マハンの理論通りに展開されていきます。次々と太平洋の島々を領有し、1897年には、フィリピンでスペインと争い、独立しようとするフィリピンに侵攻し、1902年に植民地化します。

しかし、太平洋を破竹の勢いで進んできたアメリカが、強固な敵と出会います。東洋の海洋国、日本です。当時の日本はアジアの新興国として急速に国力をつけ、その権益を太平洋にも広げていました。近い将来の戦争を想定したアメリカは、対日戦略を構想します。それが「オレンジ計画」。日米は太平洋で戦い、この計画通りにアメリカは勝利したのです。

戦略パターン

# ただ一国戦い続ける帝国がもつ不可解な戦略パターン

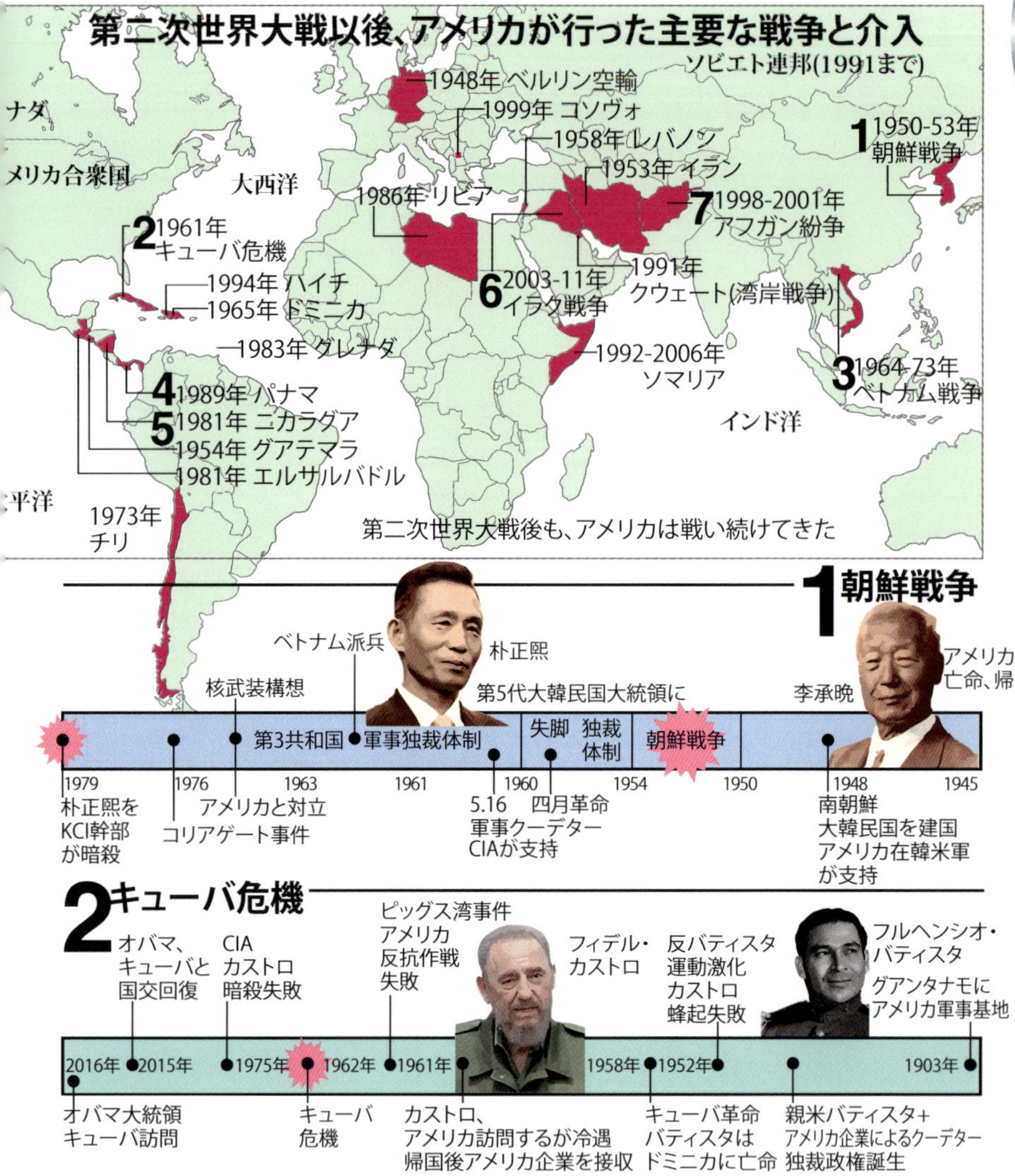
第二次世界大戦以後、アメリカが行った主要な戦争と介入
ソビエト連邦(1991まで)
1948年 ベルリン空輸
1999年 コソヴォ
1958年 レバノン
1953年 イラン
1 1950-53年 朝鮮戦争
ナダ
メリカ合衆国
大西洋
1986年 リビア
7 1998-2001年 アフガン紛争
2 1961年 キューバ危機
1991年 クウェート(湾岸戦争)
6 2003-11年 イラク戦争
1994年 ハイチ
1965年 ドミニカ
1983年 グレナダ
1992-2006年 ソマリア
3 1964-73年 ベトナム戦争
4 1989年 パナマ
5 1981年 ニカラグア
1954年 グアテマラ
1981年 エルサルバドル
インド洋
平洋
1973年 チリ
第二次世界大戦後も、アメリカは戦い続けてきた
1 朝鮮戦争
ベトナム派兵
朴正煕
第5代大韓民国大統領に
核武装構想
李承晩
アメリカに亡命、帰国
第3共和国
軍事独裁体制
失脚
独裁体制
朝鮮戦争
1979
1976
1963
1961
1960
1954
1950
1948
1945
朴正煕をKCI幹部が暗殺
コリアゲート事件
アメリカと対立
5.16 軍事クーデター CIAが支持
四月革命
南朝鮮 大韓民国を建国 アメリカ在韓米軍が支持
2 キューバ危機
オバマ、キューバと国交回復
CIA カストロ暗殺失敗
ピッグス湾事件 アメリカ反抗作戦失敗
フィデル・カストロ
反バティスタ運動激化 カストロ蜂起失敗
フルヘンシオ・バティスタ
グアンタナモにアメリカ軍事基地
2016年
2015年
1975年
1962年
1961年
1958年
1952年
1903年
オバマ大統領キューバ訪問
キューバ危機
カストロ、アメリカ訪問するが冷遇 帰国後アメリカ企業を接収
キューバ革命 バティスタはドミニカに亡命
親米バティスタ+アメリカ企業によるクーデター 独裁政権誕生

## 担ぎ上げて裏切るアメリカ

第二次世界大戦から約70年が経過し、全世界を巻き込む大規模な戦争は、いまのところ起きていません。しかし、その間もほとんど絶え間なく戦争を続けている国があります。世界の警察官を標榜《ひょうぼう》するアメリカです。自由主義・資本主義世界のために、敵対する国々と戦ってきました。

このページで図解したのは、アメリカが関わった主な戦争の経緯です。ここからひとつの共通したパターンが見えてきます。

民主主義の名のもとに、アメリカが誰かを担ぎ出して政権をつくります。その誰かは必ず独裁を始め、汚職と腐敗にまみれます。するとアメリカは、この誰かを、やはり民主主義の名のもとに、謀略、クーデター、軍事侵攻で排除します。イラクのフセイン元大統領は、その典型です。

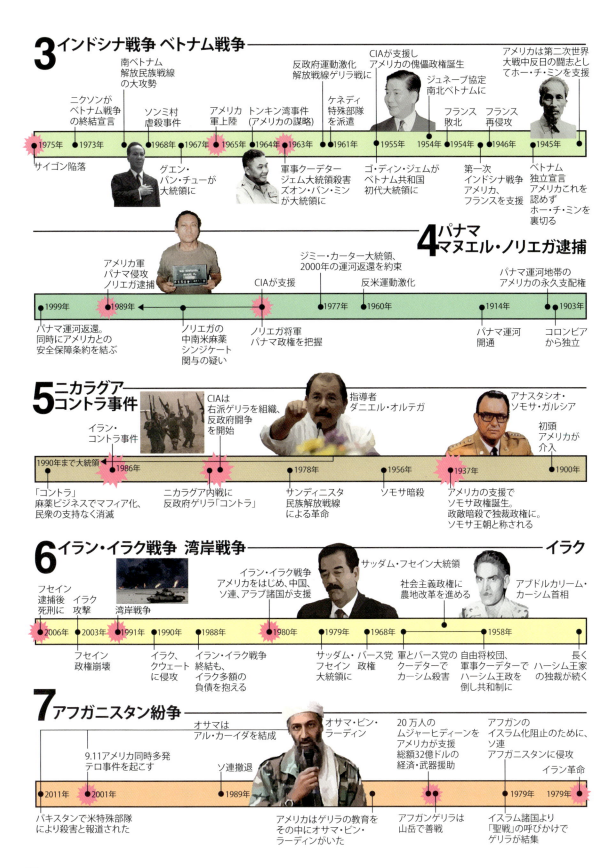

## 3 インドシナ戦争 ベトナム戦争

南ベトナム
解放民族戦線
の大攻勢

ニクソンが
ベトナム戦争
の終結宣言

ソンミ村
虐殺事件

アメリカ
軍上陸

トンキン湾事件
(アメリカの謀略)

反政府運動激化
解放戦線ゲリラ戦に

ケネディ
特殊部隊
を派遣

CIAが支援し
アメリカの傀儡政権誕生

ジュネーブ協定
南北ベトナムに

フランス
敗北

フランス
再侵攻

アメリカは第二次世界
大戦中反日の闘志とし
てホー・チ・ミンを支援

1975年 1973年 1968年 1967年 1965年 1964年 1963年 1961年 1955年 1954年 1954年 1946年 1945年

サイゴン陥落

グエン・
バン・チューが
大統領に

軍事クーデター
ジェム大統領殺害
ズオン・バン・ミン
が大統領に

ゴ・ディン・ジェムが
ベトナム共和国
初代大統領に

第一次
インドシナ戦争
アメリカ、
フランスを支援

ベトナム
独立宣言
アメリカこれを
認めず
ホー・チ・ミンを
裏切る

## 4 パナマ マヌエル・ノリエガ逮捕

アメリカ軍
パナマ侵攻
ノリエガ逮捕

CIAが支援

ジミー・カーター大統領、
2000年の運河返還を約束

反米運動激化

パナマ運河地帯の
アメリカの永久支配権

1999年 1989年 1977年 1960年 1914年 1903年

パナマ運河返還。
同時にアメリカとの
安全保障条約を結ぶ

ノリエガの
中南米麻薬
シンジケート
関与の疑い

ノリエガ将軍
パナマ政権を把握

パナマ運河
開通

コロンビア
から独立

## 5 ニカラグア コントラ事件

CIAは
右派ゲリラを組織、
反政府闘争
を開始

指導者
ダニエル・オルテガ

アナスタシオ・
ソモサ・ガルシア

イラン・
コントラ事件

初頭
アメリカが
介入

1990年まで大統領 1986年 1978年 1956年 1937年 1900年

「コントラ」
麻薬ビジネスでマフィア化、
民衆の支持なく消滅

ニカラグア内戦に
反政府ゲリラ「コントラ」

サンディニスタ
民族解放戦線
による革命

ソモサ暗殺

アメリカの支援で
ソモサ政権誕生。
政敵暗殺で独裁政権に。
ソモサ王朝と称される

## 6 イラン・イラク戦争 湾岸戦争 イラク

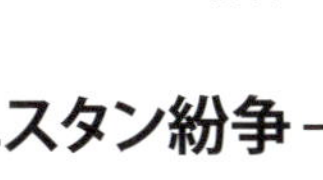

フセイン
逮捕後
死刑に

イラク
攻撃

湾岸戦争

イラン・イラク戦争
アメリカをはじめ、中国、
ソ連、アラブ諸国が支援

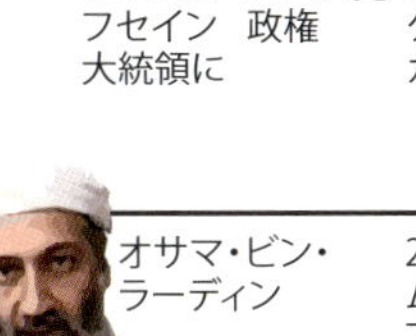

サッダム・フセイン大統領

社会主義政権に
農地改革を進める

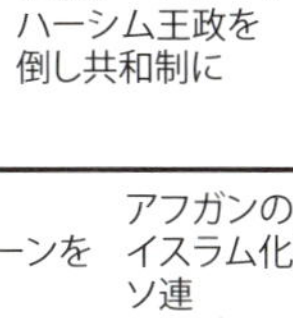

アブドルカリーム・
カーシム首相

2006年 2003年 1991年 1990年 1988年 1980年 1979年 1968年 1958年

フセイン
政権崩壊

イラク、
クウェート
に侵攻

イラン・イラク戦争
終結も、
イラク多額の
負債を抱える

サッダム・
フセイン
大統領に

バース党
政権

軍とバース党の
クーデターで
カーシム殺害

自由将校団、
軍事クーデターで
ハーシム王政を
倒し共和制に

長く
ハーシム王家
の独裁が続く

## 7 アフガニスタン紛争

オサマは
アル・カーイダを結成

オサマ・ビン・
ラーディン

20 万人の
ムジャーヒディーンを
アメリカが支援
総額32億ドルの
経済・武器援助

アフガンの
イスラム化阻止のために、
ソ連
アフガニスタンに侵攻

9.11アメリカ同時多発
テロ事件を起こす

ソ連撤退

イラン革命

2011年 2001年 1989年 1979年 1979年

パキスタンで米特殊部隊
により殺害と報道された

アメリカはゲリラの教育を
その中にオサマ・ビン・
ラーディンがいた

アフガンゲリラは
山岳で善戦

イスラム諸国より
「聖戦」の呼びかけで
ゲリラが結集

Part 3
アメリカの地政学
5

## アメリカの資本主義
# 世界を覆ったアメリカ型資本主義 その特異性と正義の源

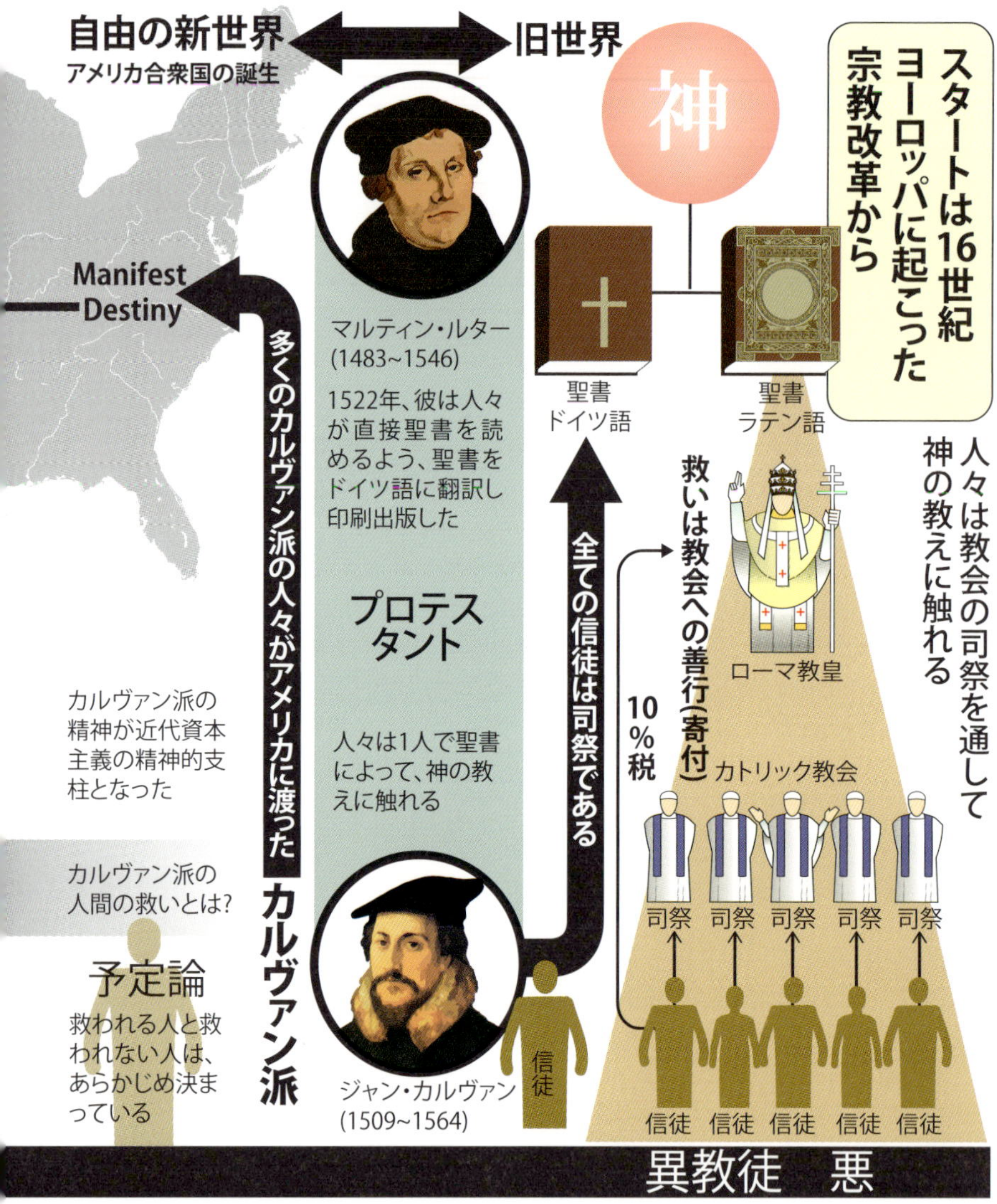

自由の新世界
アメリカ合衆国の誕生
旧世界
神
スタートは16世紀ヨーロッパに起こった宗教改革から
Manifest Destiny
マルティン・ルター
(1483~1546)
1522年、彼は人々が直接聖書を読めるよう、聖書をドイツ語に翻訳し印刷出版した
聖書
ドイツ語
聖書
ラテン語
人々は教会の司祭を通して神の教えに触れる
救いは教会への善行(寄付)
10%税
ローマ教皇
カトリック教会
司祭 司祭 司祭 司祭 司祭
信徒 信徒 信徒 信徒 信徒
全ての信徒は司祭である
プロテスタント
人々は1人で聖書によって、神の教えに触れる
多くのカルヴァン派の人々がアメリカに渡った
カルヴァン派
カルヴァン派の精神が近代資本主義の精神的支柱となった
カルヴァン派の人間の救いとは?
予定論
救われる人と救われない人は、あらかじめ決まっている
ジャン・カルヴァン
(1509~1564)
信徒
異教徒　悪


### 富は善であるとする教義が発端

グローバル経済という言葉をよく耳にします。当初は成長する世界経済を表す言葉として肯定的に使われていましたが、２００８年に起きた経済危機以降は、アメリカ主導の強欲な資本主義によって世界に経済格差と貧困を持ち込んだ経済政策として、批判にさらされています。覇権《はけん》国の軍事力で世界の政治をコントロールしたアメリカが、経済政策でも世界をコントロールした結果、その失敗が問われている、とも言えるでしょう。

では、世界の人々から批判を浴びたアメリカの強欲な資本主義とは、どのようなものでしょうか。その姿を知るには、再度ヨーロッパの歴史をひもとく必要があります。

16世紀に起きたキリスト教の宗教改革によって、カトリックに対抗する宗派として

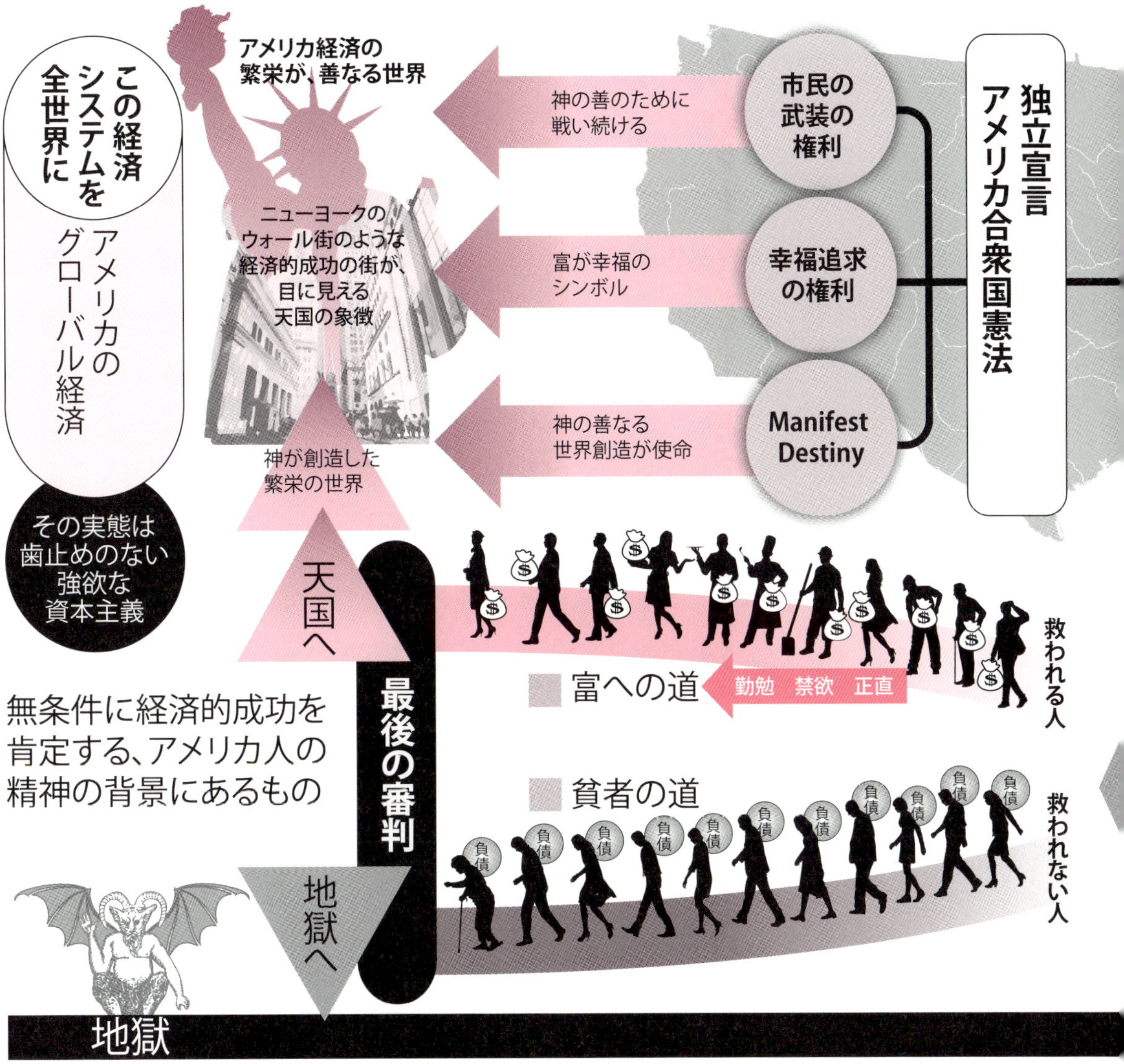


プロテスタントが誕生します。その一派であるカルヴァン派の人々が、アメリカ大陸に多数移住したのです。アメリカ人の経済活動は、このカルヴァン派の人々の影響を強く受けることになります。

　アメリカに渡ったカルヴァン派の教義のひとつに、勤勉に働いて豊かになることによって、人間は神の善を体現し、天国へ行けるというものがありました。反対に、勤勉に働かず、負債を背負う者は、罪人と見なされます。これらの人々は貧弱の道を進み、地獄へ堕《お》ちるというのです。

　このような宗教意識を根底にもつ人々が実現する経済社会は、必然的に勝者の論理に傾きがちです。貧しい人や弱い人は敗者であり、彼らを救済する福祉政策は軽視され、自己責任論に集約されていきます。その一方で、手段を問わず億万長者になった人こそが、ヒーローとしてもてはやされる社会ができあがりました。

　ひたすら富と成功を追い求める貪欲な金融資本のルールは、決して世界共通のものではなく、極めて特異なものです。その特異さはアメリカ国内でも批判され、トランプ大統領の出現にも繋がります。

「ベルト」と呼ばれるアメリカの分断地帯

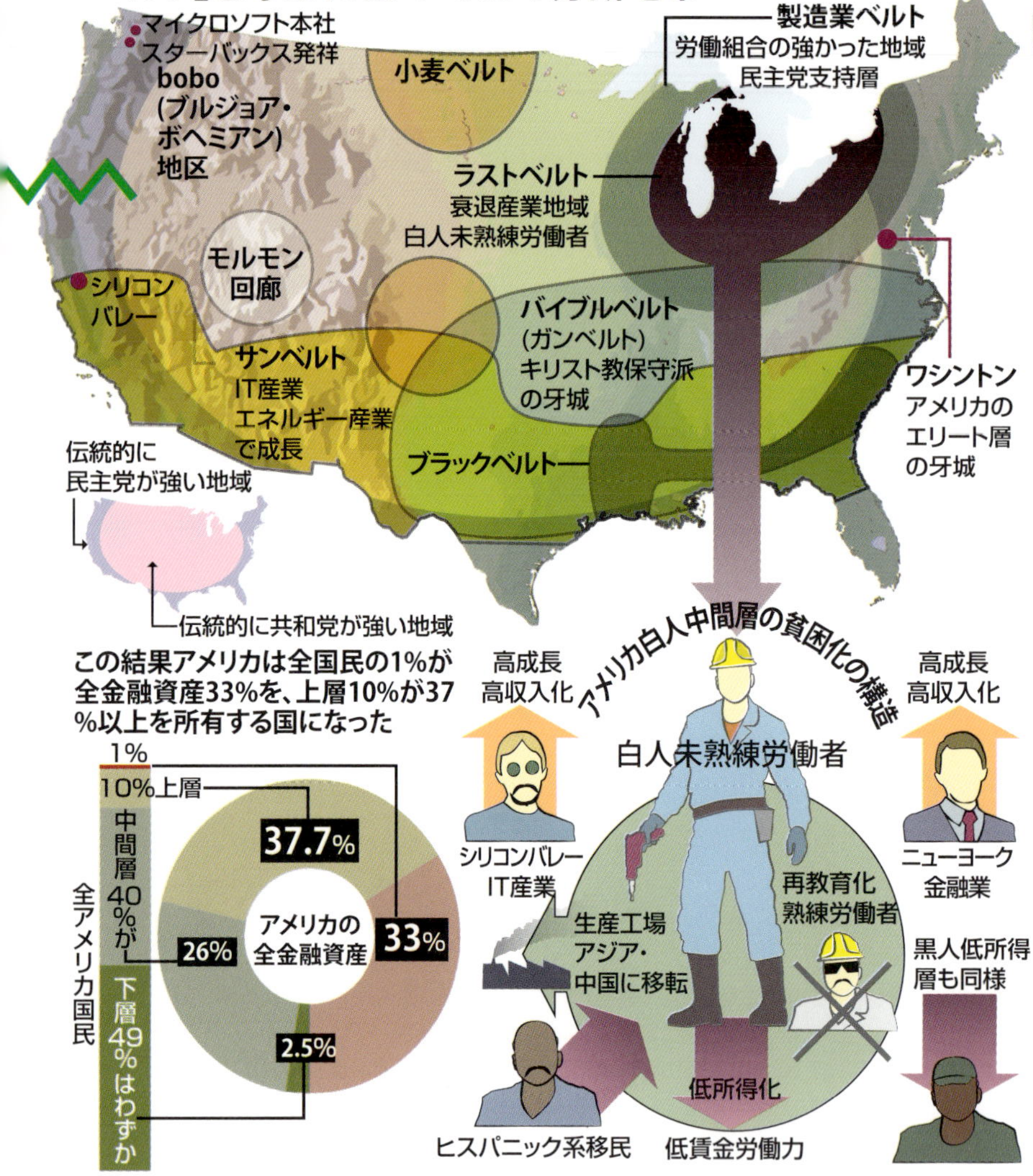
マイクロソフト本社
スターバックス発祥
bobo
(ブルジョア・ボヘミアン)
地区
小麦ベルト
製造業ベルト
労働組合の強かった地域
民主党支持層
ラストベルト
衰退産業地域
白人未熟練労働者
モルモン
回廊
シリコン
バレー
バイブルベルト
(ガンベルト)
キリスト教保守派
の牙城
サンベルト
IT産業
エネルギー産業
で成長
ワシントン
アメリカの
エリート層
の牙城
ブラックベルト
伝統的に
民主党が強い地域
伝統的に共和党が強い地域
この結果アメリカは全国民の1%が全金融資産33%を、上層10%が37%以上を所有する国になった
1%
10%上層
中間層40%が
下層49%はわずか
全アメリカ国民
37.7%
33%
26%
2.5%
アメリカの
全金融資産
アメリカ白人中間層の貧困化の構造
高成長
高収入化
白人未熟練労働者
シリコンバレー
IT産業
ニューヨーク
金融業
再教育化
熟練労働者
生産工場
アジア・
中国に移転
黒人低所得
層も同様
低所得化
ヒスパニック系移民
低賃金労働力

トランプのアメリカ

# トランプ大統領を誕生させた分断されたアメリカの地殻変動

## 白人貧困層の怒り

共和党のドナルド・トランプ氏が、第45代アメリカ大統領に選出されたとき、アメリカは自身の国土に巨大な亀裂があることを、世界に暴露《ばくろ》しました。

これまでの政権政党であった民主党は、主に北西部のカトリック教徒と、西部海岸、そして北東部のリベラルな白人層を基盤としていました。その一方で共和党は、一般的に保守的と言われる中西部、南部を地盤としています。その南部にはプロテスタントの原理主義の超保守層が存在します。

しかしアメリカには、支持政党とは別の分断があったのです。それは地域と人種による貧富の差による分断です。

左ページの大統領選挙の州別選挙人獲得結果を見てください。トランプ氏は、従来は民主党支持だった東部の4州を獲得して

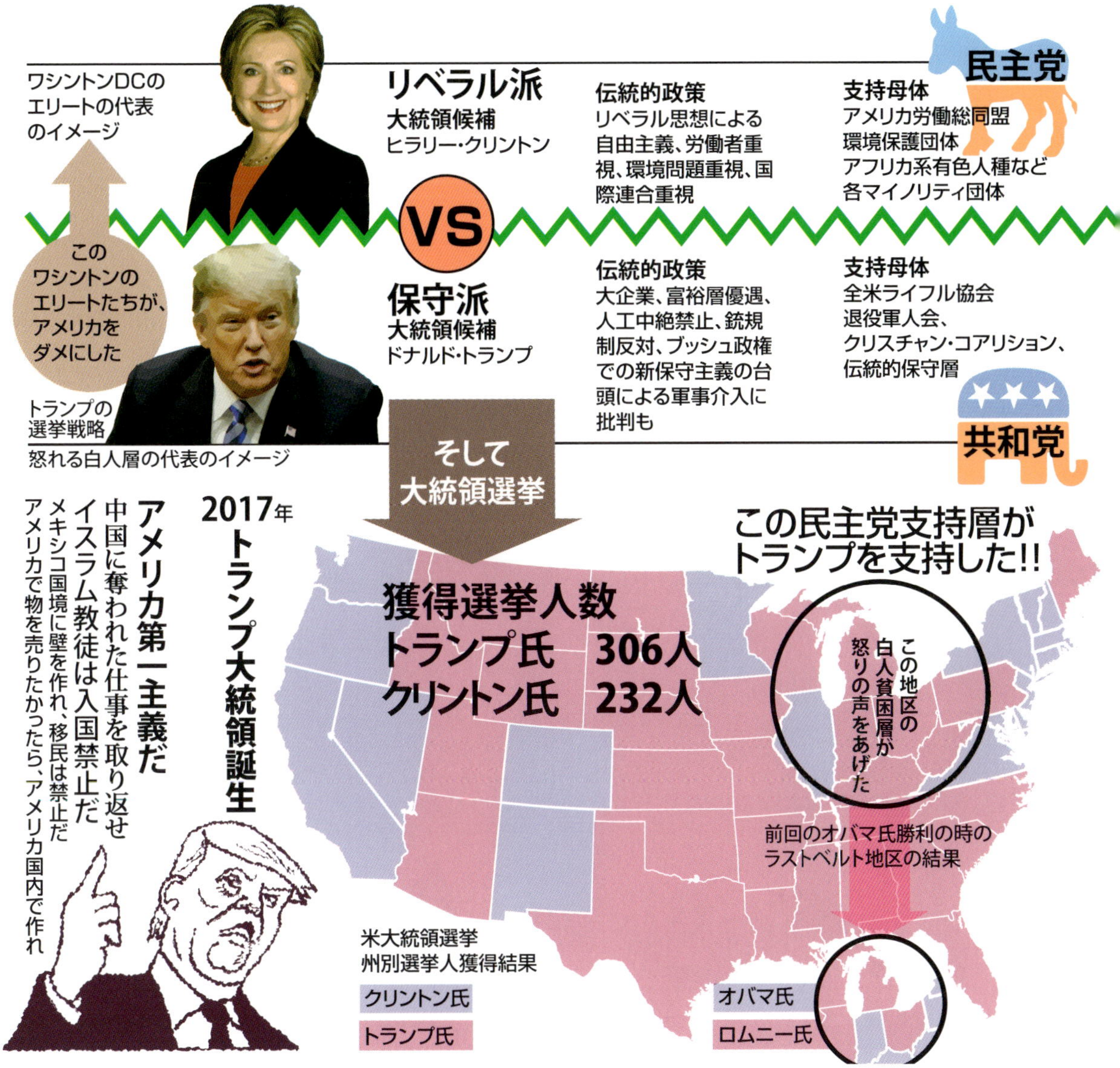
ワシントンDCのエリートの代表のイメージ
リベラル派
大統領候補
ヒラリー・クリントン
伝統的政策
リベラル思想による自由主義、労働者重視、環境問題重視、国際連合重視
支持母体
アメリカ労働総同盟
環境保護団体
アフリカ系有色人種など各マイノリティ団体
民主党
VS
このワシントンのエリートたちが、アメリカをダメにした
保守派
大統領候補
ドナルド・トランプ
伝統的政策
大企業、富裕層優遇、人工中絶禁止、銃規制反対、ブッシュ政権での新保守主義の台頭による軍事介入に批判も
支持母体
全米ライフル協会
退役軍人会、
クリスチャン・コアリション、
伝統的保守層
共和党
トランプの選挙戦略
怒れる白人層の代表のイメージ
そして大統領選挙
2017年 トランプ大統領誕生
アメリカ第一主義だ
中国に奪われた仕事を取り返せ
イスラム教徒は入国禁止だ
メキシコ国境に壁を作れ、移民は禁止だ
アメリカで物を売りたかったら、アメリカ国内で作れ
この民主党支持層がトランプを支持した!!
獲得選挙人数
トランプ氏　306人
クリントン氏　232人
この地区の白人貧困層が怒りの声をあげた
前回のオバマ氏勝利の時のラストベルト地区の結果
米大統領選挙
州別選挙人獲得結果
クリントン氏
トランプ氏
オバマ氏
ロムニー氏

勝利しました。ここが選挙の分かれ目でした。この地区はかつて、全米を代表する製造業の集積地でした。鉄鋼、自動車、石炭などの巨大産業が集まり、そこに働く労働者たちを代表する労働組合は、民主党最大の支持母体でもありました。

かつて製造業ベルトと呼ばれていたこの地区は、現在はラストベルト（さびついた地帯）と呼ばれています。衰退した産業と、そこにしがみつく白人未熟練労働者たちの地帯というわけです。

1980年代から本格化したアメリカ経済のグローバル化は、製造業の拠点を賃金の安い外国に移転し、産業の中核をITと金融業に絞り、高収益企業を生み出してきました。この政策を推進したのが民主党であり、ニューヨークのウォール街とワシントンに集うリベラルなエリート層でした。製造業の労働者は置き去りにされました。

トランプ氏は、彼らに訴えました。製造業を再びアメリカに呼び戻そう。安い賃金で働くメキシコからの移民は、壁を作って締め出そう。一見粗暴な訴えは、確実に労働者層を動かしました。トランプ大統領は、アメリカの亀裂から誕生したのです。

韓国・北朝鮮

# 分断と属国化、そして統一の繰り返し そしてまた統一の時がきているのか？

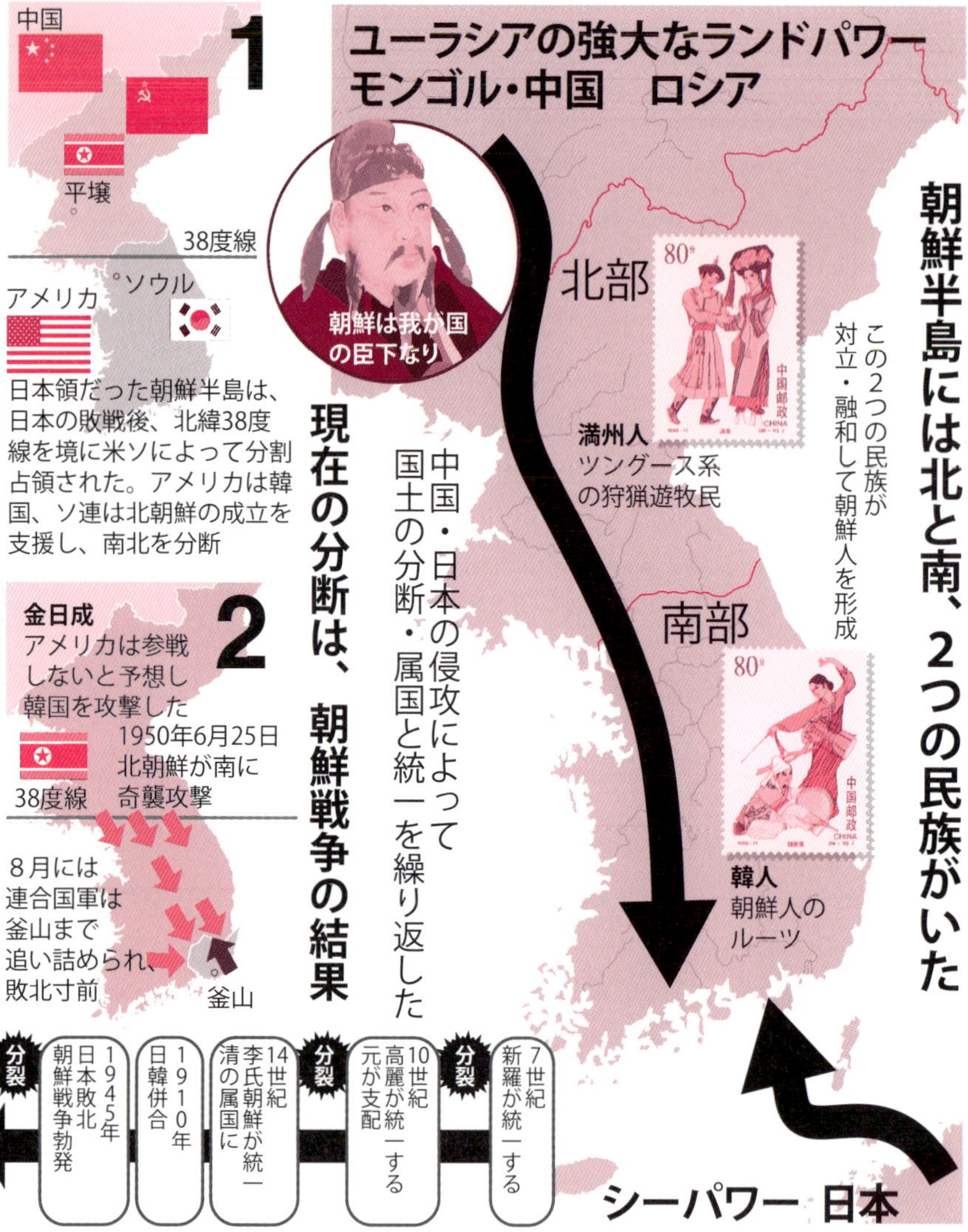
ユーラシアの強大なランドパワー
モンゴル・中国　ロシア
朝鮮は我が国の臣下なり
朝鮮半島には北と南、2つの民族がいた
この2つの民族が対立・融和して朝鮮人を形成
北部
満州人
ツングース系の狩猟遊牧民
南部
韓人
朝鮮人のルーツ
中国・日本の侵攻によって国土の分断・属国と統一を繰り返した
現在の分断は、朝鮮戦争の結果
シーパワー　日本
1
中国
平壌
38度線
ソウル
アメリカ
日本領だった朝鮮半島は、日本の敗戦後、北緯38度線を境に米ソによって分割占領された。アメリカは韓国、ソ連は北朝鮮の成立を支援し、南北を分断
2
金日成
アメリカは参戦しないと予想し韓国を攻撃した
1950年6月25日
北朝鮮が南に奇襲攻撃
38度線
8月には連合国軍は釜山まで追い詰められ、敗北寸前
釜山
7世紀 新羅が統一する
分裂
10世紀 高麗が統一する 元が支配
分裂
14世紀 李氏朝鮮が統一 清の属国に
1910年 日韓併合
1945年 日本敗北 朝鮮戦争勃発
分裂

## 常に大国から圧力を受ける半島の宿命

現在の朝鮮半島に暮らす人々のルーツは、北の満州人《まんしゅうじん》と南の韓人《かんじん》の2つとするのが通説です。この2つの民族が対立しながらも融合して、朝鮮民族は形成されてきました。

朝鮮半島そのものの歴史も、対立と融合の歴史でした。初の半島統一を果たした新《しん》羅《ら》は韓人の王朝であり、それを満州人が奪《だっ》還《かん》したのが高麗《こうらい》でもありました。この統一の隙間に分裂抗争があり、また統一される。朝鮮の歴史はこれを繰り返します。

さらに、半島という地形が、朝鮮の歴史をより複雑にします。半島国家の宿命（詳しくはp78）として、拮抗する複数の大国勢力が国土に及んだ時、分裂が生じます。先の南北の民族の違い、朝鮮の支配層の中の貴族の対立が、それぞれ別の外国勢力と結びつくからです。

# そして流れは再び南北統一へ!?

中国清《シン》朝の支配下にあった朝鮮に、北のロシア、南の日本が勢力を伸ばしてきた時もそうでした。朝鮮の宮廷は、これら3つの国それぞれを支持する派閥に分裂します。日清・日露の戦いは、この3派閥の戦いでもあったのです。その結果、日本を支持する派閥が勝利し、議会決議を経て、国際承認の後に日本が韓国を併合します。

現在の朝鮮半島の分裂は、この日本の統治後に起こりました。上図は第二次世界大戦後に勃発した朝鮮戦争の経緯です。連合国の思惑を反映して、38度線を境に、北を中国、南をアメリカが占領します。一瞬ですが、朝鮮のルーツに戻ったかのようです。

共産軍の侵攻、それを押し戻す連合国の戦いにより、半島は焦土と化します。悲劇の果てに、北の朝鮮民主主義人民共和国(北朝鮮)と南の大韓民国(韓国)の分断が固定化して、65年以上が経過しました。

この分断国家に、いま再統一の機運が生じ始めています。韓国の文在寅《ムンジェイン》大統領が強くそれを望み、アメリカのトランプ政権も北朝鮮との対立を解こうとしています。その結果生じる新たな経済圏に、世界は注目しています。

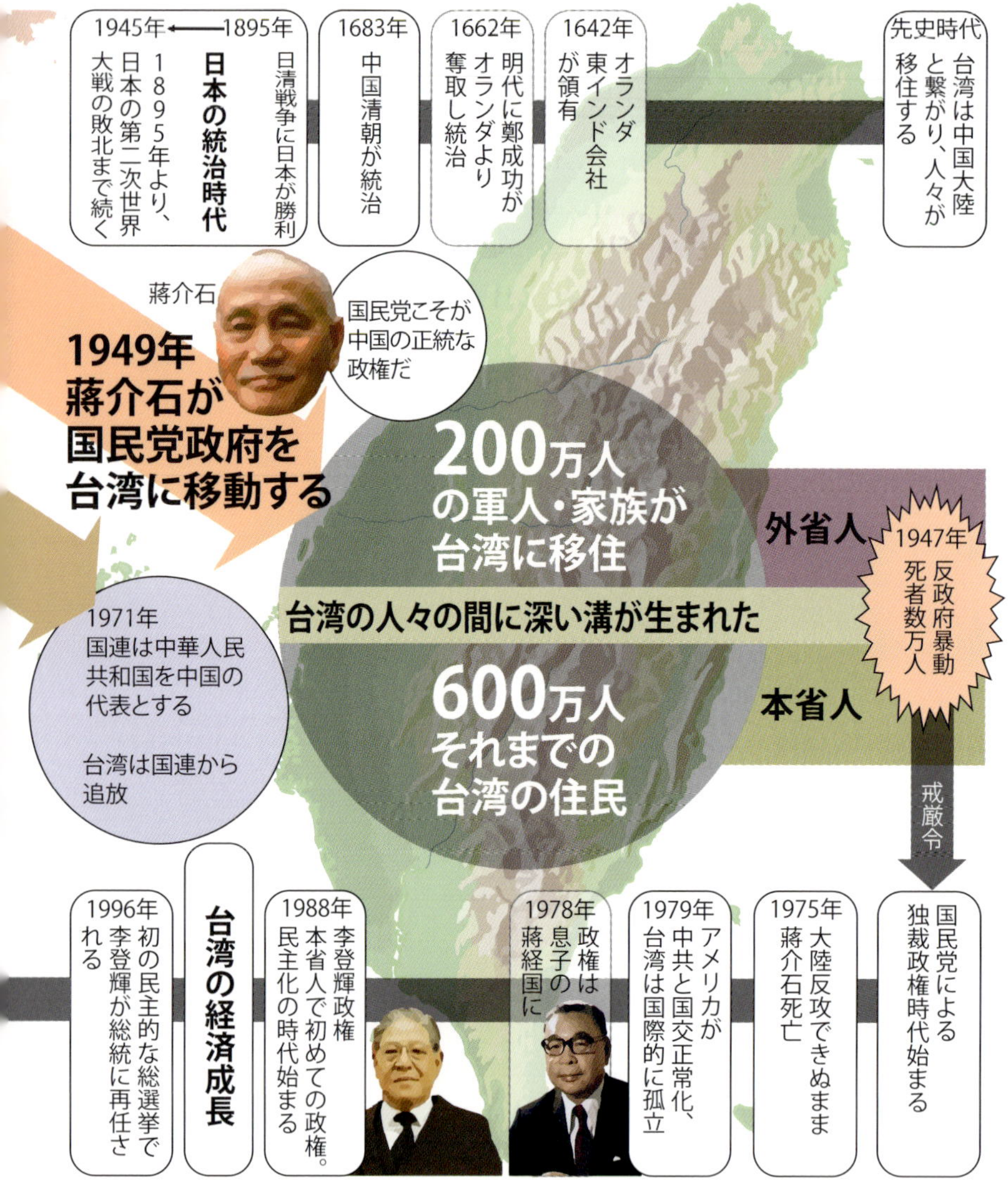
先史時代
台湾は中国大陸と繋がり、人々が移住する
1642年
オランダ東インド会社が領有
1662年
明代に鄭成功がオランダより奪取し統治
1683年
中国清朝が統治
1945年←1895年
日清戦争に日本が勝利
日本の統治時代
1895年より、日本の第二次世界大戦の敗北まで続く
蒋介石
国民党こそが中国の正統な政権だ
1949年
蒋介石が
国民党政府を
台湾に移動する
200万人
の軍人・家族が
台湾に移住
外省人
1947年
反政府暴動
死者数万人
台湾の人々の間に深い溝が生まれた
600万人
それまでの
台湾の住民
本省人
戒厳令
1971年
国連は中華人民共和国を中国の代表とする
台湾は国連から追放
国民党による独裁政権時代始まる
1975年
大陸反攻できぬまま蒋介石死亡
1979年
アメリカが中共と国交正常化、台湾は国際的に孤立
1978年
政権は息子の蒋経国に
1988年
李登輝政権
本省人で初めての政権。民主化の時代始まる
台湾の経済成長
1996年
初の民主的な総選挙で李登輝が総統に再任される

台湾

# 太平洋のキーストーン 台湾島の人々の選択が地政学を変える

## なぜ中国が自国領土と主張するのか

台湾は南シナ海、東シナ海、太平洋の接点に位置する島です。この海域の安定の要《かなめ》が台湾であると最初に気づいたのは明治時代の日本でした。日本は日清《にっしん》戦争に勝利し、清《シン》国（中国）から台湾を割譲。多大な投資をして台湾を近代化し、日本の南方進出の基地としました。

この台湾島の地政学的重要性は現在も変わらず、アメリカの太平洋支配の要であると同時に、新たに海洋進出を目論《もくろ》む中国にとっても要衝《ようしょう》です。中国政府は、一貫して台湾は中国の一部であり、香港のように一国二制度に組み入れられるものだと主張しています。中国政府が台湾を自国領だとする根拠はどこにあるのでしょう？

第二次世界大戦で中国に侵攻した日本は敗北。台湾は蒋介石《しょうかいせき》率いる中国国民党の支

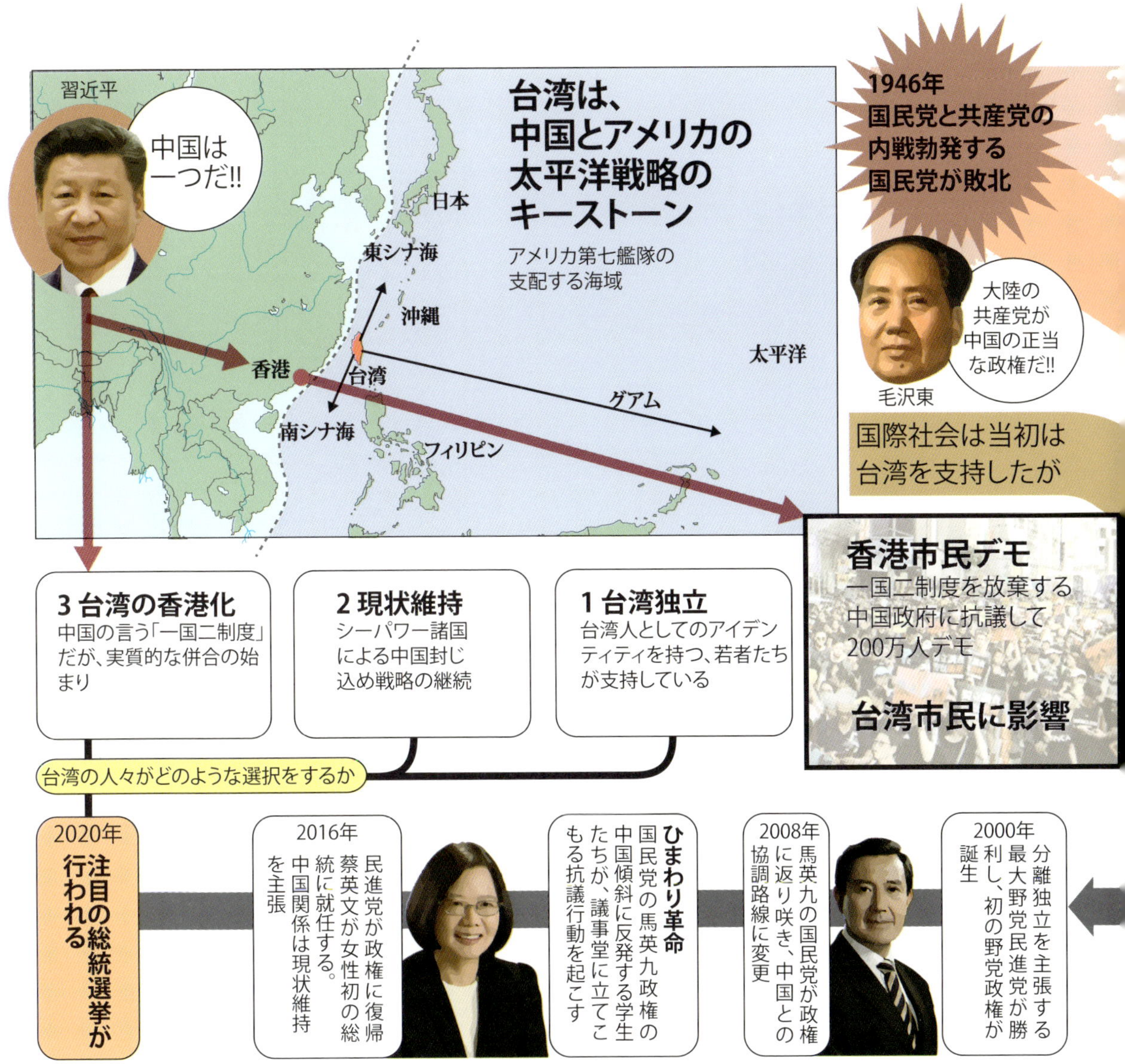

台湾は、
中国とアメリカの
太平洋戦略の
キーストーン
アメリカ第七艦隊の
支配する海域
習近平
中国は
一つだ!!
日本
東シナ海
沖縄
香港
台湾
グアム
太平洋
南シナ海
フィリピン
1946年
国民党と共産党の
内戦勃発する
国民党が敗北
大陸の共産党が中国の正当な政権だ!!
毛沢東
国際社会は当初は
台湾を支持したが
香港市民デモ
一国二制度を放棄する
中国政府に抗議して
200万人デモ
台湾市民に影響
1 台湾独立
台湾人としてのアイデンティティを持つ、若者たちが支持している
2 現状維持
シーパワー諸国による中国封じ込め戦略の継続
3 台湾の香港化
中国の言う「一国二制度」だが、実質的な併合の始まり
台湾の人々がどのような選択をするか
2000年
分離独立を主張する最大野党民進党が勝利し、初の野党政権が誕生
2008年
馬英九の国民党が政権に返り咲き、中国との協調路線に変更
ひまわり革命
国民党の馬英九政権の中国傾斜に反発する学生たちが、議事堂に立てこもる抗議行動を起こす
2016年
民進党が政権に復帰 蔡英文が女性初の総統に就任する。中国関係は現状維持を主張
2020年
注目の総統選挙が行われる


配下に置かれます。1951年、日本はサンフランシスコ平和条約で台湾の主権を放棄しますが、その主権の帰属先を明記する条文はなく、しかも中国は戦後、内戦で2つに分裂していました。台湾はすでに、大陸から逃れてきた国民党が統治。一方、中国本土には共産党が統治する中華人民共和国が誕生していました。その双方が、自らが中国を代表する正当な政権であるとして台湾の主権を主張。台湾をめぐるこの対立構造が、現在まで続いているのです。

大陸と台湾の対立は、台湾に暮らす人々の間にも及んでいます。国民党と共に渡ってきた外省人《がいしょうじん》と呼ばれる人々と、台湾土着の本省人《ほんしょうじん》と呼ばれる人々との間に存在する政治、経済、文化の溝です。

近年の台湾では、大陸から渡り、長く軍事独裁を続けた国民党と、本省人を代表する民進党の2大政党が政権交代を繰り返しています。国民党支持層は大陸と融和的で、民進党支持層は台湾人の自主性を求め、独立志向が強い傾向があります。2020年に予定されている総統選挙で、台湾の人々が、自国の未来に向けてどのような選択をするのか、世界が注目しています。

フィリピン

# 南シナ海のバランス・オブ・パワー アメリカと中国をしたたかに揺さぶる

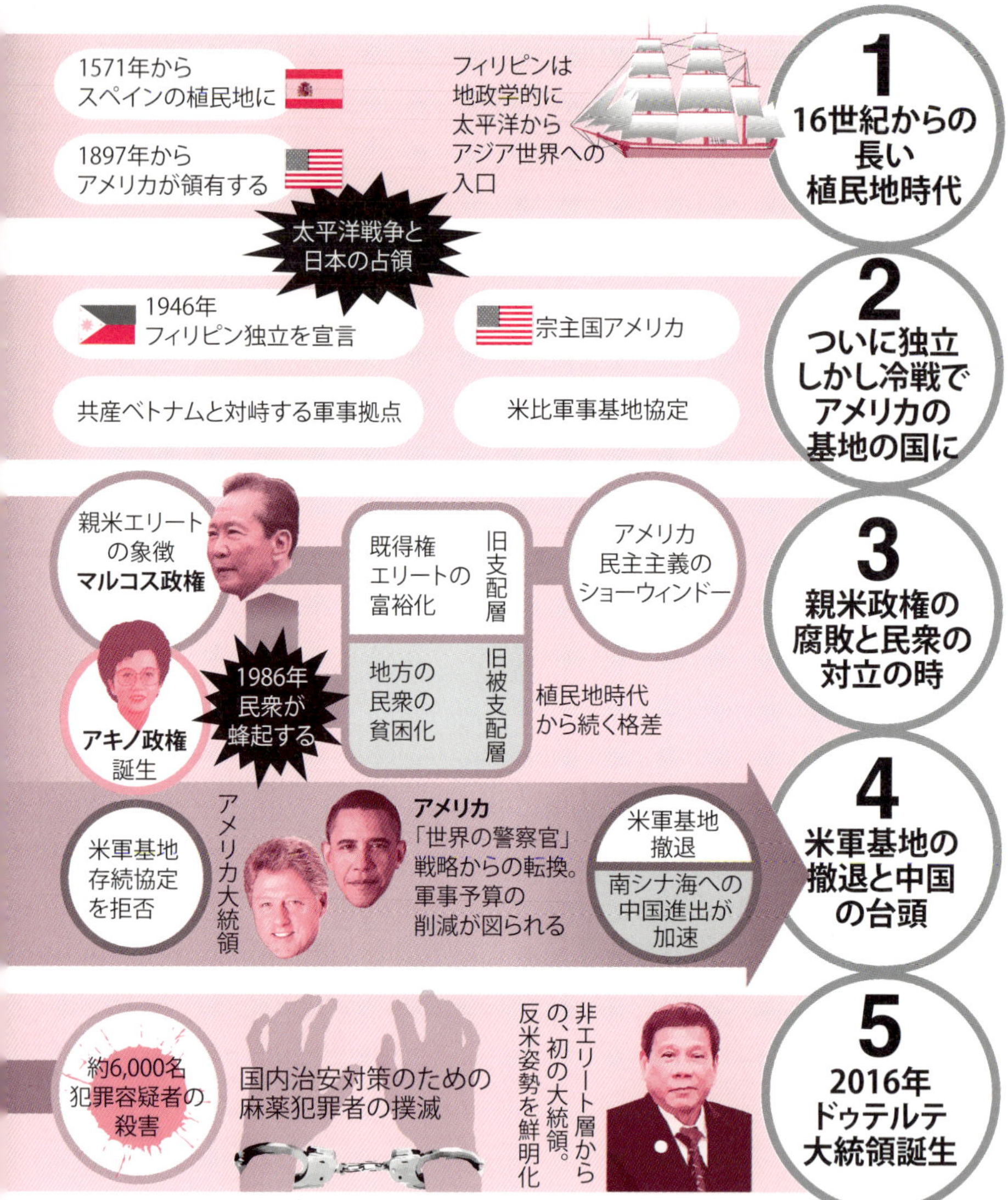
1
16世紀からの長い植民地時代
1571年から
スペインの植民地に
1897年から
アメリカが領有する
フィリピンは
地政学的に
太平洋から
アジア世界への
入口
太平洋戦争と
日本の占領
2
ついに独立
しかし冷戦で
アメリカの
基地の国に
1946年
フィリピン独立を宣言
宗主国アメリカ
共産ベトナムと対峙する軍事拠点
米比軍事基地協定
3
親米政権の
腐敗と民衆の
対立の時
親米エリート
の象徴
マルコス政権
既得権
エリートの
富裕化
旧支配層
アメリカ
民主主義の
ショーウィンドー
1986年
民衆が
蜂起する
地方の
民衆の
貧困化
旧被支配層
植民地時代
から続く格差
アキノ政権
誕生
4
米軍基地の
撤退と中国
の台頭
米軍基地
存続協定
を拒否
アメリカ大統領
アメリカ
「世界の警察官」
戦略からの転換。
軍事予算の
削減が図られる
米軍基地
撤退
南シナ海への
中国進出が
加速
5
2016年
ドゥテルテ
大統領誕生
約6,000名
犯罪容疑者の
殺害
国内治安対策のための
麻薬犯罪者の撲滅
非エリート層からの、初の大統領。
反米姿勢を鮮明化

## 太平洋からアジアへの要衝

16世紀、探検家マゼランが太平洋を横切り、のちにフィリピンと呼ばれることになる島々に到着したことで、太平洋国家というフィリピンの地政学上の位置づけは定まったといえるでしょう。

スペイン艦隊は、この地をメキシコと中国を結ぶ貿易航路の中継地として、1571年、マニラを首府として、中南米のスペイン領と同じ所轄《しょかつ》の植民地としました。

太平洋の覇権《はけん》がスペインからアメリカに移った後も、太平洋からアジアへの入口という位置づけは不変でした。ただし、この時、独立に立ち上がったフィリピンの人々をアメリカが圧殺し、1897年に植民地としたことは記憶しておくべきでしょう。

第二次世界大戦での日本の進駐を経て、戦後フィリピンは独立。東シナ海を挟んで、

アメリカにも
中国にも
依存しない
理想
自立した
フィリピン
China
U.S.A
チャリン
チャリン
チャリン

**米中をコントロールする
ドゥテルテのバランス装置**

その理想は
ホセ・リサールか?

**ホセ・リサール
(1861-1896)**
スペイン圧政下に苦しむフィリピンの様子を克明に描いた政治小説で植民地支配を批判。フィリピン独立への機運を高めた。武装蜂起への関与を口実に逮捕、銃殺された。独立運動の「国民的英雄」と称され、アジアの民族運動に影響を与えた

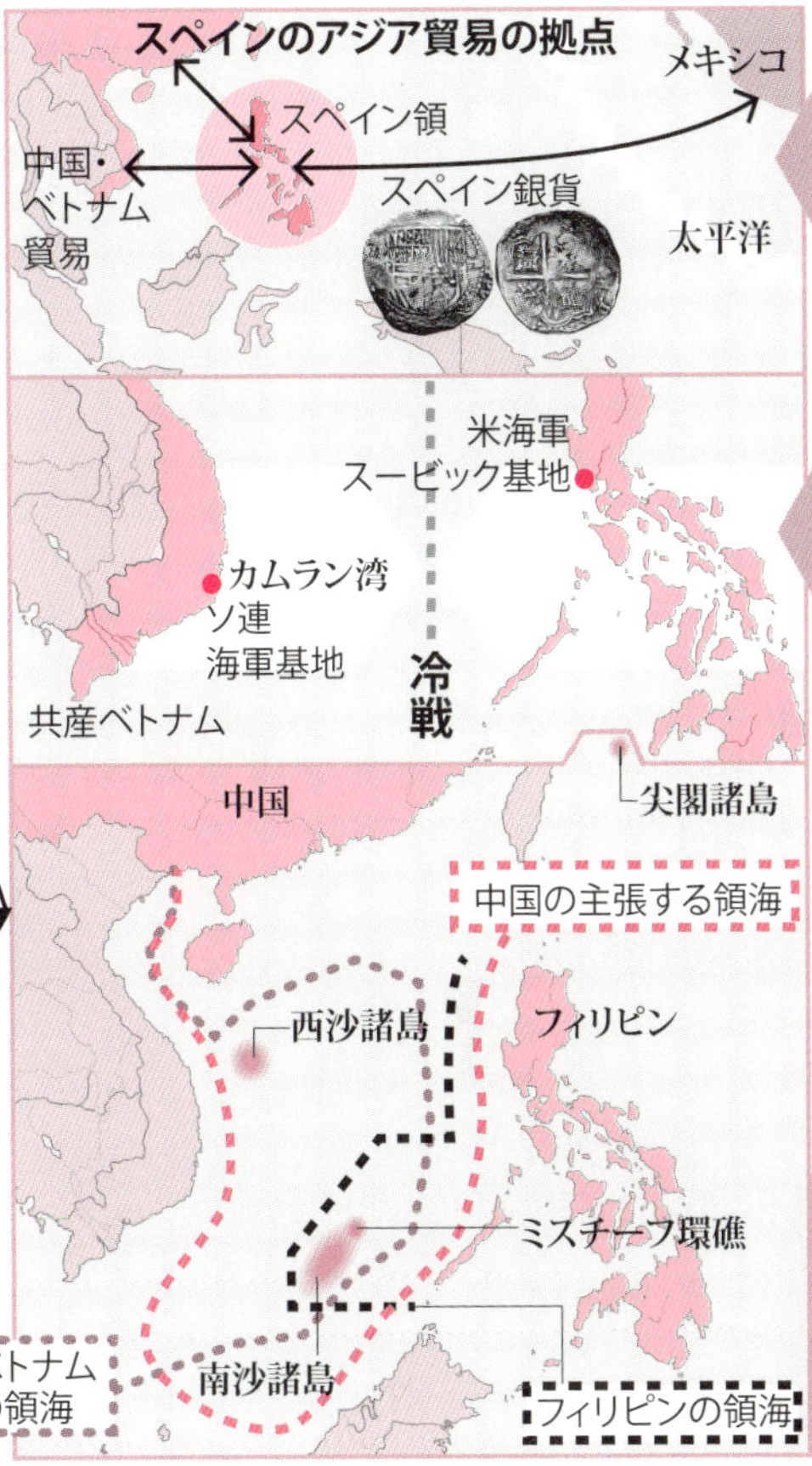
スペインのアジア貿易の拠点
メキシコ
スペイン領
中国・
ベトナム
貿易
スペイン銀貨
太平洋
米海軍
スービック基地
カムラン湾
ソ連
海軍基地
冷戦
共産ベトナム
中国
尖閣諸島
中国の主張する領海
西沙諸島
フィリピン
ミスチーフ環礁
ベトナム
の領海
南沙諸島
フィリピンの領海

国内は支持
国外からは
批判
YES
YES
NO
NO
NO
南シナ海判決
の棚上げで
中国に
歩み寄り
米軍の再配備
カードで
中国を
揺さぶる
ドゥテルテ
大統領の
自立外交は
どこを目指す
?

共産圏の中国・ベトナムと対峙《たいじ》するフィリピンは、アメリカにとって、アジア戦略の地政学的拠点としてその価値を高めます。その間、フィリピン社会もアメリカの影響を色濃く受けます。その一方で、ミンダナオ島などに共産ゲリラを抱えます。

1965年に誕生したマルコス政権は、反共主義を標榜《ひょうぼう》し、ベトナム戦争ではアメリカ側に立って参戦。しかし、途上国の親米政権は、なぜか同じ経緯を経て破綻《はたん》します。イランのパフレヴィー国王、ベトナムのゴジンジェムなどと同様、独裁的手法や政権の腐敗が原因でした。

1983年、野党の有力指導者アキノが暗殺されたのを機に、反政府デモが頻発。1986年にマルコス政権は崩壊しました。

それ以降のフィリピンの政権は、ナショナリズムと親米の間を揺れ動きます。2016年に誕生したドゥテルテ政権は、自立的外交を目指すナショナリズム色の強い政権です。しかし1992年、米軍がフィリピンから撤収したあとの南シナ海に中国が進出すると、米軍の再駐留カードで中国を牽制《けんせい》。米中の間で地政学的な強みを生かしたたかな外交を繰り広げています。

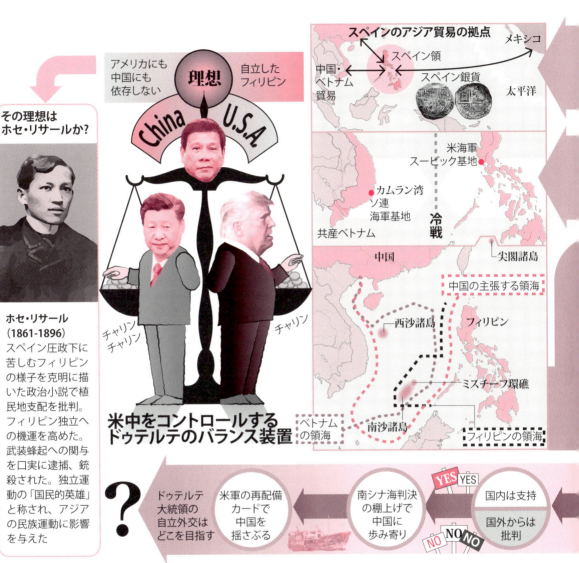

Part 4
アジアの現在
4

インド1

# 第二のアジアの大国が中国を超える日はくるのか

## パキスタン、中国との地政学的緊張

インドと隣国パキスタンとは、常に地政学的緊張関係にあります。両国が1947年にイギリスから分離独立する際、ヒンドゥー教徒とイスラム教徒の間に起こった凄惨《せいさん》な虐殺から、相互の憎悪は生まれました。

この分離独立以前、イギリスが支配するインド帝国は、現在のインド、パキスタン、バングラデシュにまたがる国家でした。インドの独立運動を主導したインド会議派のマハトマ・ガンディーは、一貫してイスラム教徒の分離独立に反対し、宗派を超えた統一インド独立のために努力しました。しかし、イギリスは少数派のイスラム教徒を説得し、分離独立の道を選択させます。

その結果起こったのが、流血の惨事と、それ以降のカシミール、アッサム、バングラデシュをめぐる3度の戦争、そして印パの核開発競争の危機でした。ガンディーが予見した危機が、そのまま現実のものとなったのです。インド、パキスタンの地政学的危機は、イギリス帝国の意図的な置き土産だったともいえるでしょう。

インドはまた、ネパールとブータンという小さな緩衝《かんしょう》国を挟んで、中国とも緊張関係にあります。イギリスがアッサム地方に設定した国境線を不満として中国が攻撃、領有権を主張しています。また、カシミール地区でも両国は戦火を交え、実効支配地域を分け合う状態が続いています。

そんなヒマラヤの辺境をめぐる争いが小康《しょうこう》状態にあるいま、インド、パキスタン、中国をめぐる緊張は、インド洋に及んでいます。中国は一帯一路《いったいいちろ》の一環として、ミャンマーのチャウピュ港、パキスタンのグワダル港など、沿岸の港の運営権を次々手に入れ、インド洋に進出。この「真珠の首飾り」とも呼ばれる包囲網に対抗し、インドは日米との連携を軸に、インド洋沿岸に拠点を張り巡らせる「ダイヤのネックレス」戦略を図っています。

インドと中国の国境紛争
マクマホンライン
1914年に当時のチベット政府とイギリスによって策定された国境。中国はこれを認めず、1959年に国境紛争が起こり、中国が実効支配
ラサ
アッサム地方
バングラデシュ
ミャンマー
チッタゴン
チャウピュ港
中国のインド洋戦略
一帯一路(真珠の首飾り)
VS
インドのダイヤのネックレス

## インド近現代史

**1526-1858年**
ムガール帝国の時代
6代皇帝アウラング
ゼーブの代に全盛

**1639年**
イギリス東インド会社
の進出始まる

**1757年**
イギリス、インドの
植民地化

**19世紀**
東インド会社、
中国への阿片貿易拡大

**1857年**
インド大反乱

**1877年**
イギリス、インドを
イギリス領インド帝国
とする

**1885年**
インド国民会議が
生まれる

**1906年**
反英独立運動始まる
親英組織「全インド・
ムスリム連盟」誕生

**1914年**
第一次世界大戦
インド義勇兵
イギリス軍に参加

**1919年**
独立運動を弾圧する
アムリッツァルの虐殺事件

**1919年**
ガンディー、非暴力・
不服従運動開始

**1930年**
ガンディー、塩の行進
を行う

**1947年**
インド連邦独立

イスラム教国
パキスタン分離独立する
第一次印パ戦争

**1948年1月**
ガンディー暗殺される
ジャワハルラール・
ネルーが首相に

**1950年**
インド共和国に
冷戦下の非同盟諸国
の中心に

**1965年**
第二次印パ戦争

**1966年**
インディラ・ガンディー
政権誕生

**1971年**
バングラデシュ独立を
めぐる第三次印パ戦争

**1984年**
インディラ・ガンディー
暗殺

**1998年**
国民会議派から
ヒンドゥー至上主義政党
インド人民党に政権移動

**2004年**
国民会議派の政権に

**2014年**
再びインド人民党政権に

# インドとパキスタンの地政学的緊張は分離独立から始まる

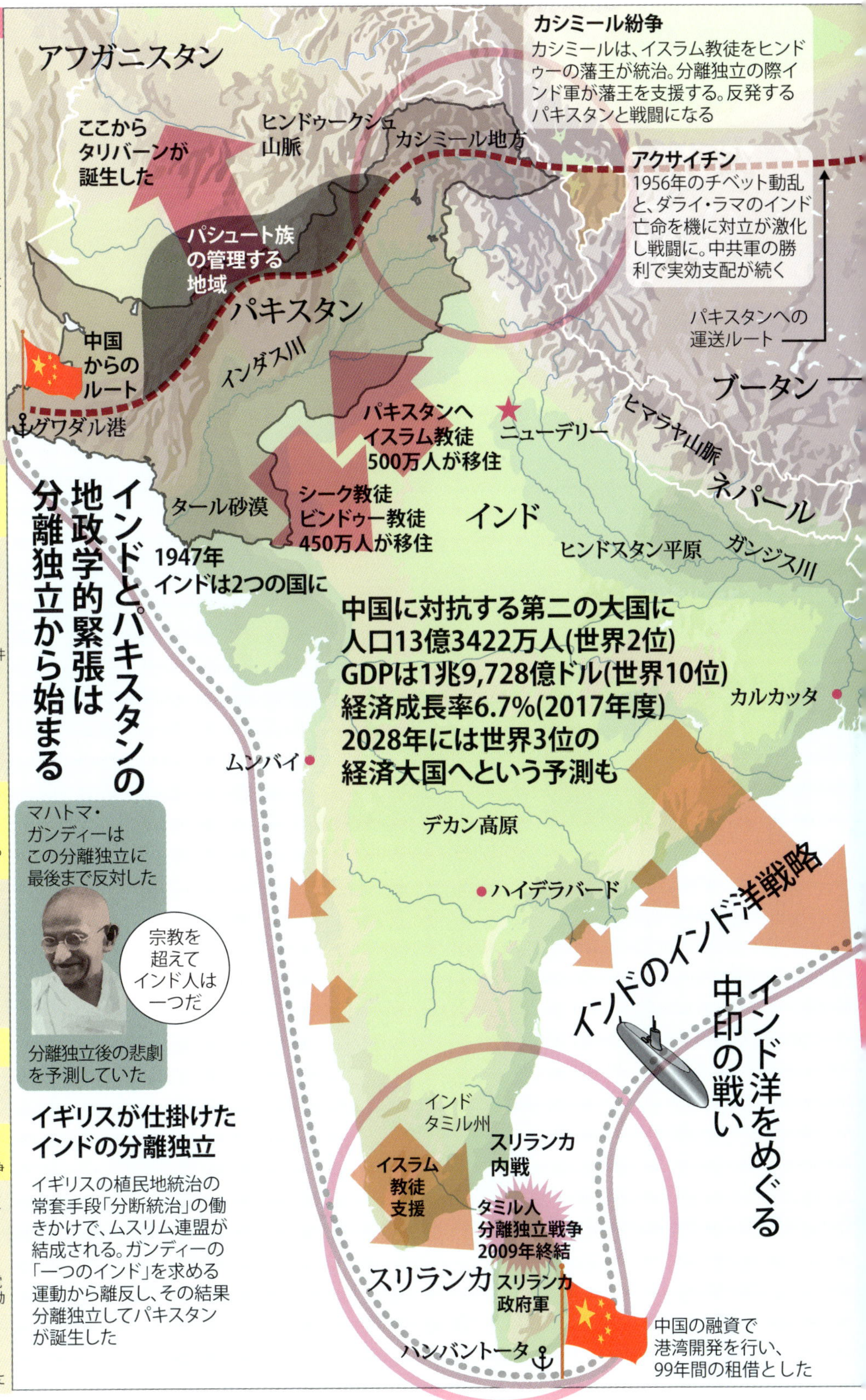


### イギリスが仕掛けたインドの分離独立

イギリスの植民地統治の常套手段「分断統治」の働きかけで、ムスリム連盟が結成される。ガンディーの「一つのインド」を求める運動から離反し、その結果分離独立してパキスタンが誕生した

# インド2
# 21世紀のアジアの時代にインドのもつ多様性が何をもたらすのか

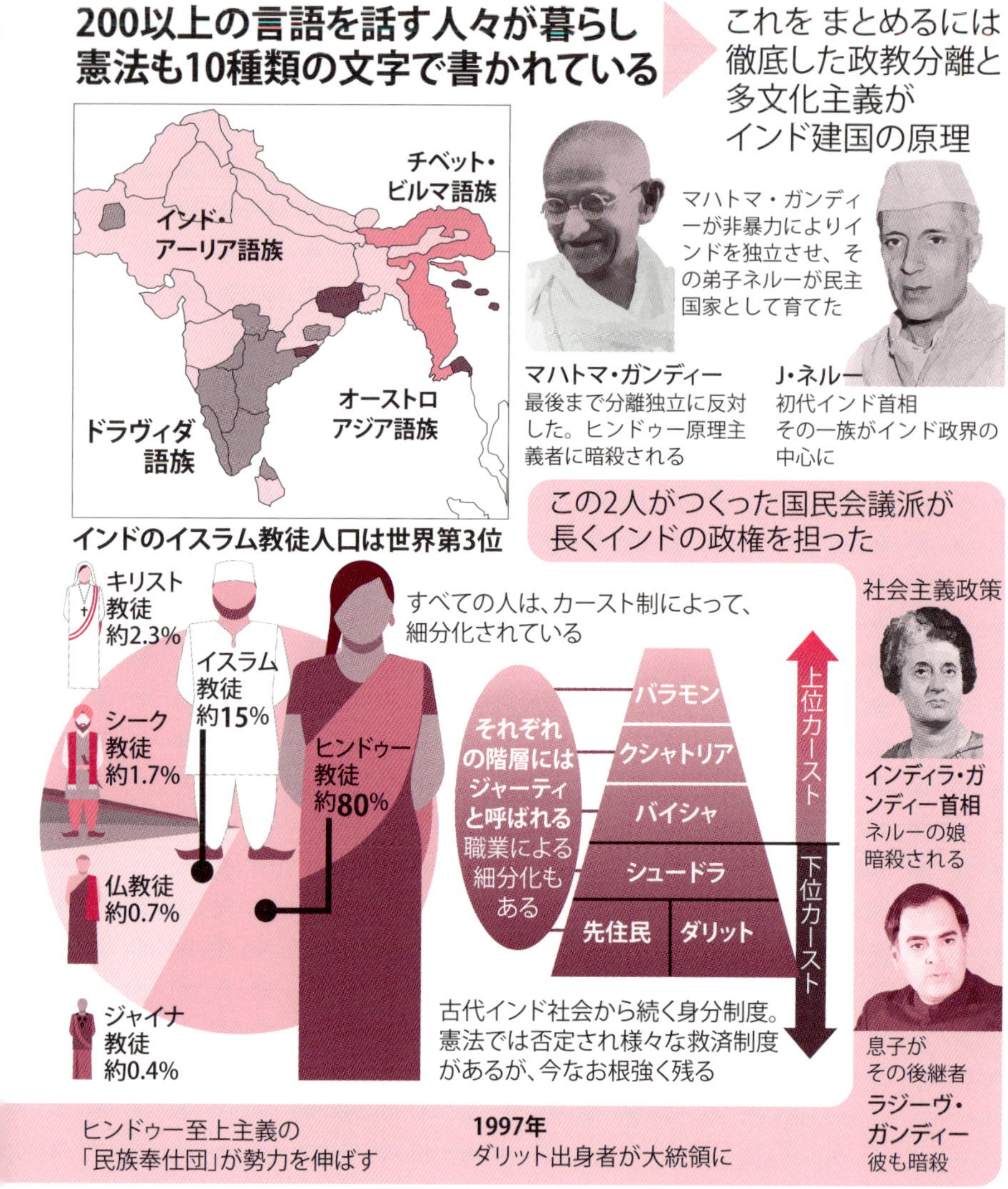
200以上の言語を話す人々が暮らし
憲法も10種類の文字で書かれている
これをまとめるには
徹底した政教分離と
多文化主義が
インド建国の原理
チベット・
ビルマ語族
インド・
アーリア語族
ドラヴィダ
語族
オーストロ
アジア語族
マハトマ・ガンディーが非暴力によりインドを独立させ、その弟子ネルーが民主国家として育てた
マハトマ・ガンディー
最後まで分離独立に反対した。ヒンドゥー原理主義者に暗殺される
J・ネルー
初代インド首相
その一族がインド政界の中心に
この2人がつくった国民会議派が
長くインドの政権を担った
インドのイスラム教徒人口は世界第3位
キリスト
教徒
約2.3%
イスラム
教徒
約15%
シーク
教徒
約1.7%
ヒンドゥー
教徒
約80%
仏教徒
約0.7%
ジャイナ
教徒
約0.4%
すべての人は、カースト制によって、
細分化されている
それぞれの階層にはジャーティと呼ばれる
職業による細分化もある
バラモン
クシャトリア
バイシャ
シュードラ
先住民
ダリット
上位カースト
下位カースト
古代インド社会から続く身分制度。
憲法では否定され様々な救済制度があるが、今なお根強く残る
社会主義政策
インディラ・ガンディー首相
ネルーの娘
暗殺される
息子が
その後継者
ラジーヴ・
ガンディー
彼も暗殺
ヒンドゥー至上主義の
「民族奉仕団」が勢力を伸ばす
1997年
ダリット出身者が大統領に

## 多様な人々を束ねる巨大な民主国家

21世紀の世界経済の中心軸となると期待されるアジアの中で、インドは常に中国と比較されてきました。人口では２０３０年までに中国を上回り、少子高齢化の進む中国に比して、若年層の多いインドは、ＧＤＰが高まるだろうと予想する声もあります。

インドと中国を比較するとき重視すべきことは、中国は13億の国民が一党独裁政治の下にある一方、インドは独立以来、民主的な選挙で政権交代してきた民主主義国家であることです。約９億の有権者が1カ月かけて投票を行う5年に1度の総選挙は、文字通り世界最大規模の選挙といえます。

インドには17種類の公用語と２００以上の方言があり、それらをもとに29の連邦州と7つの直轄行政区に分けられています。この地理的な区分のほかに、インド独特の

## ユーラシアの大陸国家として
## インドはアジアに勢力拡大を繰り返してきた

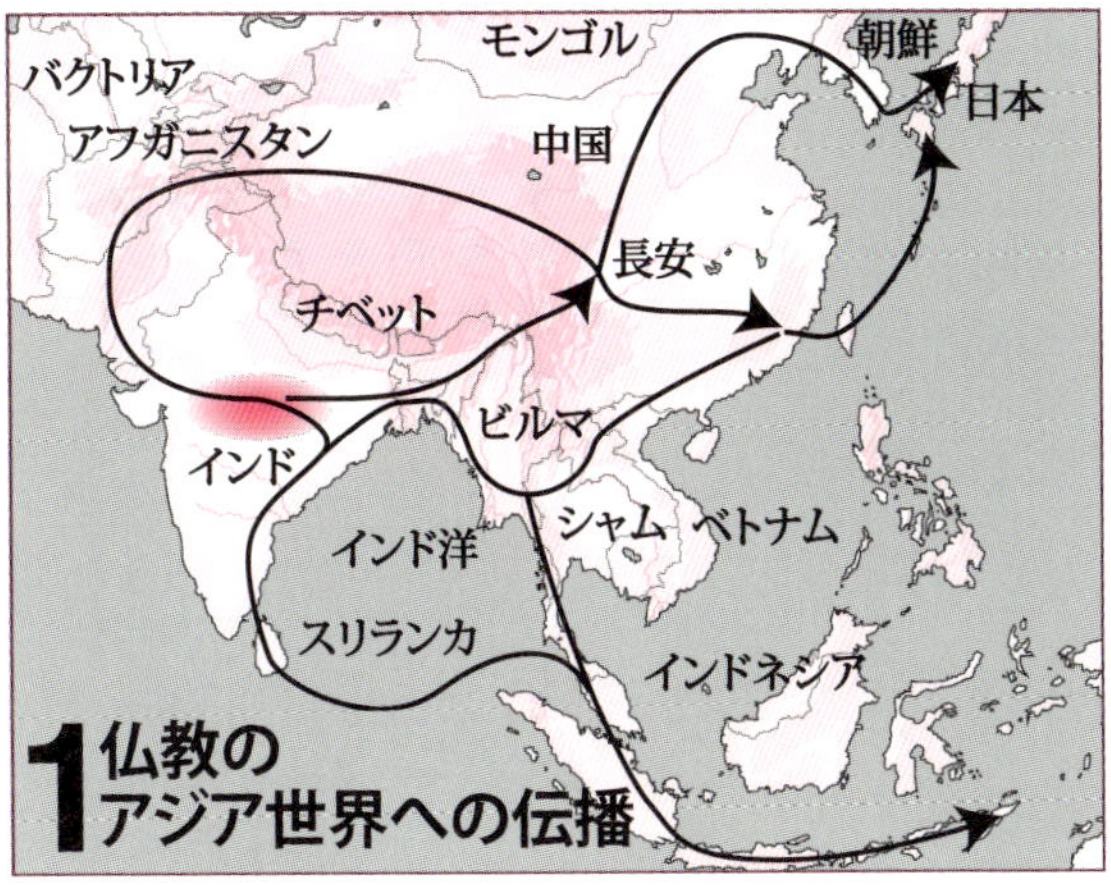

1 仏教の
アジア世界への伝播

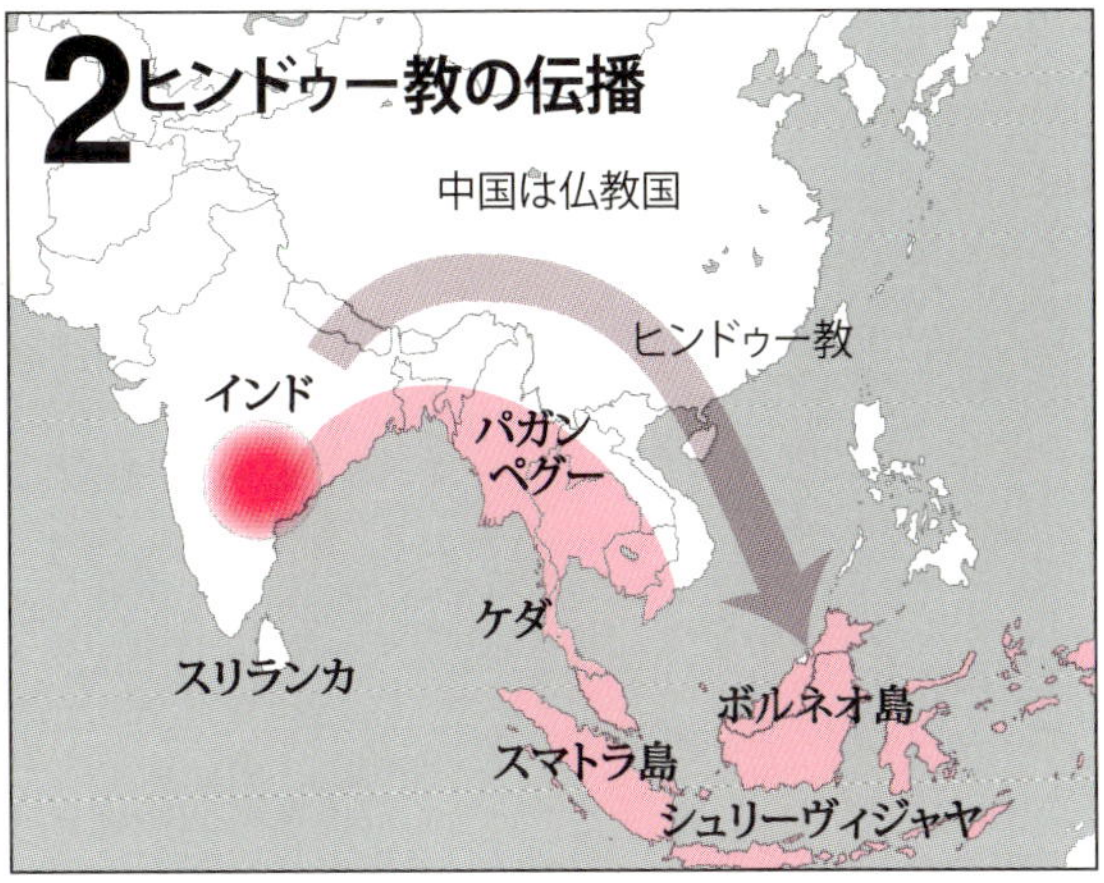

2 ヒンドゥー教の伝播

4 中国に対抗して、海洋覇権を
握ろうとするインド

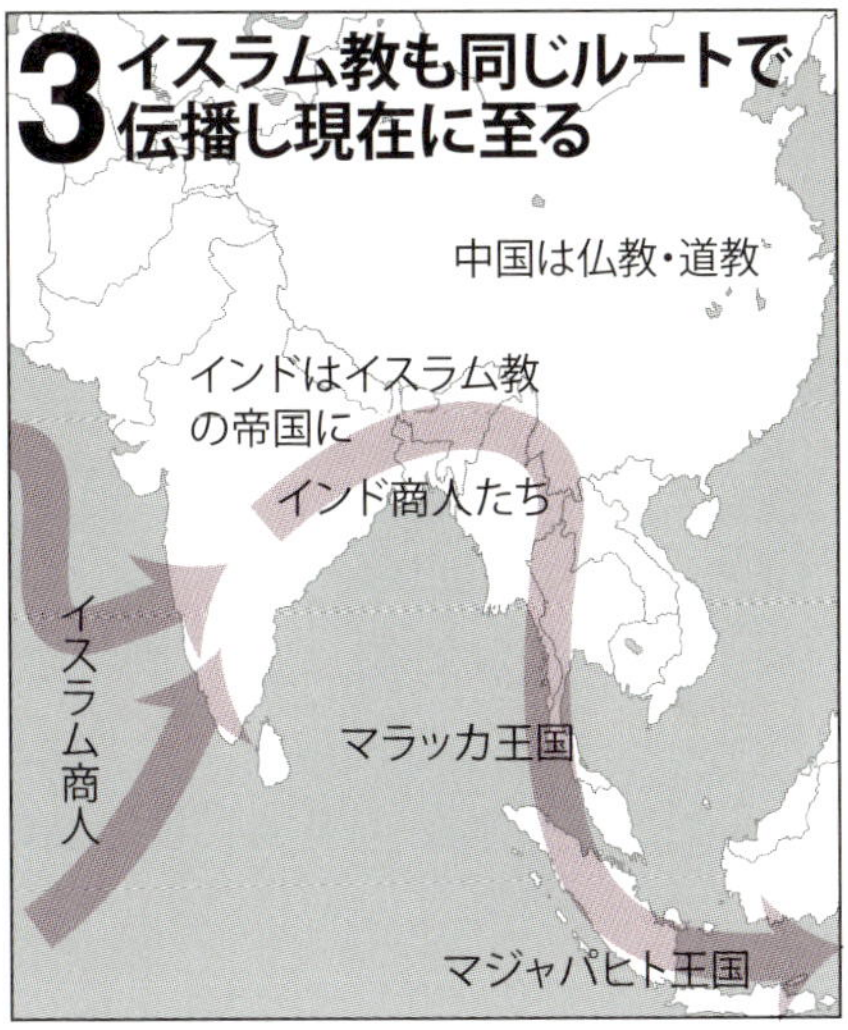

3 イスラム教も同じルートで
伝播し現在に至る

**2014年**
反イスラムを掲げて
インド人民党
政権奪還

ヒンドゥー・ナショナリズム運動を展開
イスラム寺院破壊キャンペーンを行う

**1998-2004年**
インド人民党が
政権に

身分制度（カースト制）による社会的差異が存在します。インドは、このように細分化された人々が、民主主義のもとに束ねられた世界でも稀《まれ》な国家だといえます。

インドのもつ多様性は、インドがたどってきた文明の変遷からも見てとれます。紀元前２０００年頃インダス文明が花開き、前１０００年頃北方からアーリア系の人々が侵入。先住のドラヴィダと呼ばれる人々は南方に逃れ、現在の南部インドの多彩な民族を形成します。アーリア系の人々はヒンドゥー教の原型バラモン教を生み出し、そこから仏教が誕生し、世界宗教となってアジア全域、中国に伝わりました。

しかし、16世紀にモンゴルの末裔《まつえい》ムガール朝がイスラム教を伝えると、インドの仏教は消滅。そのイスラム教は、インド商人によって全アジアに広まります。その後のインドの近代史は、大英帝国と共にあり、分離独立後のパキスタンや中国との関係は、前項に記した通りです。

インドは古来、アジアの文明に大きな影響を与え、それを自身に内包してきました。そのインドがアジアの時代にどのような道を進むのか、関心がもたれるところです。

## インドネシア
# 建国以来の多様性の統一を脅かす イスラム中心主義が勃興

## 実はイスラム原理主義?!

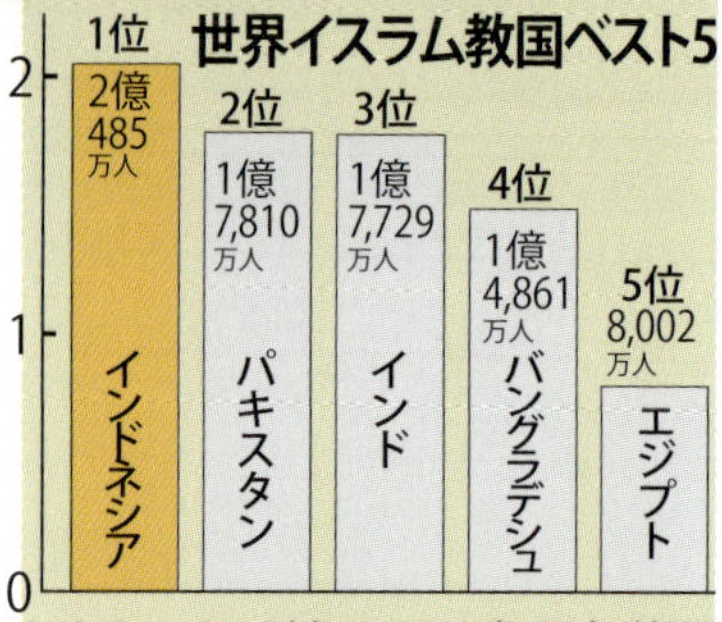
世界イスラム教国ベスト5
1位 2億485万人 インドネシア
2位 1億7,810万人 パキスタン
3位 1億7,729万人 インド
4位 1億4,861万人 バングラデシュ
5位 8,002万人 エジプト
2
1
0

**しかし、インドネシアは多元主義国 イスラム教は国教ではない**

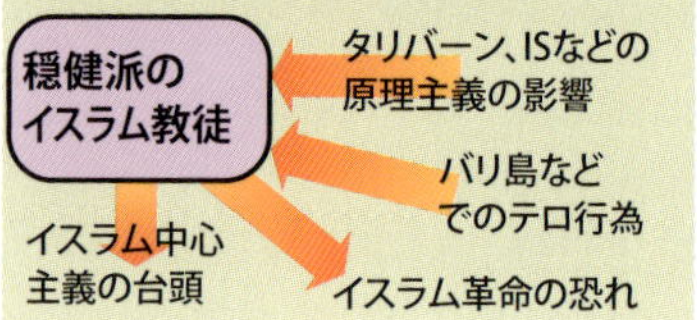
穏健派のイスラム教徒
タリバーン、ISなどの原理主義の影響
バリ島などでのテロ行為
イスラム中心主義の台頭
イスラム革命の恐れ

ニューギニア島

**パプア独立運動**
パプア州の独立を目指す活動に、インドネシア政府の弾圧が強まっている

**東ティモール**
長く独立戦争が続けられていた国連の仲介で、2002年東ティモールとして独立を達成

## 海洋王国時代 紀元前~14世紀

650~1377年
仏教国
シュリーヴィジャヤ
王国
8世紀頃
仏教国シャイレンドラ王朝
ボロブドゥール遺跡を残す

現代と同じく東西の中継貿易のハブとして、仏教・ヒンドゥー教の王国の興亡が続いた

## 12世紀頃 インドムスリムによってイスラム教が広まる

## 17世紀からオランダ統治時代

オランダ東インド会社が侵攻し、現在のインドネシアの大部分を領有

1942年　日本軍が占領
1945年　日本の敗戦で、オランダとの独立戦争

## 1949年インドネシア独立

**スカルノ時代**
多民族国家インドネシアは、独立後各地での反乱で混乱に陥る。スカルノは全土に戒厳令を発して、民主主義、宗教、共産主義の融合を目指した

初代大統領スカルノ

**スハルト時代**
1965年 軍部の反共産党クーデターによってスカルノは失脚。スハルト将軍による軍部独裁政権に

第2代大統領スハルト

**民主化の時代に**
1998年にジャカルタで暴動が。スハルト政権は崩壊し代わったハビビ政権から民主化の時代が始まる

スカルノが提唱し、継承された建国の理念「パンチャシラ」
- 多様性の中の統一
- 唯一神への信仰（イスラム教以外も認める）
- 人道主義
- インドネシアの統一
- 民主主義
- インドネシア全国民への社会正義

## スカルノが提唱した建国理念

太平洋とインド洋の交差点に位置するインドネシア。ここに貿易拠点を設けることの地政学的な有利さに気づいたイギリスとオランダは、16世紀から進出を開始し、この競争に勝ったオランダは各地の反乱を鎮圧し、19世紀初頭にはほぼ現在のインドネシアに当たる領域を領有しました。オランダはこれ以降100年間、インドネシアを植民地支配します。

この植民地支配を中断させたのは、第二次世界大戦でした。1942年に日本軍がスマトラ島の石油を求めて侵攻。日本の軍政を敷くと同時に、投獄されていたスカルノら独立運動家たちを釈放しました。将来の独立を約束されたスカルノたちは義《ぎ》勇《ゆう》軍を組織し、日本に協力します。しかし1945年、日本は敗北、義勇軍はインド

# 世界最大のイスラム教国が抱える最大のリスクが、

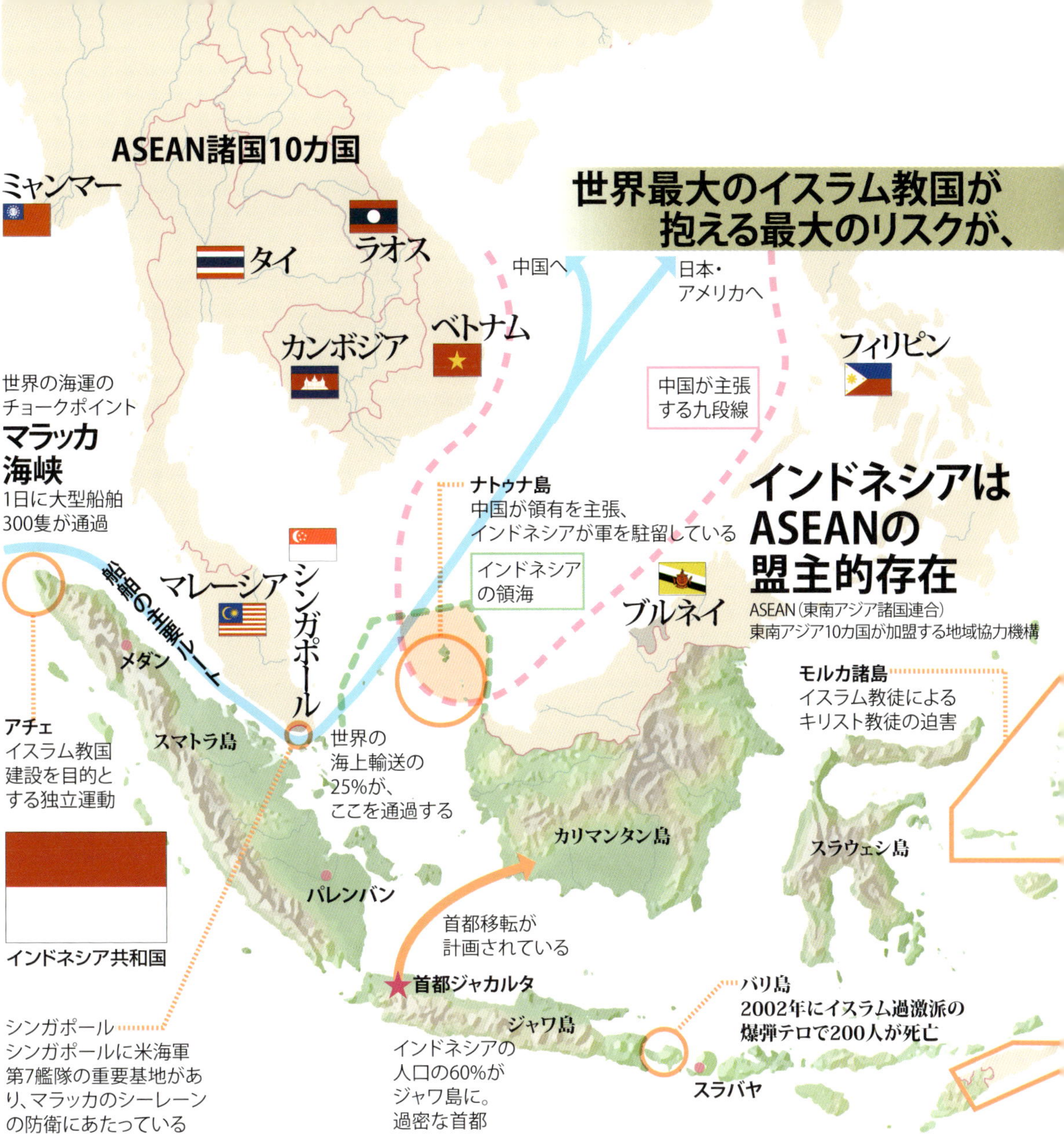


ネシア独立を宣言しました。

オランダは独立を認めず、戦闘が始まります。この時、降伏した日本兵の一部もインドネシア側で独立戦争を戦いました。

1949年、インドネシアは国際社会から独立の信認を勝ち取り、日本が支援したスカルノが初代大統領となりました。

広大な島々に多彩な民族が暮らし、宗教も政治イデオロギーも異なるインドネシアを統治するために、スカルノは多様性の統一を実現するための国是《こくぜ》「パンチャシラ（建国五原則）」を提唱しました（右上参照）。

スカルノはスハルトの反共産党クーデターで倒れたものの、それ以降の政権の中でも、この国是は生き続けてきました。そのためインドネシアは世界最大のイスラム教国でありながら、宗教の自由も保証され、他のイスラム教国に比べて戒律も緩やかな開かれた社会を実現しました。

しかしいまインドネシアでは、キリスト教徒の政治家へのヘイトスピーチが行われ、イスラム教徒以外の政治参加拒否などを訴える「イスラム防衛行動」が力をもちつつあります。建国以来の宗教的寛容を保証する多元主義社会が、揺らぎ始めています。

Part 4
アジアの現在
7

シンガポール

# 21世紀の地政学的キーポイント 都市国家として一歩先を行く

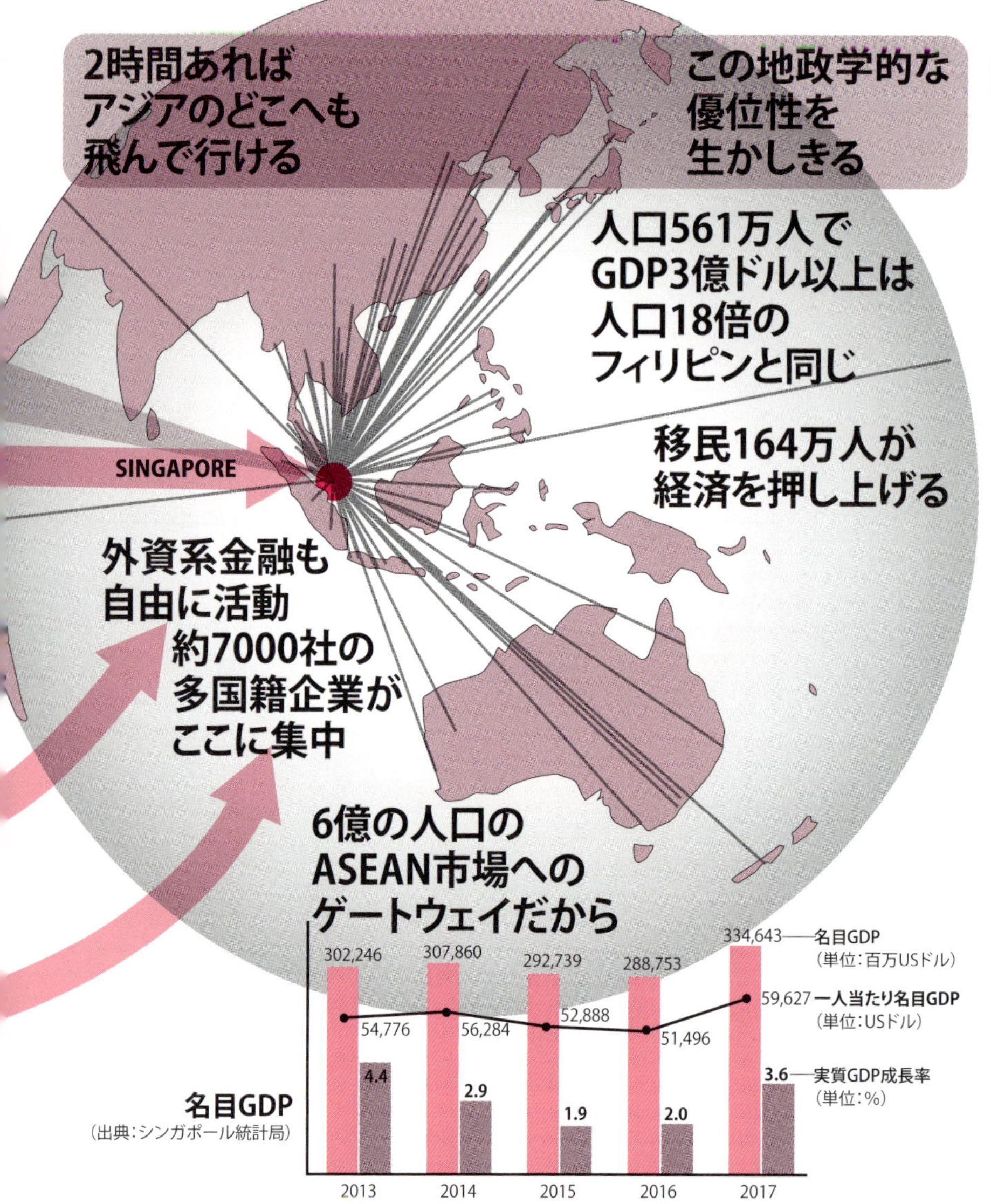

2時間あれば
アジアのどこへも
飛んで行ける
この地政学的な
優位性を
生かしきる
人口561万人で
GDP3億ドル以上は
人口18倍の
フィリピンと同じ
移民164万人が
経済を押し上げる
SINGAPORE
外資系金融も
自由に活動
約7000社の
多国籍企業が
ここに集中
6億の人口の
ASEAN市場への
ゲートウェイだから
334,643——名目GDP
(単位:百万USドル)
59,627—一人当たり名目GDP
(単位:USドル)
3.6——実質GDP成長率
(単位:%)
302,246
307,860
292,739
288,753
54,776
56,284
52,888
51,496
4.4
2.9
1.9
2.0
名目GDP
(出典:シンガポール統計局)
2013
2014
2015
2016
2017


## 小さな島に築かれた都市国家の利点

シンガポールはマレー半島南端の小さな都市国家です。そのGDPはフィリピンとほぼ同じ規模を誇り、ASEAN（東南アジア諸国連合）の金融を担う経済センターです。

世界には小さな島が経済センターとなっている例が他にもあります。香港とニューヨークです。これら三都市の共通点は、かつてイギリスの植民地であったこと。海洋国家イギリスは、大陸国家と交易するに当たり、大陸に近い島に拠点を置けば港を整備しやすく、大陸勢力から防衛しやすいという地政学的特性をよく心得ていたのです。

第二次世界大戦後の1959年に、シンガポールはイギリスから自治権を獲得し、1965年には属していたマレーシアからも独立して、都市国家として出発します。人口の大部分が華人《かじん》、つまり大陸中国から

SINGAPORE AIRLINES

## シンガポールは世界最高のエアラインを持っている

シンガポール航空は常に世界の航空会社評価で上位を占め、2018年度そのサービス・運行体制などで世界一に輝いている

## シンガポールのチャンギ空港はアジア1の空港

2017年度に旅客数6000万人を超えたチャンギ国際空港。その施設と利便性で世界のハブ航空ランキングで、アジア最高の評価を受けている

1511年
マレー半島のジョホールにジョホール王国が建国され、現在のシンガポール領域が支配される

1819年
英国人トーマス・ラッフルズが、ジョホール王国より許可を受け商館建設

1824年
正式に英国の植民地となる

1832年
英国の海峡植民地の首都に定められる

1942年～1945年
日本軍による占領

1959年
英国より自治権を獲得,
シンガポール自治州となる。
リー・クアンユーが初代首相となる

1963年
マレーシア成立に伴い,
その一州として参加

1965年
マレーシアより分離, シンガポール共和国として独立
2004年まで、リー・クアンユーによる、治安維持法を背景とした政治指導体制が続く

2011年
総選挙で、野党が議席を獲得。リー・クアンユーは閣僚からも辞任

2015年
リー・クアンユー死亡

**華人**＝その国の国籍を有する中国系の人々の総称

ASEAN諸国では強い影響力をもつ

| | |
|---|---|
| インドネシア | 767万人 |
| タイ | 706万人 |
| マレーシア | 639万人 |
| アメリカ | 346万人 |

## 世界の華人のネットワークの中心

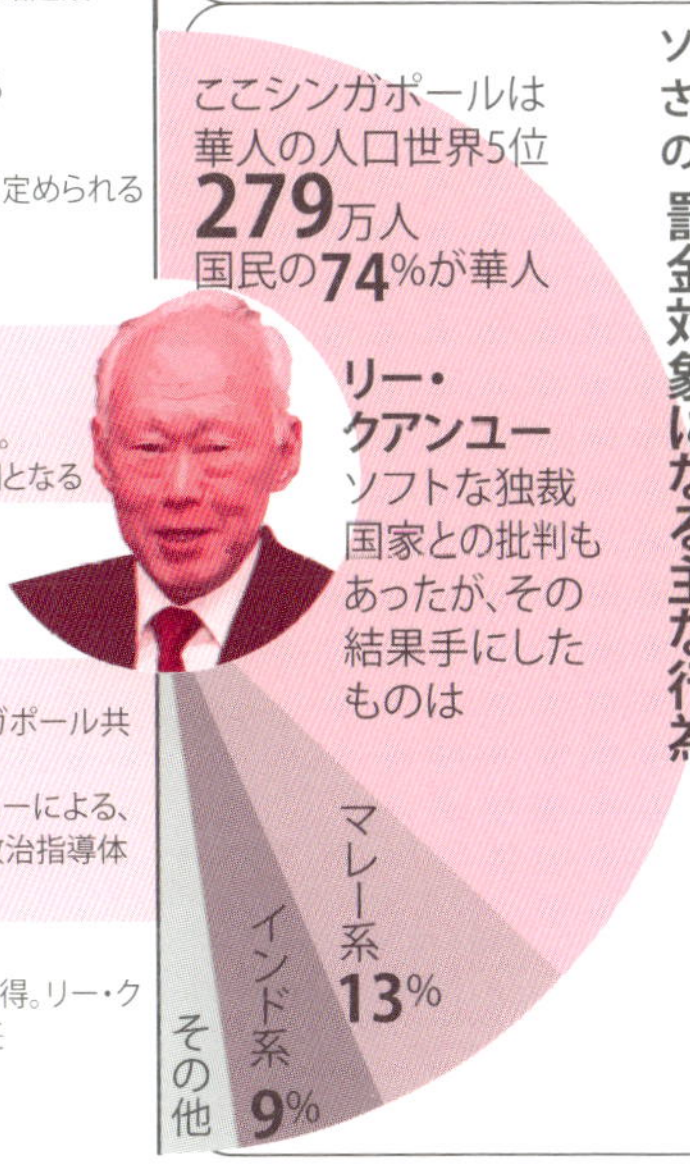
ここシンガポールは
華人の人口世界5位
279万人
国民の74%が華人
マレー系 13%
インド系 9%
その他

**リー・クアンユー**
ソフトな独裁国家との批判もあったが、その結果手にしたものは

**ソフトなファシズムと揶揄されるほど、シンガポールの厳しいマナー違反の罰則**

**罰金対象になる主な行為**

公園禁止事項
Prohibition in Taipei Public Parks

シンガポール旅行観光.comより

電車内での飲食など
**最高1,000ドル**
横断歩道や歩道橋以外での道路横断 **50ドル**
公共の場でのゴミのポイ捨て
初犯：最高**1,000ドル**
再犯：最高**2,000ドル**＋清掃作業など
22:30～7:00まで屋外での飲酒
**1,000ドル**
喫煙場所以外での喫煙
**最高1,000ドル**

※ドルはシンガポールドル

### アジアで最も清潔で安全な国

シンガポールでは公共道徳に関して、その違反には厳しい罰則が科されている。その結果、アジアで最も汚職がなく、犯罪発生率も最低であると評されている

### アジアの金融センター

150近い外資の商業銀行を筆頭に多数の投資銀行、金融系企業が自由に活動している。またアジアの華人金融の集積地でもある

### アジアのビジネスセンター

外資企業に対する税制の優遇を始め、先進的なオフィス環境、整備された英語での法制度、政治的安定などで外資企業のアジアの拠点となっている

の移民によって占められた国家でした。

また、シンガポールは中東の石油シーレーンを、インド洋から東シナ海へとつなぐマラッカ海峡の要衝《ようしょう》にあります。この地政学的優位性が、シンガポールをＡＳＥＡＮへの物流の拠点として、そして、それに伴う商業活動と金融のセンター機能をもつ、アジアのビジネスセンターへと成長させました。その背景には、初代首相として政権を把握し、長くその任にあったリー・クアンユーの存在があります。

マレーシアからの独立後、経済圏を失い、地場産業の乏しいシンガポール経済発展のためには、積極的な外資導入が必須でした。彼は海外企業のために治安を確保し、社会的なインフラ整備のために、開発独裁とも評される強権的な政策を実行しました。その政策は汚職の撲滅から公衆マナーの徹底にまで及び、ソフトなファシズムとまで評された時期もあります。

現在のシンガポールは、アメリカ一国のグローバル経済から、世界の都市同士が物流、金融、情報、エネルギーでネットワークする、新しいグローバル経済の先進モデルとして、人々の関心を集めています。

Part 4
アジアの現在
8

ベトナム

# ベトナムはインドシナ半島の海岸通り この半島国家がもつしたたかな強さとは

**ベトナムの主要民族はキン族**
中国南部を起源とする人々で、中国広西チワン族自治区の人々と同祖。現在キン族は紅河デルタ地帯に集住し、ベトナムの人口の23%がここに暮らす

- 紀元前100~1000年頃　中国に支配された時代
- 1009年　独立し李王朝が成立した
- 1884年　フランスの侵入 ベトナムはフランスの植民地に
- 1940年~　日本軍の占領
- 1946年　インドシナ戦争から アメリカとの戦争に
- 1973年　アメリカ軍撤退
- 1976年　南北ベトナム統一 ベトナム社会主義共和国誕生
- 1986年　ベトナム式社会主義 ドイモイ政策宣言

**貧しさを分かち合う　社会主義からの脱却を**

## 敗北を知らない不屈の民族

インドシナ半島の東端に、まるで海岸通りのように縦に延びるベトナムは、大陸勢力と海洋勢力がせめぎ合う半島国家の宿命を背負って、長い歴史を歩んできました。

古くは北の大陸国家中国の支配を受け続け、1009年に独立国家を樹立した後も、途絶えることのない侵略を受け続けます。中国を征服した元《げん》が、1257年から3度に渡って侵攻を繰り返し、ベトナムはその都度、劣勢な戦いを頭脳的な戦術を駆使して切り抜け、元を退けました。

しかし19世紀後半、海洋国フランスの攻撃に屈し、植民地となります。第二次世界大戦中は日本に占領され、終戦と同時にホー・チ・ミンがベトナム民主共和国の独立を宣言。これに対しフランスは、植民地奪還《だっかん》の軍を送ります。これに参戦したのが

# 1946年から1979年まで
# ベトナムは33年間戦い続けた

カンボジア内戦と中越戦争
民主カンボジア
三派連合
クメール・ルージュ
シハヌーク派
ソン・サン派
支援　中国
懲罰
中越戦争
内戦
ヘン・サムリン
政権
支援　ベトナム

**中越戦争**
1979年2月17日、20万人の中国軍がベトナム侵攻。1979年3月16日に両軍勝利宣言

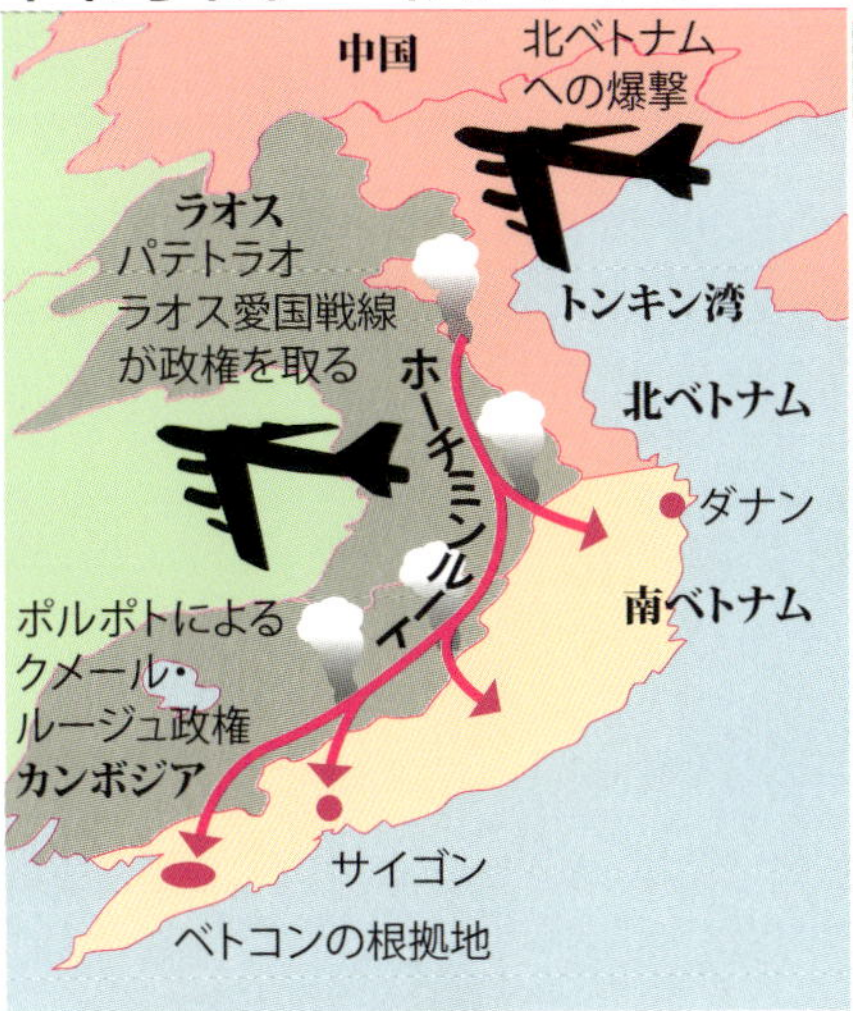
中国
北ベトナム
への爆撃
ラオス
パテトラオ
ラオス愛国戦線
が政権を取る
トンキン湾
北ベトナム
ホーチミンルート
ダナン
南ベトナム
ポルポトによる
クメール・
ルージュ政権
カンボジア
サイゴン
ベトコンの根拠地

**ホーチミンルート爆撃**
北からの補給路を断つための爆撃が、ベトナム戦争を周辺国へと拡大した

ソ連
共産主義政権
モンゴル
中国
ここで、
ドミノ倒しを
止めろ
ラオス
タイ
カンボジア
ベトナム
フィリピン
マレーシア
インドネシア

**共産主義化のドミノ理論**
アメリカは、アジアの政権がドミノ倒しのように共産化することを恐れた

**ベトナム戦争略史**

- 1946年　ベトナム民主共和国(北ベトナム)の独立をめぐり、仏とインドシナ戦争勃発
- 1954年　仏、ディエン・ビエン・フーの戦いに敗れ、撤退。ジュネーヴ休戦協定によって、ベトナムは南北に二分。米、ジェム政権(南ベトナム)を支援
- 1960年　南ベトナム解放民族戦線(解放軍)成立
- 1964年　米が北ベトナムの魚雷艇による攻撃をねつ造。このトンキン湾事件がベトナム戦争の引き金に
- 1965年　米軍、北爆開始。全米で反戦デモ激化
- 1968年　解放軍、南ベトナム全土で攻勢開始(テト攻勢)
- 1968年　パリ和平会談。ジョンソン、北爆全面停止
- 1969年　ニクソン・ドクトリン発表。米軍の段階的撤退を表明
- 1970年　米軍、カンボジア侵攻作戦開始
- 1972年　解放軍、南ベトナム全土で攻勢開始　米軍、北爆激化。国際的非難高まる
- 1973年　ニクソン、北ベトナムへの全敵対行為中止を言明。ベトナム和平協定に調印し、米軍撤退
- 1975年　サイゴン解放

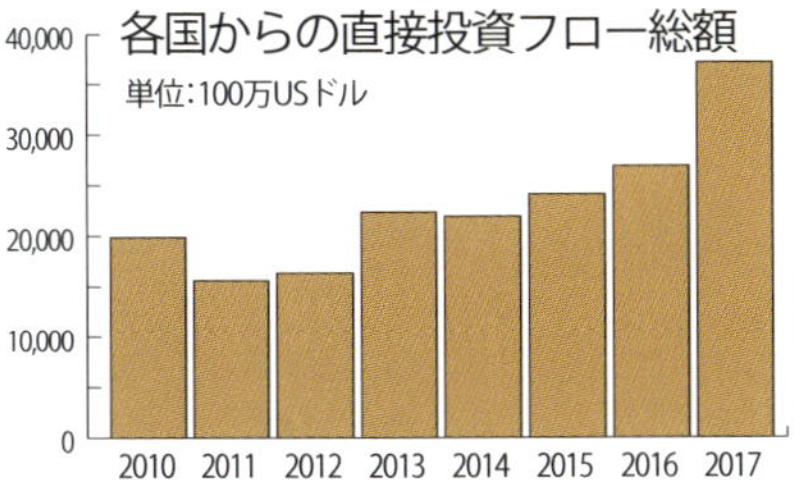
各国からの直接投資フロー総額
単位:100万USドル
40,000
30,000
20,000
10,000
0
2010
2011
2012
2013
2014
2015
2016
2017

名目 GDP の推移
単位：10 億 US ドル
その結果の目覚ましい経済の発展
300
200
100
0
1985
1995
2001
2007
2013
2019

**ドイモイ政策とは**
農業集団性の廃止
市場価格原理の導入
国際分業への参画
外資の導入
国営企業の株式会社化

アメリカです。折しも共産党支配の中国が成立し、ベトナムが共産化するのを恐れたためでした。ベトナムは徹底抗戦によりフランスを追い出しますが、アメリカは南部を占領してベトナム共和国を樹立。ベトナムは南北に引き裂かれ、約10年に及ぶベトナム戦争を引き起こすことになります。ベトナムは世界最強の米軍を相手に、ジャングルのゲリラ戦で戦い抜きます。

１９７３年、ついに米軍が撤退しても、ベトナムの戦いは終わりません。その翌年、中国海軍は崩壊間近の南ベトナムが領有する南シナ海のパラセル諸島を占領しました。１９７５年、北ベトナム軍は南進し南ベトナムは武力併合され、ベトナム社会主義共和国として統一されました。

しかし、ベトナムは休む間もなく、１９７８年、隣国カンボジアに侵攻。自国民を虐殺するポルポト政権を倒します。これに激昂《げっこう》した中国が、翌年攻め込んできました。中越《ちゅうえつ》戦争の始まりです。ここでもベトナムは10年間国境を守りきりました。

ベトナムと中国の戦いは、南シナ海の南《なん》沙《さ》諸島の領有をめぐって現在も続いています。その趨勢《すうせい》はまだわかりません。

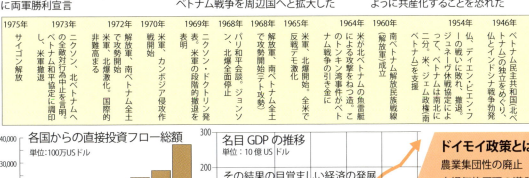

タイ

# タイのもつ地政学的優位性は「中心性」がつくる経済圏と政治制度

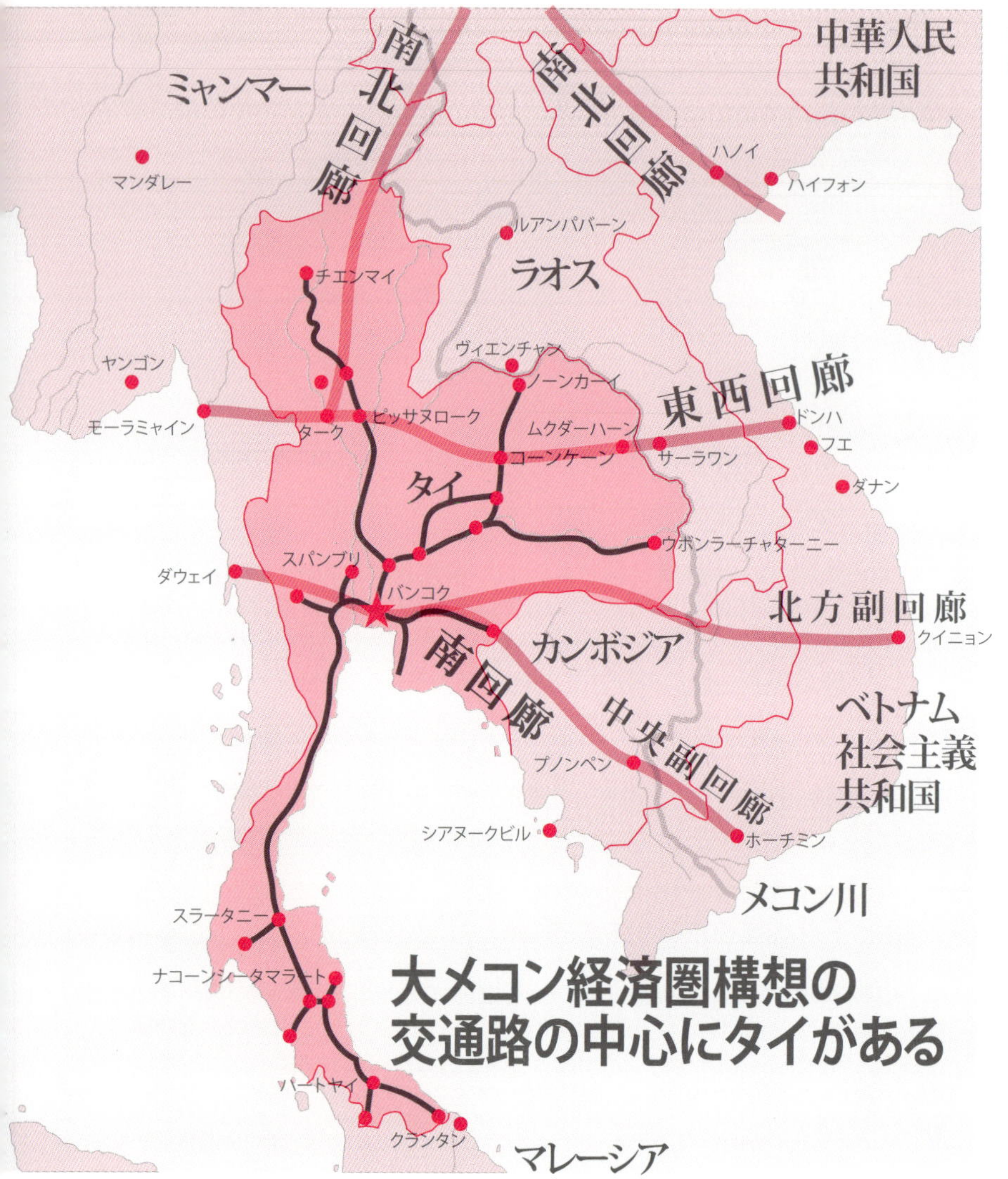
中華人民
共和国
ミャンマー
南北回廊
南北回廊
ハノイ
ハイフォン
マンダレー
ルアンパバーン
ラオス
チエンマイ
ヴィエンチャン
ヤンゴン
ノーンカーイ
東西回廊
ドンハ
モーラミャイン
ピッサヌローク
ムクダーハーン
ターク
コーンケーン
サーラワン
フエ
ダナン
タイ
ウボンラーチャターニー
スパンブリ
ダウェイ
バンコク
北方副回廊
クイニョン
カンボジア
南回廊
ベトナム
社会主義
共和国
中央副回廊
プノンペン
シアヌークビル
ホーチミン
メコン川
スラータニー
ナコーンシータマラート
大メコン経済圏構想の
交通路の中心にタイがある
ハートヤイ
クランタン
マレーシア

## 反ベトナム同盟が契機

1992年より、アジア開発銀行が中心となって「大メコン圏経済回廊」と呼ばれる越境インフラの整備が始まっています。

この根幹部分を成す中国雲南《うんなん》省の昆明《こんめい》とタイのバンコクを結ぶ国際高速道路「南北回廊」が具体化した背景には、中越《ちゅうえつ》戦争がありました。ベトナム軍がカンボジアに侵攻し、タイ国国境に迫り、大量の難民がタイ国内に雪崩《なだれ》こみました。タイとベトナムは険悪な関係になります。同じくベトナムと敵対していた中国は、急速にタイに接近し、その結果が南北回廊への積極的投資でした。

上の地図は、現在整備が進む回廊を示したものです。回廊の十字路の多くはタイにあり、この国がインドシナの地政学的な中心地であることが見て取れます。

タイがインドシナ半島の中心であったこ

## 地図でたどるタイの歴史

9世紀頃
**タイ族が南下する**

1238年頃
**スコータイ王国興る(地図A)**

1350年頃
**アユタヤ王国興る(地図B)**

1782年
**ラッタナコーシン朝でラーマ1世即位(地図C)**

1826年
**英ビルマを植民地に**

1868年
**ラーマ5世即位しタイを開国**
英仏がタイ領土を次々侵略(地図D)
英仏協議しタイを勢力緩衝地帯に。
タイは植民地化を免れる

1932年
**ラーマ7世の立憲革命**

1941年
**日本軍進駐も1945年撤退**

1946年
**ラーマ9世(プミポン国王)即位**

1947年
**軍事クーデターで軍事政権誕生**
これ以降、11回の軍事クーデターで政権が倒れた

2005年
**タクシン政権誕生**

2006年
**総選挙でタクシン派政権**
**軍事クーデターで軍事政権になる**

2016年
**タイ国王ラーマ9世崩御**

2019年 **総選挙**

# 反タクシン派、親軍政勢力が勝利

A スコータイ王国

B アユタヤ王国

C ラッタナコーシン朝
ラーマ1世


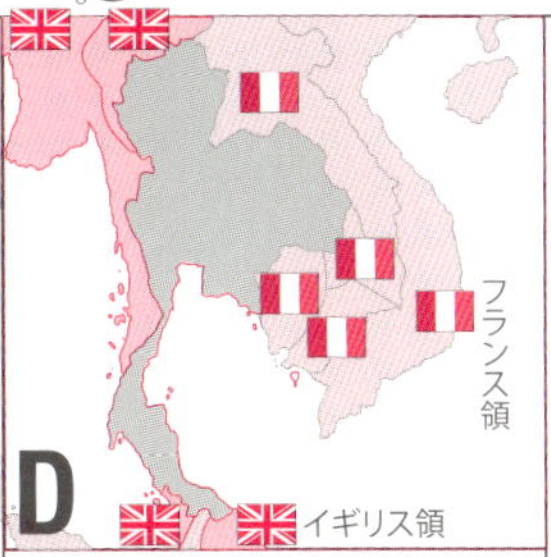

D
フランス領
イギリス領


### タイは緩衝国として生き残る

フランスとイギリスはインドシナ半島の植民地獲得戦で、直接対決を避けるため、タイを植民地支配せず独立国として残した

### 国王がクーデターを収める

1992年の軍事クーデターは、軍政権と民主化運動が激突。死者を出す惨事に。プミポン国王が首相と運動の代表を王宮に呼び、混乱を収拾した

## 軍事クーデターと王室による政変サイクルが回ってきた

現在のタイの政治対立の構造

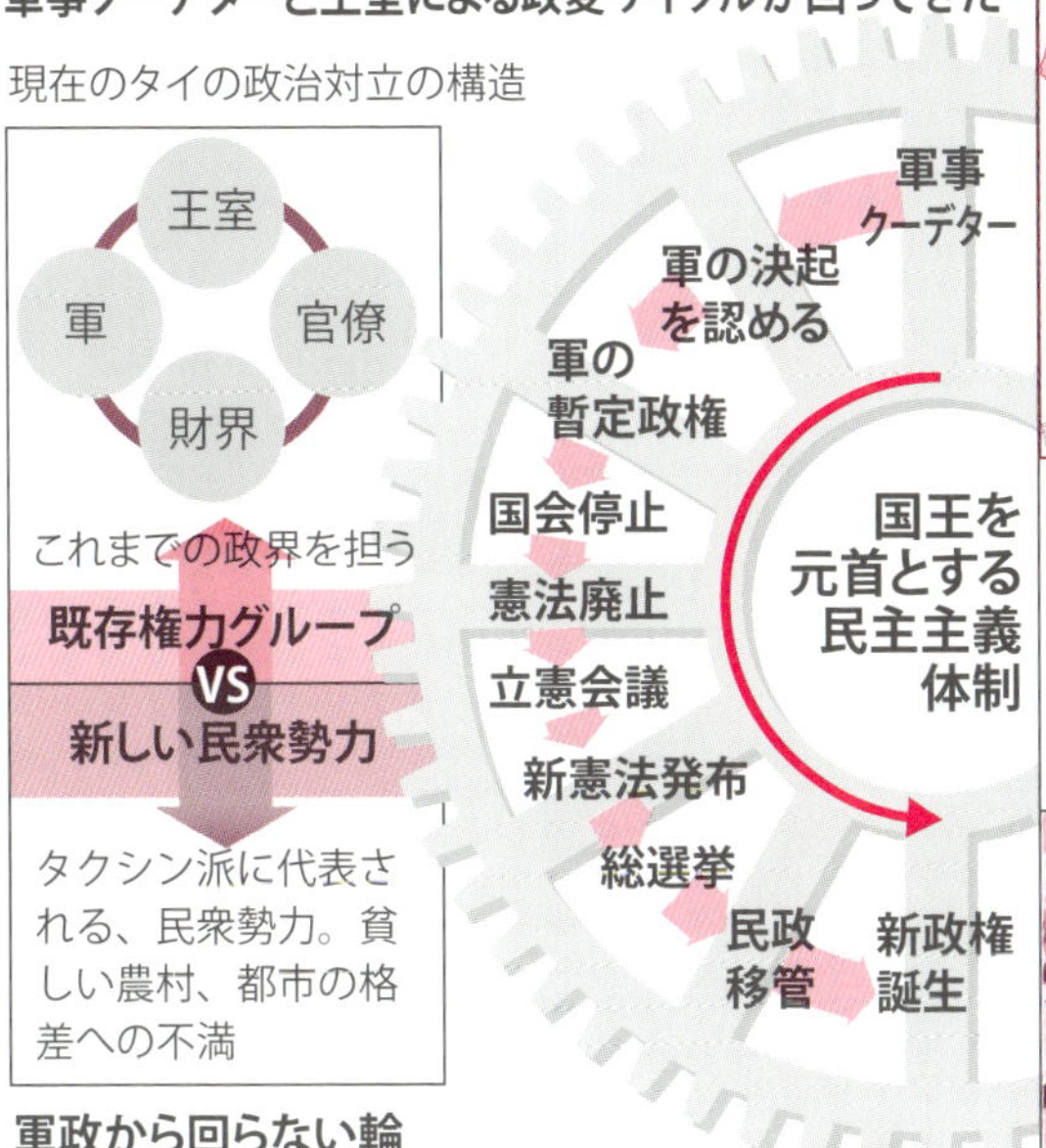

王室
軍
官僚
財界
これまでの政界を担う
既存権力グループ
VS
新しい民衆勢力
タクシン派に代表される、民衆勢力。貧しい農村、都市の格差への不満
軍事クーデター
軍の決起を認める
軍の暫定政権
国会停止
憲法廃止
立憲会議
新憲法発布
総選挙
民政移管
新政権誕生
国王を元首とする民主主義体制


### 軍政から回らない輪

2006年にタクシン政権がクーデターで倒れ、次の選挙で登場したタクシン派政権も軍が倒す。それ以降軍政が続いている

### 軍事クーデターの大義

軍事クーデターと民政のサイクルを回すのが、その中心にある国王。国王がクーデターの意義を認めるか、否かが問われた

とは、歴史を見ても明らかです。スコータイ王国から始まったタイ族の王国は、ラーマ1世の時代、ベトナムとミャンマーを除くインドシナ全域を占めていました。この半島に侵攻したイギリスとフランスは、互いの勢力圏の緩衝《かんしょう》国として、中心にあるタイを独立国として残しました。アジアで唯一植民地支配を受けなかった理由は、この中心性にあったのです。

タイのもつ中心性は、政治の仕組みに最も顕著です。1932年にタイが立憲君主制国家となって以来、実に19回の軍事クーデターが起きています。しかし、そのほとんどが無血クーデターです。軍が政権を把握した後、憲法が改正され、制度が整えば、軍は政権を民政に移管します。そして時が経ち、また軍事クーデターが起きる。その繰り返しです。この繰り返されるクーデターの目的は「国王を元首とする民主主義体制」の維持のためでした。

しかし2005年にタクシン政権が誕生し、国民の1%に70%の資産が集中する、現在のタイの経済格差の是正を求めた時、軍は政権を倒し、以来タイの民主主義の歯車は止まったままです。

Part 5
混乱する
ヨーロッパと中東
1

EU

# EUは世界第二位の経済圏 しかし28カ国の統合が揺らぎ始める

EUの知っとくポイント

経済規模は世界2位

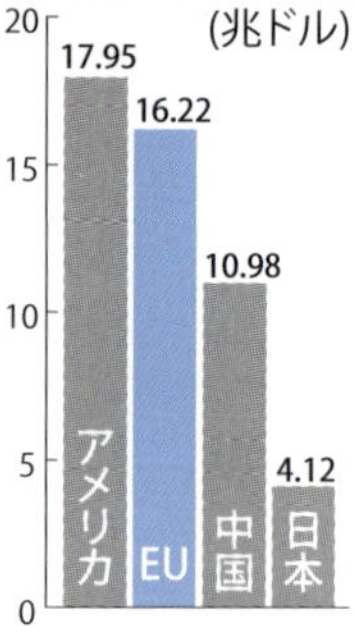


人口規模では世界3位

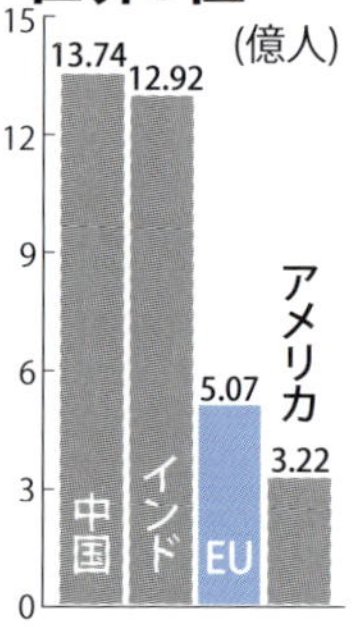


世界3大貿易圏

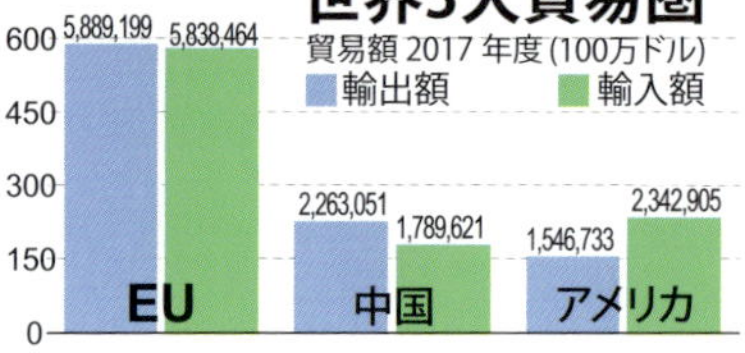


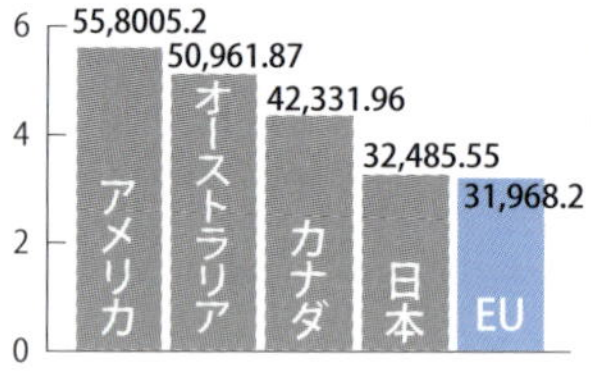


1人あたりのGDPでは世界5位

## イギリスはなぜEU離脱を選んだか

２０１６年６月にイギリスで実施された国民投票の結果に、世界が驚きました。イギリス国民の過半数が、ＥＵ（欧州連合）からの離脱を選択したのです。欧州28カ国が加盟するＥＵ。トルコなど加盟の順番待ちの国が続く、世界で第二位の経済圏から、なぜイギリスは離脱を望んだのでしょう。

ＥＵは、第二次世界大戦の惨劇の中から生まれたＥＣＳＣ（欧州石炭鉄鋼共同体）を母体として、ＥＥＣ（欧州経済共同体）を経て、１９９３年に設立されたヨーロッパの地域統合組織です。その設立の根底にあったのは、中世から続く戦乱の地に恒久の平和をもたらすことでした。平坦なヨーロッパ平原に、民族ごとに国境を囲った国同士が、国益追求のために侵略を繰り返す。ヨーロッパは地政学的に見て、宿命の戦い

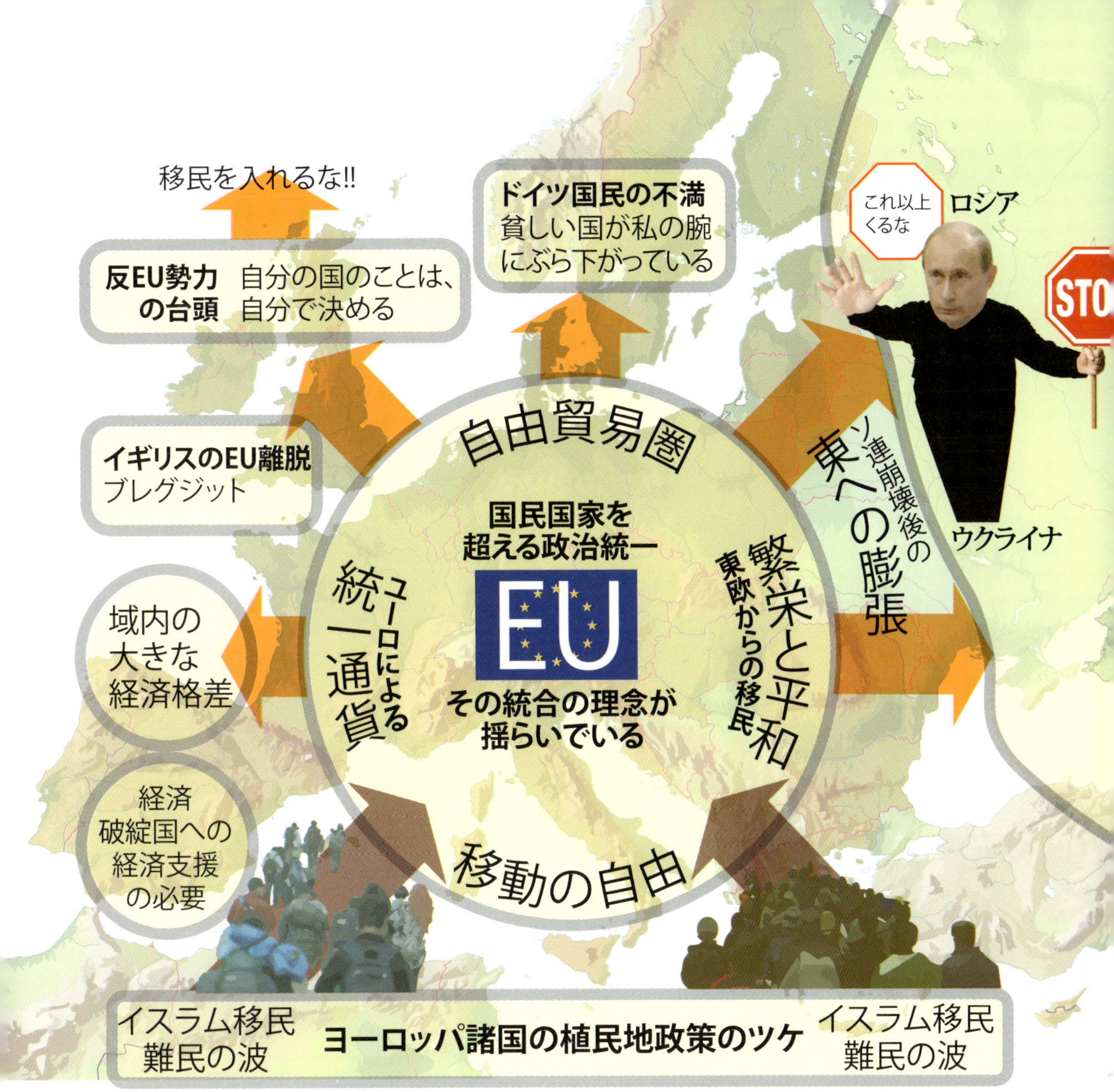

の中心でした。

この深刻な反省の中で、ヨーロッパ全体を経済・政治的に統合し、その結果として平和と繁栄を共に手にしよう、そんな目的でEUは誕生しました。ですからEUは、地政学的な現実を、人間の理性と理想で乗り越えようとする壮大な実験の地であるとも言えるでしょう。

まず域内の国境の通関手続きを廃止し、自由な人と物の移動を実現します。ヨーロッパ中央銀行を設立し、1999年には統一通貨ユーロを発行し、巨大な自由経済圏を創出しました。EUはこのような経済統合の次に、政治の統合も目指し「欧州憲法条約」を取り決めました。EUは、その理想に向けて着々と歩んでいるかに見えます。

そんなEU加盟諸国の間に、実は大きな亀裂があり、統合への疑念の声が高まっていたことを、イギリスのEU離脱決定によって、世界は知ることとなったのです。

このEU諸国の間の、統合への疑念が露《あら》わになったきっかけが、イスラム圏からの移民・難民でした。豊かさと安全を求めて移動してくる何百万もの人々の存在が、EU統合の理念を揺るがすことになったのです。

EUの分断

# EU統合の理念を揺さぶるイスラム系移民と台頭する反EU政党

## 共同体の理念より国民の利益を

『アルジェの戦い』という映画があります。1954年から約8年間にわたって繰り広げられた、アルジェリアの人々のフランスからの独立闘争を描いた作品です。白黒の画面の中で展開される、凄惨《せいさん》なゲリラ戦の描写に世界は驚き、フランスの苛烈《かれつ》な植民地支配が批判にさらされたのです。

フランスはこのアルジェリアを始めとして、北アフリカに幾つかの植民地をもち、第二次世界大戦後、植民地が独立したあとも、マグレブ圏と呼ばれるこれらフランス語が通じる地域に影響力をもち続けています。1960年代、この地域から大量の移民がフランスに向かいます。旧宗主国として、フランスはこの移民を受け入れました。

イギリスも同様です。かつての大英インド帝国やカリブ海の諸国からの移民に対して、寛大な処遇で対応しました。

EU諸国の移民に寛大な施策の裏には、ひとつには旧植民地に対する負い目があります。ドイツの場合は植民地ではありませんが、第一次世界大戦の同盟国トルコから、やはり大量の移民を受け入れてきました。

もうひとつ、EUが難民を寛大に受け入れた背景には、EUの設立理念があります。EUが受け入れた人々には、等しくEU内での行動の自由と福祉政策を提供し、その人々のもつ文化背景を尊重するという多文化主義です。これはEUが掲げるリベラルな統合の理念の実践でもあったのです。

その理念の揺らぎは、2017年から急増したシリアからの難民の流入によって露呈します。難民たちは、トルコを経由してギリシア、バルカンを通りEU内に流入。無条件の受け入れを表明したドイツのメルケル首相は、各国の猛烈な批判にさらされ、宣言の撤回に追い込まれました。

このメルケル批判の先鋒《せんぽう》が、各国で台頭する反移民、反EUを旗印にする保守系の新興政党でした。EUという共同体の理念よりも、国民の利益が第一である。自分たちの暮らしを脅かす移民を排除し、現実的ではない共同体理念を押しつけるEU統合に反対しよう、というのが彼らの主張です。これらの政党は、選挙によって躍進し、各国の政策に影響力をもち始めています。

### ヨーロッパ諸国の旧植民地から集まるイスラム教徒の移民・難民の流れ

旧イギリス・インド帝国圏
パキスタン・インド・バングラデシュ

# 反イスラム・反EUを掲げるポピュリズム政党

## イギリス

反イスラム・反EU

**ブレグジット党**
**ナイジェル・ファラージ党首**

2019年の欧州議会選挙でイギリスの第1党に。早期のEU離脱を掲げる。2014年の欧州議会選挙で、反移民で躍進した英国独立党の党首ファラージ氏が立ち上げた

イスラム教徒難民数
約413万人
約6.3%

第二次大戦後、旧植民地のカリブ、インドから多数の移民を受け入れた。移民の固有文化を容認する多元主義政策を進めたが、近年市民との対立が激化

LONDON
SHARIAH
CONTROLLED
ZONE


ロンドン東部のムスリムコミュニティの、イスラム法地区宣言

## デンマーク

反イスラム・反EU

**デンマーク国民党**
**ピア・ケアスゴー元党首**

反移民、反EU、反多民族などを掲げる極右政党。2015年の総選挙で35議席を獲得し、自由党政権に閣外協力

国内のイスラム教徒難民数
27万人
人口の8.6%

2015年、政権が社会民主党から自由党に変わり、「ゲットー」政策と呼ばれる強硬な移民同化政策に変化した

## スウェーデン

反イスラム・反EU

**スウェーデン民主党**
**ジミー・オーケソン党首**

反イスラムを掲げて、議会に62議席を占め第3政党に躍進した

国内のイスラム教徒難民数
46万人
人口の4.6%

寛容な移民政策を推進してきたが、2014年の8万の難民受け入れから、国内で批判が高まる

## ドイツ

反イスラム・反EU

**ドイツのための選択肢**
**イェルク・モイテン党首**

反移民・難民、反イスラム、社会の治安を求める右翼政党。2017年の連邦議会選挙で12.6%の支持を得て、第3党に躍進

1970年代に大量のトルコからの移民を受け入れた。それ以来伝統的にイスラムコミュニティに寛容。しかし、2015年のシリア難民を機にメルケル首相の政策も、難民制限に変化した

イスラム教徒難民数
約495万人
約6%

## フランス

反イスラム・反EU

**フランス国民戦線**

フランスの伝統的な右翼政党。党首ジャン・マリ・ルペンは2002年の大統領選挙で決選投票でシラクに破れる。現在はルペンの三女マリーヌ・ルペンが党首。2017年の大統領選挙で決選投票に

旧植民地のアフリカ・マグレブ諸国からの移民が大半を占める。炭鉱や自動車産業の働き手としてフランス経済を支えてきた。しかし、定住した彼らの子弟は高い失業率に苦しむ

イスラム教徒難民数
572万人
8,8%

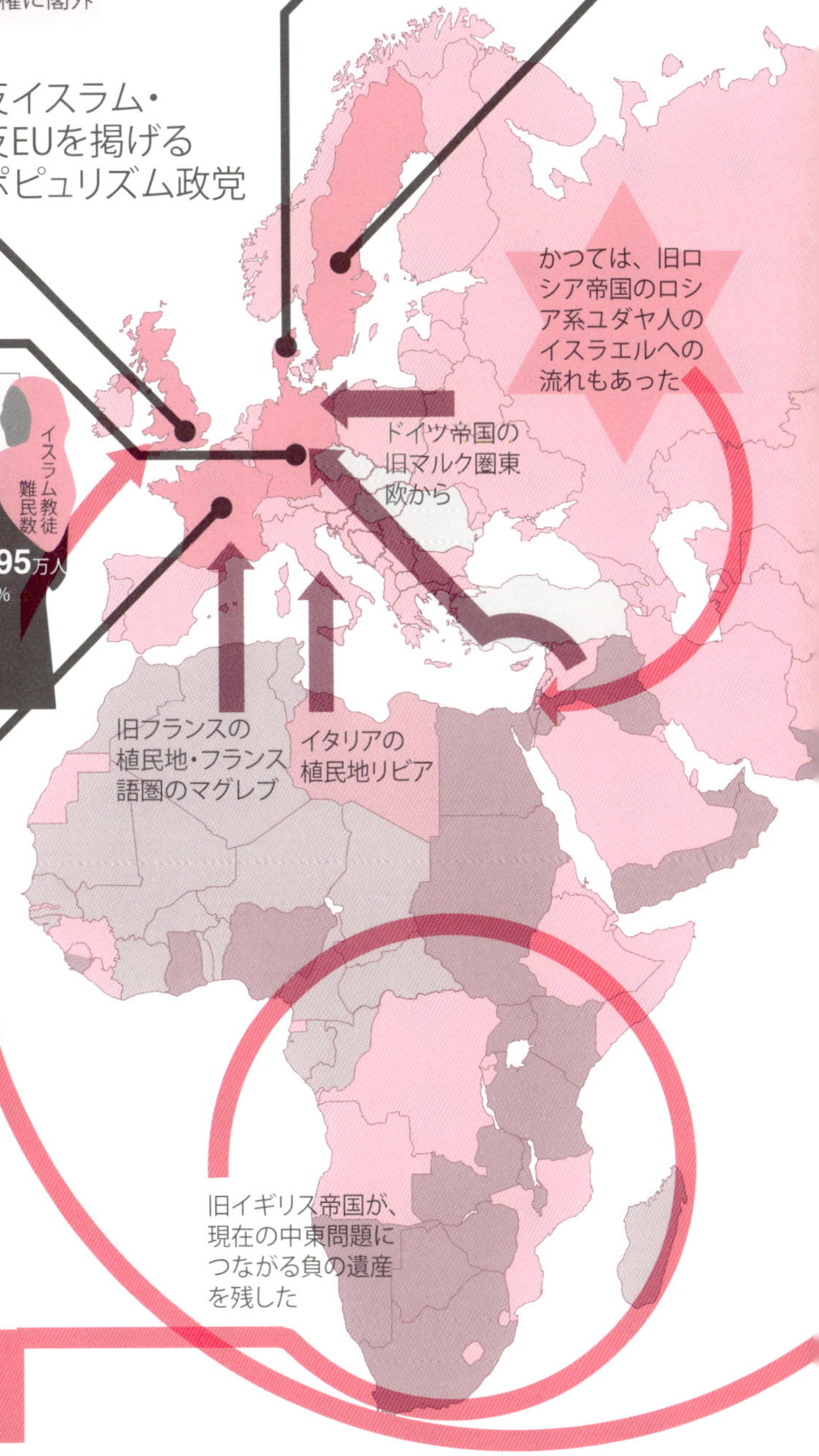

かつては、旧ロシア帝国のロシア系ユダヤ人のイスラエルへの流れもあった
ドイツ帝国の旧マルク圏東欧から
旧フランスの植民地・フランス語圏のマグレブ
イタリアの植民地リビア
旧イギリス帝国が、現在の中東問題につながる負の遺産を残した


第二次大戦後のイスラエル建国とアラブの戦いの原因は、イギリスの三枚舌外交の結果

世界の30%近くの人々はイスラム教徒だ
中東のイスラム教徒は、そのまた20%程度

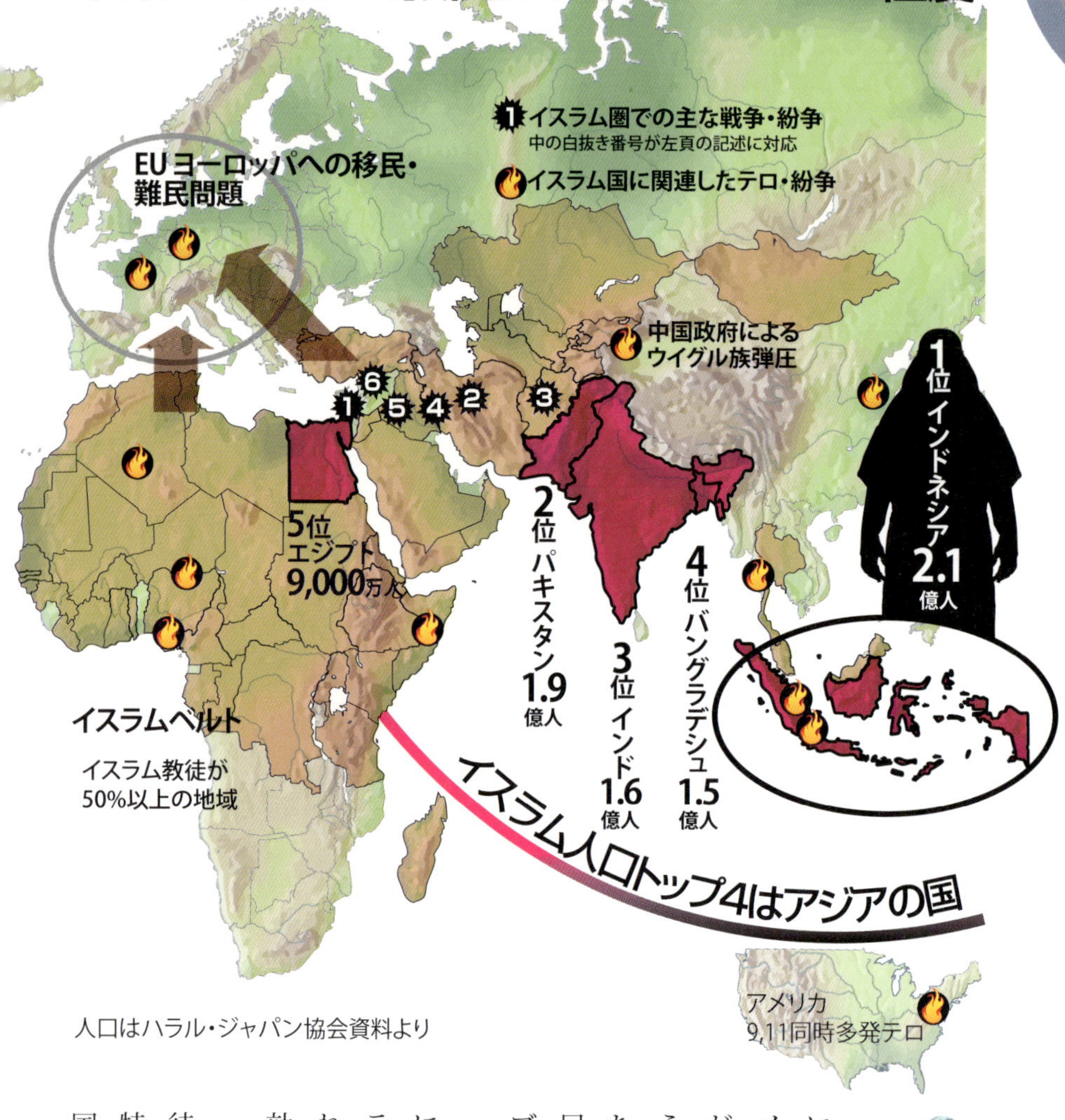
イスラム圏での主な戦争・紛争
中の白抜き番号が左頁の記述に対応
イスラム国に関連したテロ・紛争
EUヨーロッパへの移民・難民問題
中国政府によるウイグル族弾圧
1 2 3 4 5 6
1位 インドネシア 2.1億人
2位 パキスタン 1.9億人
3位 インド 1.6億人
4位 バングラデシュ 1.5億人
5位 エジプト 9,000万人
イスラムベルト
イスラム教徒が50%以上の地域
イスラム人口トップ4はアジアの国
アメリカ
9.11同時多発テロ

人口はハラル・ジャパン協会資料より

イスラムの連鎖

# 過去の欧米の干渉が招いた イスラムベルト地帯の危機の連鎖

## 列強に引き裂かれた中東

自分で放った武器が、ブーメランのように戻ってきて自身を傷つけることを、ブーメラン効果といいます。ヨーロッパの国々が、長い戦乱の果てに辿《たど》りついたEUという理想の組織が、過去に自身が中東で行った行為から生じたイスラム教徒の移民・難民によって揺さぶられる。これは歴史のブーメラン効果と呼べるでしょう。

9・11同時多発テロ以降、イスラム教徒によるテロ事件が、全世界に拡散しました。テロ行為は決して正当化できませんが、これも過去の欧米諸国の行為へのブーメラン効果だと言うこともできます。

現在、世界人口の3割近くがイスラム教徒であり、その80%近くが中東以外の国々、特にアジアに暮らしています。これらの諸国も、中東を震源とするイスラム原理主義

## イギリスの三枚舌外交から始まる、イスラム世界の危機の連鎖構造

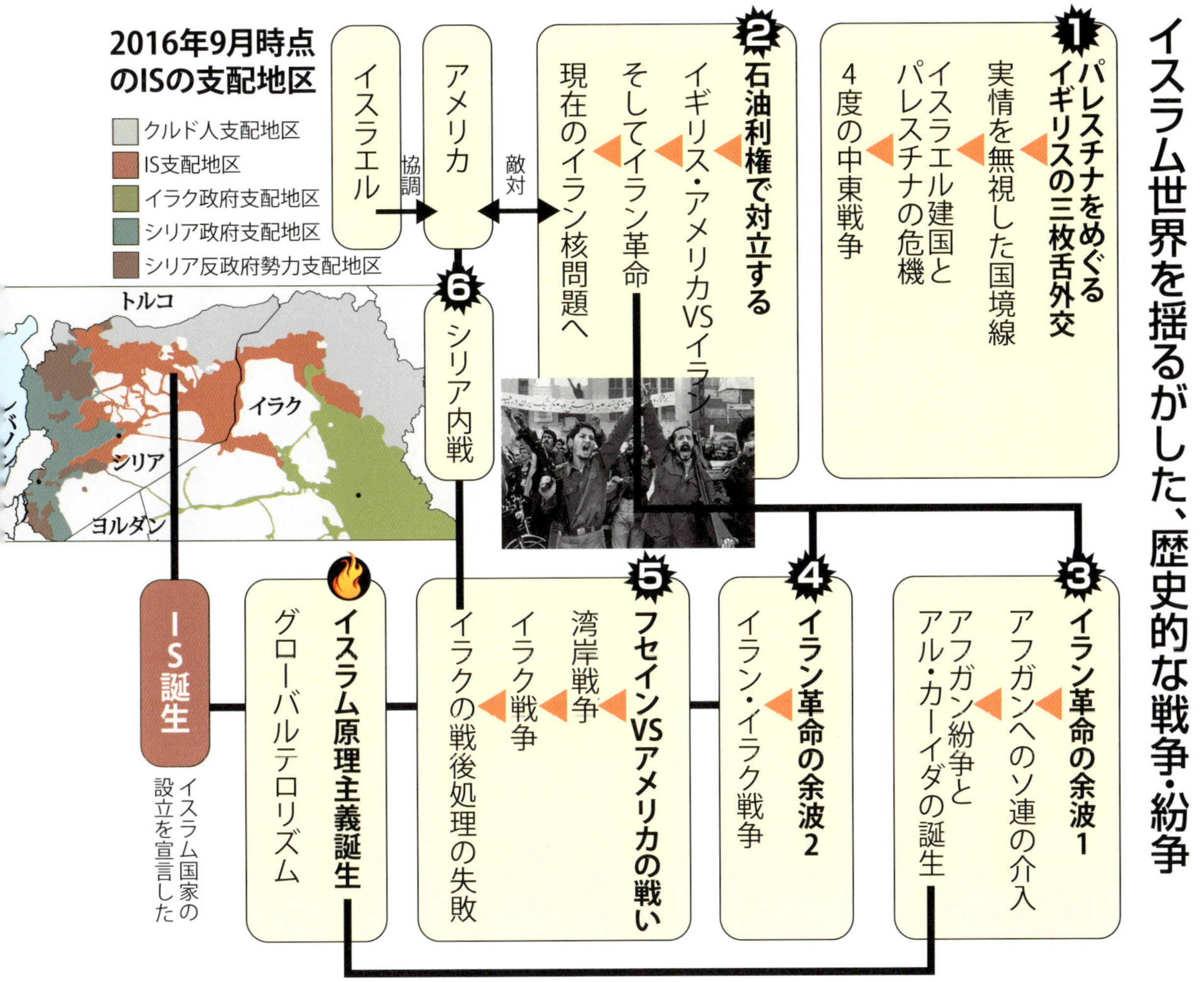


のテロ事件の被害を受けています。世界中のイスラム教徒にとっても、中東は問題の土地なのです。

世界の地政学的危機の発火点と言われる中東諸国。この地でイスラム教徒とヨーロッパ諸国との間に何が起こったのでしょう。

右上の地図にある番号は、イスラム圏で起こった主要な6つの戦いの舞台を示したもの。左上の図は、それぞれの番号に対応する戦いを生み出した欧米の中東への干渉を明示しています。そこから派生した出来事が、互いに関連し、連鎖して、現在のイスラム原理主義のテロ、あるいはシリアの内戦や、アメリカとイランの危機に至った経緯が見えてくるでしょう。

かつて、この砂だらけの不毛な土地には、明確な国境などなく、イスラム教徒の部族が群居していました。この部族社会を緩やかに統合していたのが、オスマン帝国です。第一次世界大戦でドイツと同盟したこの帝国が崩壊し、ヨーロッパ列強がその領土を分割するために、中東の砂漠に境界線を引きました。時を同じくして、その領土から石油が発見されます。中東が背負う苦難は、ここから始まりました。

### イギリスの三枚舌

# 現在の中東の混乱の元を作ったのはイギリス帝国の詭弁の外交政策だった

## 利益のため地政学を駆使した帝国主義

1915年当時、イギリスは危機に直面していました。半年で終わるはずの第一次世界大戦が終わりません。この戦争は、それまでの人類が経験した戦争とは様相が異なっていました。国民を大量に徴兵し、大量生産の武器で武装させて、鉄道を使って大部隊として前線に送り込む、国力のすべてを使う総力戦になっていたのです。

イギリス、フランスを中軸とする連合軍は、ドイツを中心とする同盟国と長大な戦線で対峙《たいじ》し、消耗戦を繰り返していました。そんな戦争を続けたイギリスは、膨大な戦費のため財政危機に見舞われていたのです。

この局面を打開するために、イギリスは3つの外交手段を選択しました。それを推進したのが時の外相バルフォア。のちに三枚舌外交と批判される当事者です。

バルフォアは、優れた外交官として、地政学的に見れば最適と思われる交渉を行いました。第一に、戦争の終結を早めるために、ドイツと同盟するオスマン帝国を内部からつぶそうとします。そのために、トルコ人中心のオスマン帝国に支配されているアラブ人部族に反乱を促し、勝利の報酬として、アラブ人の独立国を認めると約束します。この交渉にあたったのが、映画『アラビアのロレンス』にも描かれたT・E・ロレンス中佐でした。彼はアラブの実力者フセイン・イブン・アリーと友情を築き、反乱に成功します。

第二の問題は、不足した戦費の調達です。ここでもバルフォアは、地政学的戦略を企《くわだ》てます。目をつけたのは、当時オスマン帝国領となっていたユダヤ人の聖地パレスチナです。バルフォアはユダヤ人の富豪ロスチャイルドに対して、戦費の提供を求め、その見返りとして、宿願のユダヤ人国家をパレスチナに建国することを認める約束をしたのです。

そして、最後の仕上げは戦後処理の密約でした。まだ戦争も終わらないうちに、イギリスとフランスとで、オスマン帝国の領土地図に、自分たちの意のままに線を引き、サイクス・ピコ協定と呼ばれる分割案を作成したのです。

このように地政学を駆使したバルフォアの外交は、結果的に連合国に勝利をもたらします。しかし、これがその後の中東の厄災の元となることを、バルフォアは予見しなかったのでしょうか。昨今の研究では、彼の協定書、宣言は実に巧妙な戦略に基づくものであり、決して三枚舌などではないという意見もあります。つまり最悪を予見しても、その場の利益だけを追求する、帝国主義の地政学の本質がここにあるのです。

1914年から始まった
第一次世界大戦は泥沼

# イギリスの三枚舌外交

イギリスの軍事予算も逼迫していた、
そこで外相は3つの密約をした

## 2 ユダヤ人国家建設の可能性を示唆する バルフォア宣言

ジェームス・バルフォア


その見返りに、
戦争の資金を
出して欲しい

ユダヤ人の富豪
ライオネル・
ウォルター・
ロスチャイルド

バルフォアはロスチャイルドに1通の書簡を送った。

第一次大戦の不足する戦費を提供してくれれば、その見返りに、イギリスは戦勝後にユダヤ人のパレスチナでの「ホームタウン」の建設を支持すると書かれていた。

ユダヤ人側は、イギリスがユダヤ国家建設を支持すると理解した。しかし、戦後パレスチナは国連管理になり、しかも宣言に「国家」の文字もなかった

## 1 オスマン帝国を打倒すれば独立国家建設 フセイン・マクマホン協定

アラブ人が
戦えば、
独立国家を
認めよう

イギリス軍情報将校
T・E・ロレンス中佐

アラブ人との
交渉役が
ロレンスだった

アラブの実力者フセイン・イブン・アリーと、駐エジプト高等弁務官ヘンリー・マクマホンとの間で取り交わされた協定。オスマン帝国支配下のアラブで反乱を起こし勝利すれば、アラブの土地に独立国家を建設することを約束した。

映画『アラビアのロレンス』はその工作を描いた。戦後のロレンスの奇妙な行動、不可解な死は、この協定へのイギリスの不誠実な態度に失望したためではなかったか

連合国で、
オスマン帝国の
領土を分割しよう

## 3 サイクス・ピコ協定

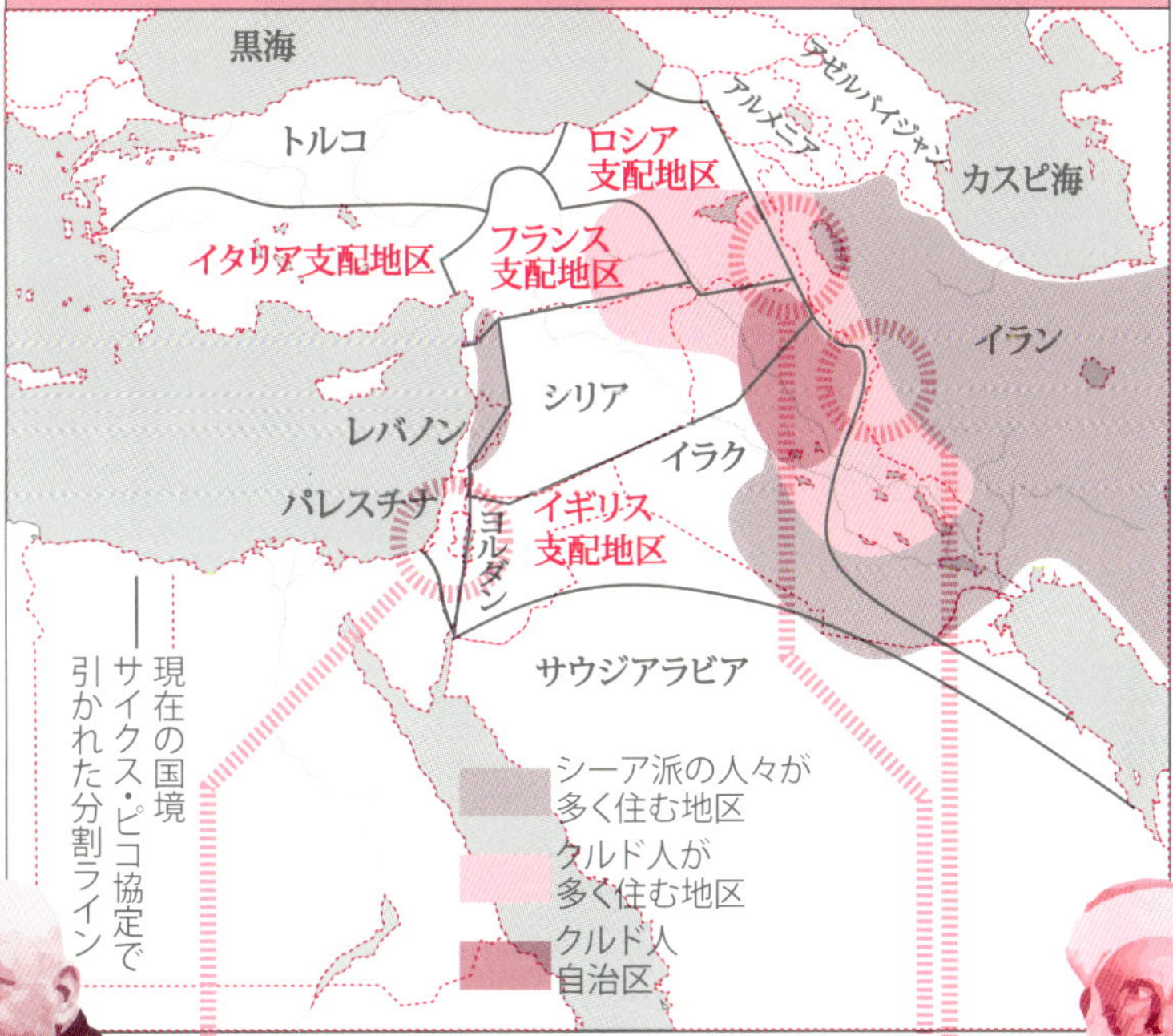

黒海
トルコ
アゼルバイジャン
アルメニア
ロシア支配地区
カスピ海
イタリア支配地区
フランス支配地区
イラン
シリア
レバノン
イラク
パレスチナ
ヨルダン
イギリス支配地区
サウジアラビア
シーア派の人々が多く住む地区
クルド人が多く住む地区
クルド人自治区
現在の国境
サイクス・ピコ協定で引かれた分割ライン

イギリスの
嘘つき
話が違う
ロスチャイルド


イギリスとフランスは、オスマン帝国の領土を分割する秘密協定を結び、アラブの現実を無視した分割線を引いた。戦後の独立はこの線にそって行われた。その結果、クルド人地区は3つの国家に分断され、シーア派の人々も、イラン、イラク、シリアに分断された

ロレンス、
話が違うぞ!!
フセイン・イブン・アリー


建国に集まった
ユダヤ人たちは
暴徒化した。
パレスチナ問題
の始まりだった

イスラエル建国から始まる、パレスチナ問題の原因はここから

詳しくは p62

国家を持てない最大の民族、クルド人問題の根本原因を作った

この後のイラン・イラク戦争、そしてシリア内戦の原因となる

詳しくは p64

パレスチナ

# イスラエル・パレスチナ問題の原因はヨーロッパのキリスト教徒にあった

ヨーロッパのキリスト教社会
偏見と差別と暴力
ユダヤ教徒への迫害
イエスの磔刑は、弟子のユダの密告による
ユダヤ人は神殺しの民だ
土地を持てない我々は、世界を流浪するしかない
旧約聖書に書かれた約束の地に帰ろう
パレスチナに帰ろう
シオニズム運動が誕生する
テオドール・ヘルツル
シオニスト会議を開催したシオニズム運動の創始者。運動の典拠「ユダヤ人国家」を著した
ナータン・ビルンバウム
信仰・言語を共通とする、ユダヤ人という概念を整え、シオニズム運動のきっかけを作った
1897年　第一回シオニスト会議開催
パレスチナの土地を購入し、移住を決議
1941年までに約7万人が移住してきた
売ってくれ
いいですよ
仲良くやろう
かつてパレスチナの地にイェルサレムという聖地があった
そこでは、多くのイスラム教徒、そしてユダヤ教徒、キリスト教徒が長く、平和に共存して暮らしていた
パレスチナという共有の泉

## 裏切られたユダヤ教徒とイスラム教徒

私たちはパレスチナ問題と聞くと、ユダヤ人とパレスチナ人の領土問題だと思ってしまいます。しかし、実はイギリスの外交政策がつくり出した混乱の結果なのです。

パレスチナには、ユダヤ教、キリスト教、イスラム教が共に聖地とするイェルサレムがあり、古代から領有をめぐる争いの舞台ともなってきました。しかしイスラムのオスマン帝国領になってからは、イスラム教徒と異教徒が共存して暮らしていたのです。

そこへ19世紀末、ヨーロッパで差別と迫害を受けていたユダヤ人たちが、続々とやってきます。旧約聖書に書かれた約束の地パレスチナに帰ることを目指すシオニズム運動の始まりでした。彼らはパレスチナ人（パレスチナに住むアラブ人）から、同じ経典の民として迎え入れられました。

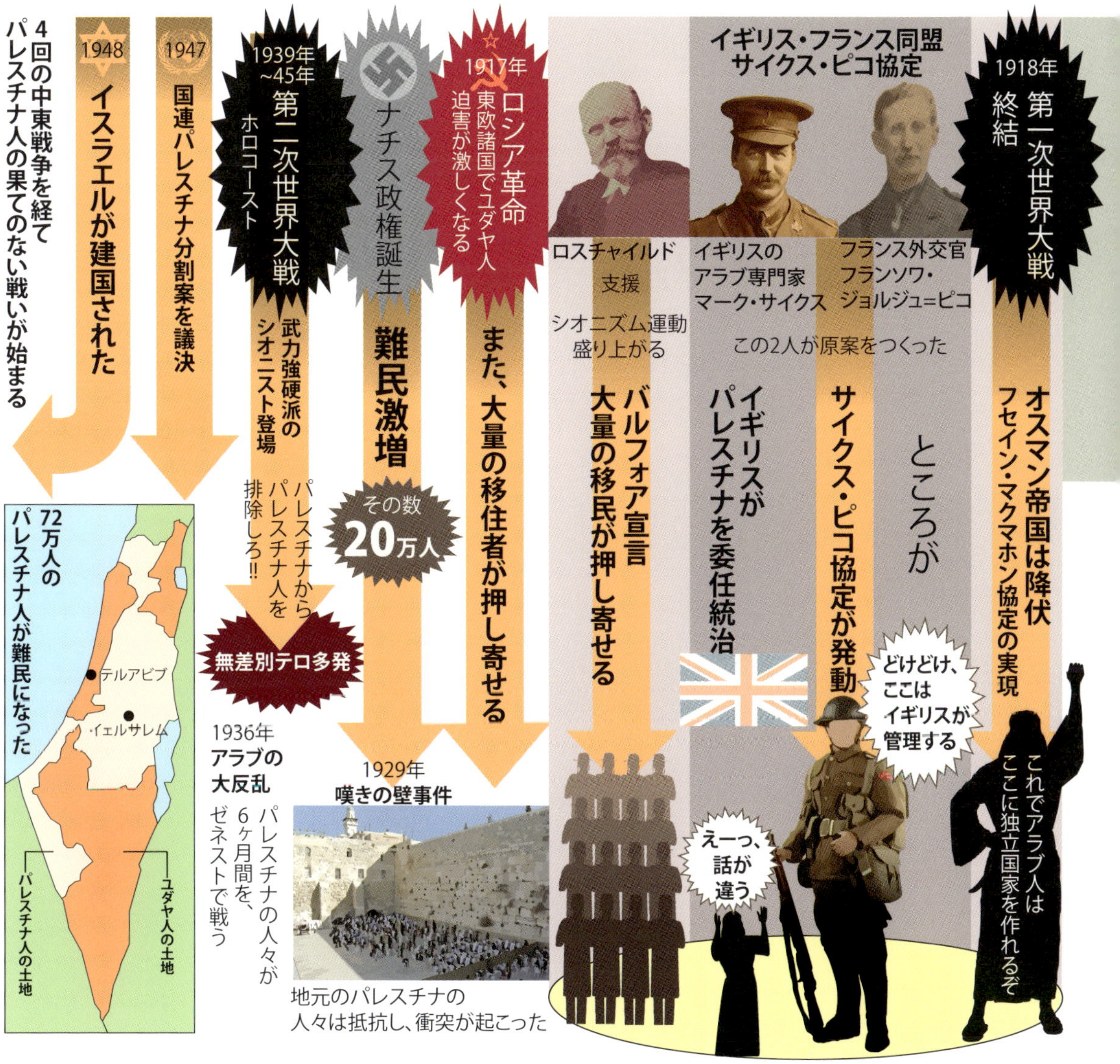


しかしオスマン帝国が滅びると、状況は一変。イギリスの三枚舌外交の詭弁《きべん》が露呈します。イギリスはアラブ国家樹立を約束しておきながら、サイクス・ピコ協定によって、すでに領地を分割。しかもパレスチナをイギリスの委任統治領とし、軍隊を送ってきたのです。パレスチナ人は、イギリスの裏切りを知ります。パレスチナに国家を建設できると信じて移住してきた多くのユダヤ人たちも、イギリスに反発しました。

混乱した火種に油を注ぐ事態が次々と起こります。ロシア革命の影響で、東欧のユダヤ人たちが流入し、ナチスに追われたユダヤ人20万人が難民としてやってきました。先住のパレスチナ人との間に、紛争が起こるのは当然のことです。第二次世界大戦が終わり、事態は抜き差しならないものとなります。建国を求めるユダヤ人の過激派が、イギリスを標的に無差別テロを行い、パレスチナ人もゼネストで戦います。

ついにイギリスはパレスチナから逃げ出します。代わって国連がユダヤ人とパレスチナ人の分割案を作成、1948年にイスラエルが建国されます。ここから現在に続く、出口の見えない戦いが始まったのです。

Part 5
混乱するヨーロッパと中東
6

# イラン革命
# 石油利権の対立から始まる米英とイランの戦いと革命

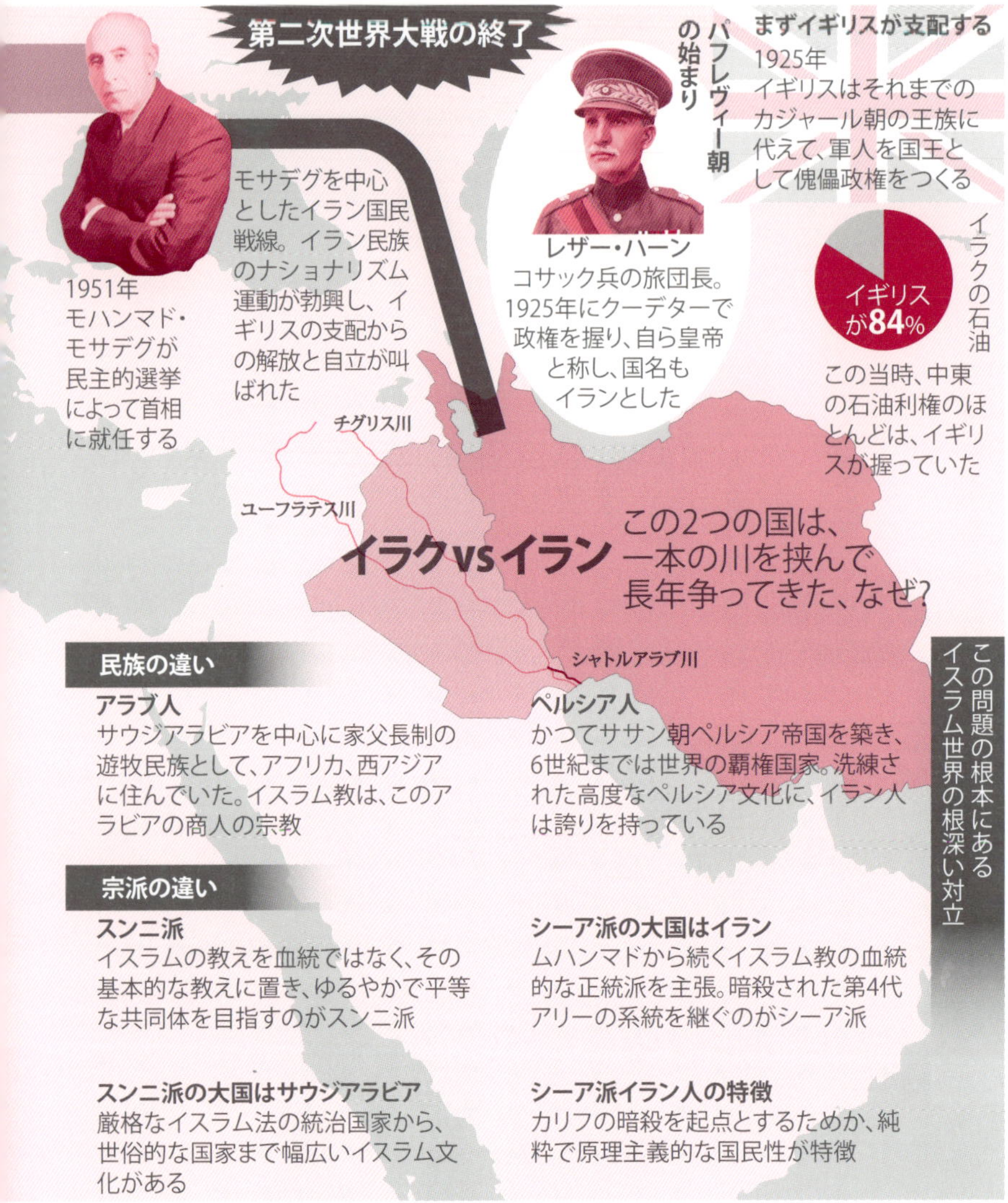

第二次世界大戦の終了
1951年
モハンマド・モサデグが民主的選挙によって首相に就任する
モサデグを中心としたイラン国民戦線。イラン民族のナショナリズム運動が勃興し、イギリスの支配からの解放と自立が叫ばれた
パフレヴィー朝の始まり
レザー・ハーン
コサック兵の旅団長。1925年にクーデターで政権を握り、自ら皇帝と称し、国名もイランとした
まずイギリスが支配する
1925年
イギリスはそれまでのカジャール朝の王族に代えて、軍人を国王として傀儡政権をつくる
イラクの石油
イギリスが84%
この当時、中東の石油利権のほとんどは、イギリスが握っていた
チグリス川
ユーフラテス川
イラクvsイラン
この2つの国は、一本の川を挟んで長年争ってきた、なぜ?
シャトルアラブ川
この問題の根本にあるイスラム世界の根深い対立
民族の違い
アラブ人
サウジアラビアを中心に家父長制の遊牧民族として、アフリカ、西アジアに住んでいた。イスラム教は、このアラビアの商人の宗教
ペルシア人
かつてササン朝ペルシア帝国を築き、6世紀までは世界の覇権国家。洗練された高度なペルシア文化に、イラン人は誇りを持っている
宗派の違い
スンニ派
イスラムの教えを血統ではなく、その基本的な教えに置き、ゆるやかで平等な共同体を目指すのがスンニ派
シーア派の大国はイラン
ムハンマドから続くイスラム教の血統的な正統派を主張。暗殺された第4代アリーの系統を継ぐのがシーア派
スンニ派の大国はサウジアラビア
厳格なイスラム法の統治国家から、世俗的な国家まで幅広いイスラム文化がある
シーア派イラン人の特徴
カリフの暗殺を起点とするためか、純粋で原理主義的な国民性が特徴


## イランとアメリカの宿怨とは

イランとアメリカには根深い宿怨《しゅくえん》があります。その歴史をたどってみましょう。

イランの人々にとって、アメリカへの宿怨は、国民に支持された首相モハンマド・モサデグを、アメリカのCIA（中央情報局）が謀略で葬ったことから始まります。1951年に首相となったモサデグは、石油国有化法を議会可決し、イランの石油を牛耳《ぎゅうじ》るイギリス資本を追放します。これは国民が求めた主権の回復でもありました。

この措置に激怒したイギリスは、西側諸国を動員してイラン石油の禁輸によって報復します。それと同時にCIAが介入し、多額の工作資金を使い、イラン国内で反モサデグの謀略を進めます。その結果、1953年、軍人によるクーデターでモサデグは逮捕され失脚。アメリカはパウレ

# イラン革命

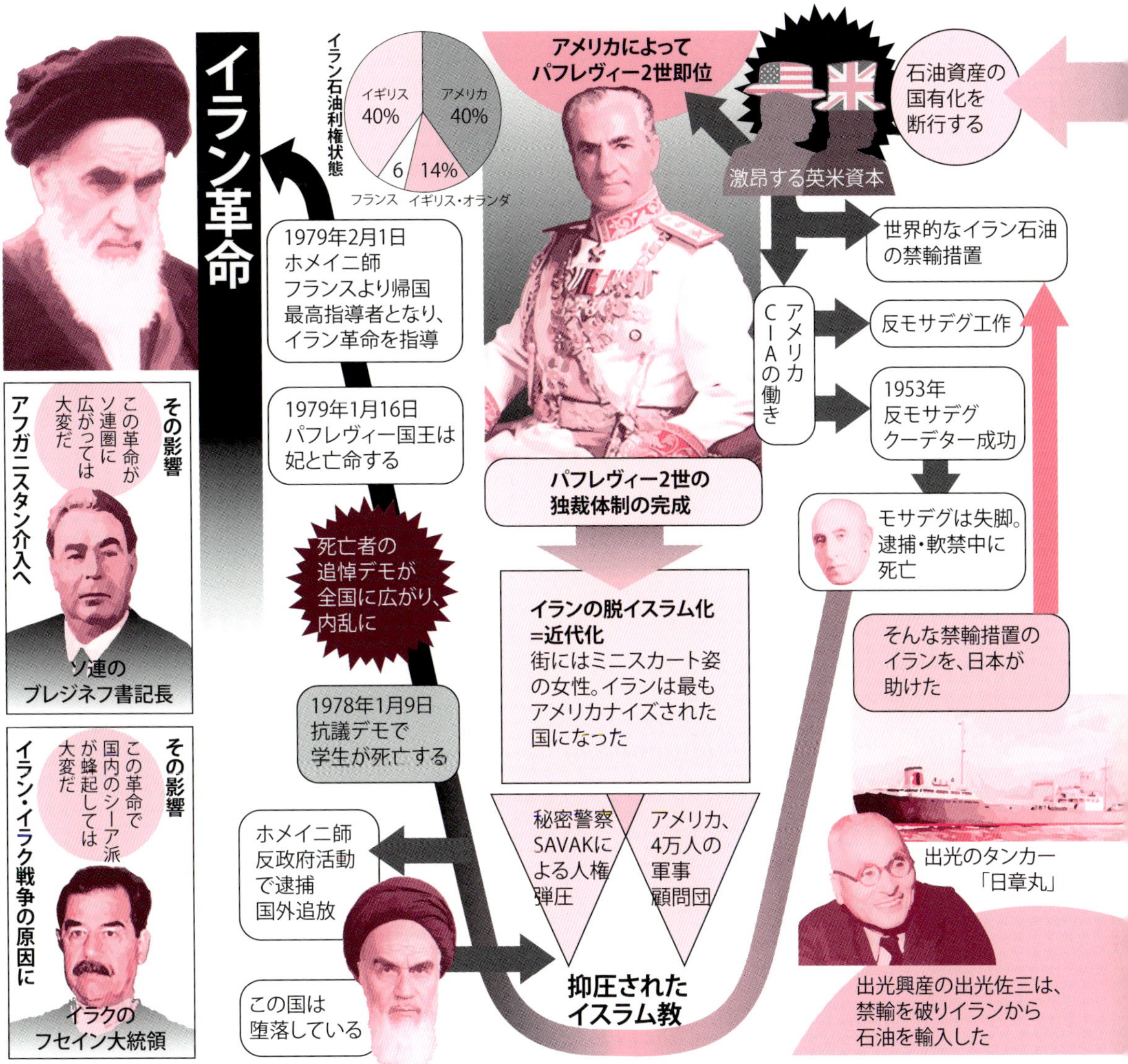


ヴィー2世を担ぎ出して、親米政権をつくり上げました。

パフレヴィー政権は、アメリカの後ろ盾で、脱イスラム化に突き進み、女性のファッションの自由を認めるなど、一見民主的な国の体裁を整えました。しかし、その政権を裏で支えたのは、秘密警察が支配する暴力的な独裁体制でした。

この体制の中で、抑圧されてきたイスラム教の復権を求める声が上がります。そんな反体制の宗教者のなかに、若きホメイニ師もいました。イスラム教の聖職者は、イスラム教の教理に基づいた法律が支配する国家を求めます。西欧の近代国家のように、政治と宗教が分離し、世俗的な法律に基づいた社会を汚れたものと指弾します。その汚れた社会の典型が、世界の世俗文化の代表であるアメリカです。そのアメリカは、イラン人のナショナリズムの象徴だったモサデグを葬った国でもあります。

1978年に起こったイラン革命は、イスラム教による宗教革命であり、同時に反米革命でもありました。このため、標的とされたアメリカにとっても、イランは許しがたい敵となったのです。

アフガニスタン

# イラン革命の余波を恐れた米ソがアフガニスタンで犯した過ち

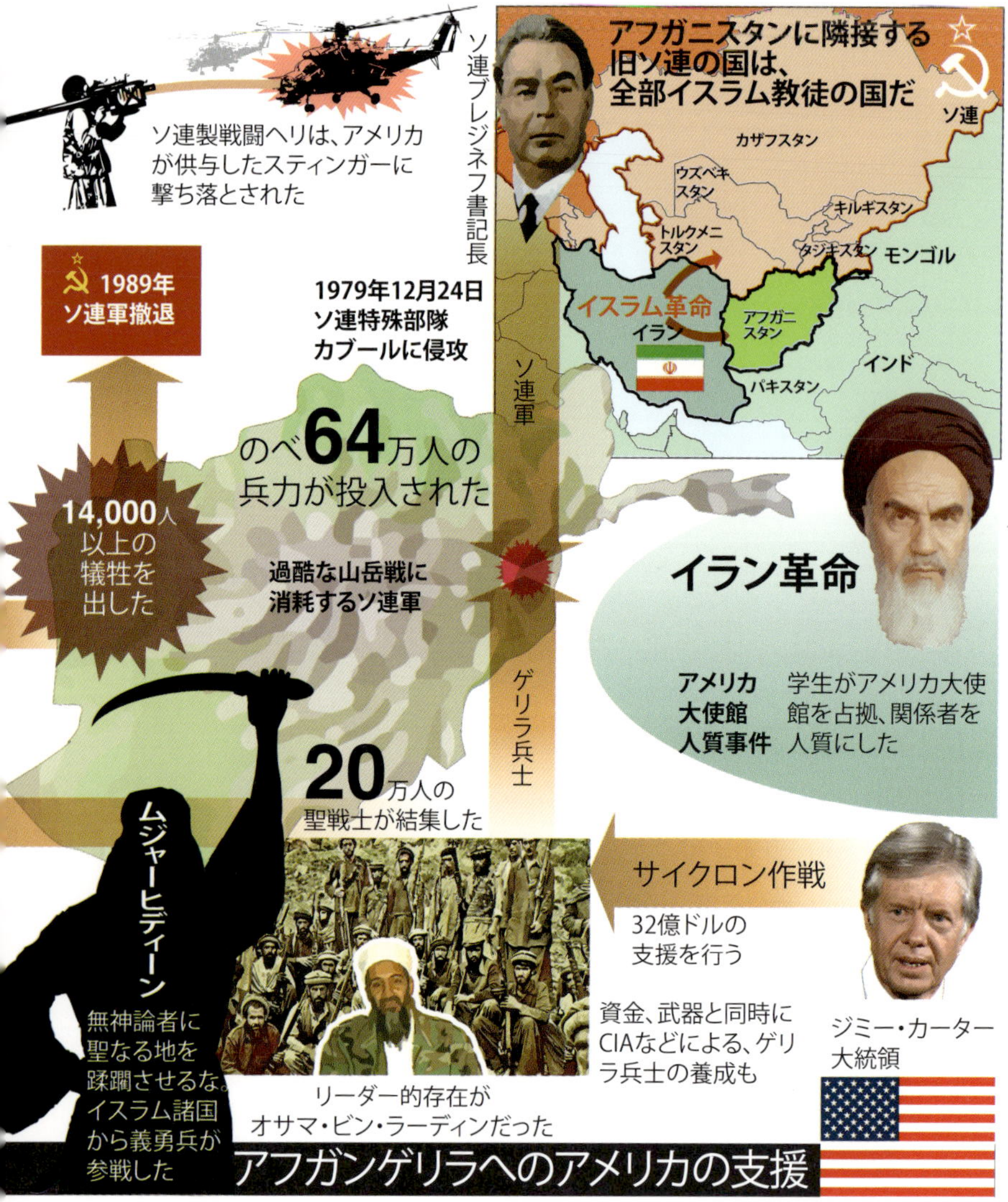
ソ連製戦闘ヘリは、アメリカが供与したスティンガーに撃ち落とされた
ソ連ブレジネフ書記長
アフガニスタンに隣接する旧ソ連の国は、全部イスラム教徒の国だ
ソ連
カザフスタン
ウズベキスタン
キルギスタン
トルクメニスタン
タジキスタン
モンゴル
イスラム革命
イラン
アフガニスタン
パキスタン
インド
1989年 ソ連軍撤退
1979年12月24日 ソ連特殊部隊 カブールに侵攻
ソ連軍
のべ64万人の兵力が投入された
14,000人以上の犠牲を出した
過酷な山岳戦に消耗するソ連軍
イラン革命
アメリカ大使館人質事件
学生がアメリカ大使館を占拠、関係者を人質にした
ゲリラ兵士
20万人の聖戦士が結集した
ムジャーヒディーン
無神論者に聖なる地を蹂躙させるな。イスラム諸国から義勇兵が参戦した
サイクロン作戦
32億ドルの支援を行う
資金、武器と同時にCIAなどによる、ゲリラ兵士の養成も
ジミー・カーター大統領
リーダー的存在がオサマ・ビン・ラーディンだった
アフガンゲリラへのアメリカの支援

## テロの芽を育ててしまったアメリカ

冷戦時代の米ソ首脳、ブッシュ大統領（子）とブレジネフ書記長は、共に同じ過ちを犯しました。中東の外れの不毛な山岳地帯アフガニスタンに派兵する、という過ちです。

この小さな国アフガニスタンが、イギリスの侵略に抵抗して3度戦い（アフガン戦争）、独立を回復するまで屈しなかった強兵の王国であったことを、両首脳が知らないはずがありません。にもかかわらず無謀な出兵をしたのは、やはりイラン革命が起こした恐怖のせいでしょう。

ブレジネフは、ソ連の周りに緩衝国《かんしょう》としてつくったイスラム教の国々が、イラン革命の余波を受けて、次々ソ連から離反するのではないかと案じます。折しもアフガニスタンの親露政府が、反対勢力の攻撃で危機に瀕《ひん》し、救援を要請してきました。

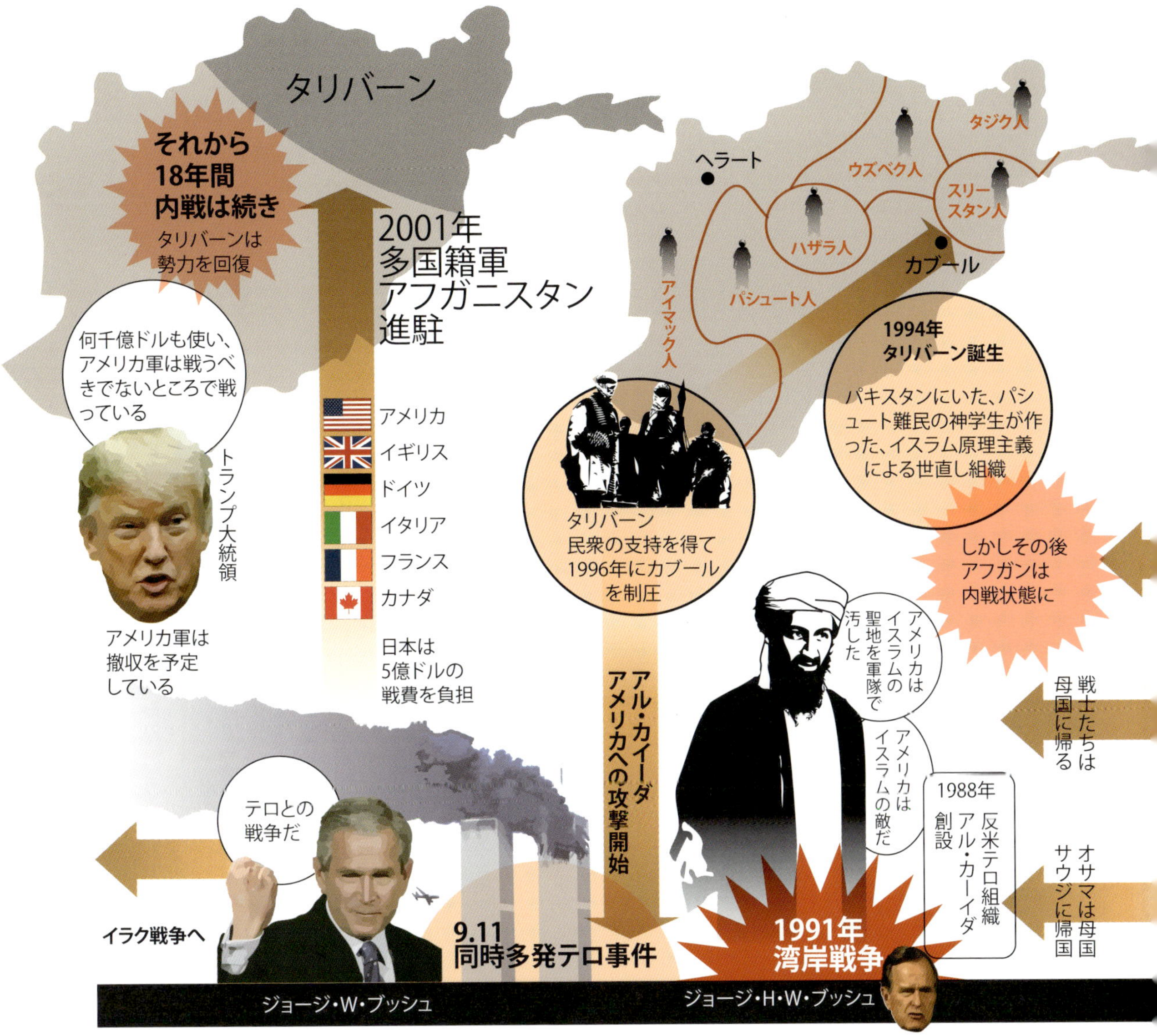


1979年、ソ連軍はカブール目指して侵攻を開始。しかし、延べ64万人に及ぶソ連軍は、山岳地帯を自在に駆け回るゲリラ兵に翻弄《ほんろう》され、10年の戦いの末に撤退します。

このゲリラ兵はムジャーヒディーン（聖戦士）と呼ばれる、世界のイスラム諸国から参加した若者たちでした。彼らを養成したのが、他ならぬアメリカです。アメリカの意図は、第二のベトナムをつくり、ソ連を陥《おとしい》れることでした。その計画は成功し、この敗北がソ連崩壊のきっかけとなります。

しかし、アメリカの勝利はここまでです。2001年9月11日に起こった同時多発テロ事件の主犯が、イスラム原理主義のテロ組織アル・カーイダの首謀者、オサマ・ビン・ラーディンであることが判明。彼こそが、CIAが育てたアフガンゲリラのリーダーだったのです。これが、ブッシュ大統領が犯した過ちの始まりでした。

ソ連の撤退後、アフガニスタンは各地に群居する部族同士の戦場と化します。2001年10月、ブッシュは国連多国籍軍を組織してアフガニスタンを攻撃。以来18年経ったいまもなお、アメリカはアフガニスタンで戦い続けているのです。

# ロシア1
# 世界最大の領土を誇った大陸国家 ロシア帝国ができるまで

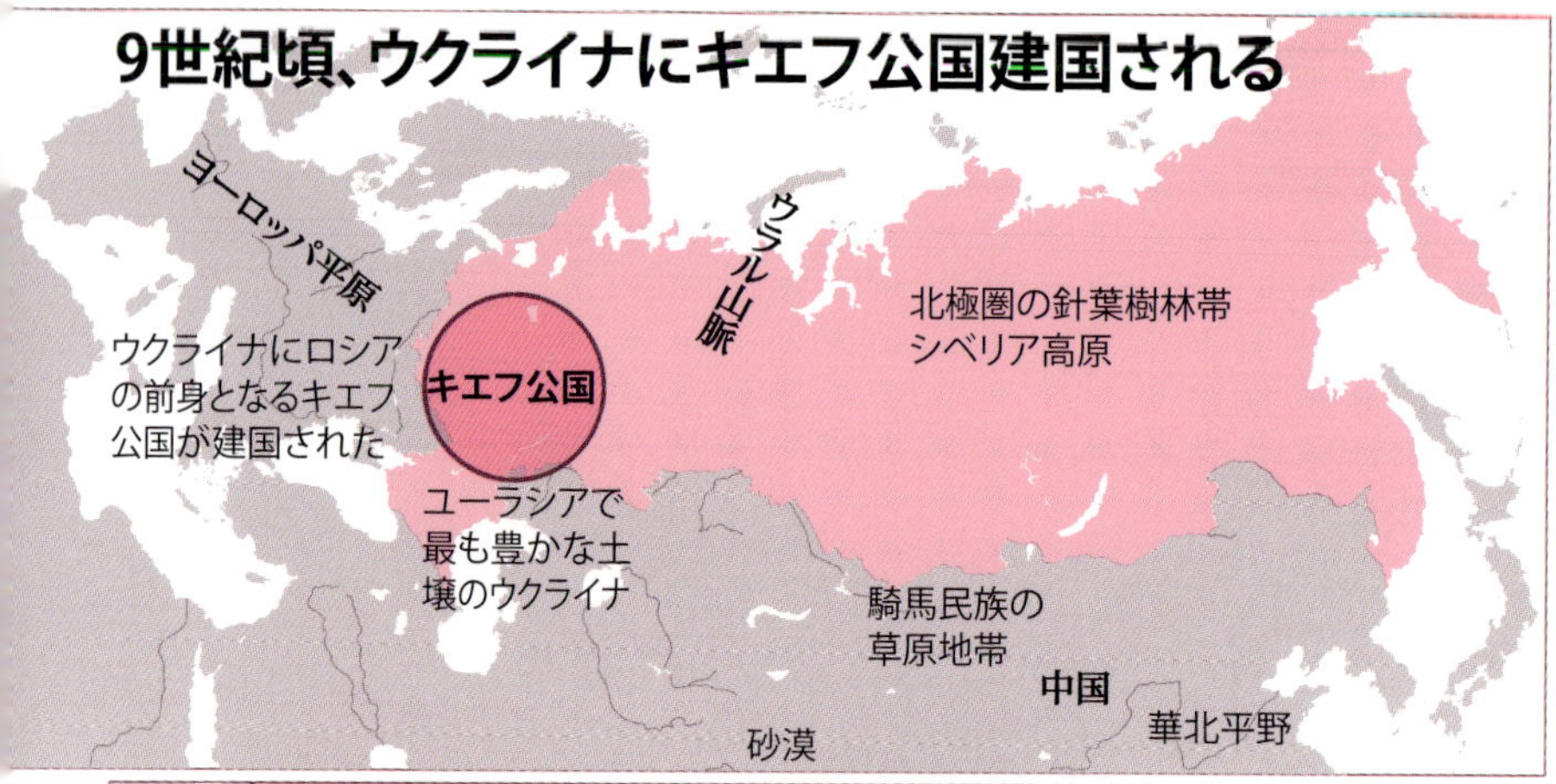
9世紀頃、ウクライナにキエフ公国建国される
ヨーロッパ平原
ウラル山脈
北極圏の針葉樹林帯
シベリア高原
ウクライナにロシアの前身となるキエフ公国が建国された
キエフ公国
ユーラシアで最も豊かな土壌のウクライナ
騎馬民族の草原地帯
中国
華北平野
砂漠

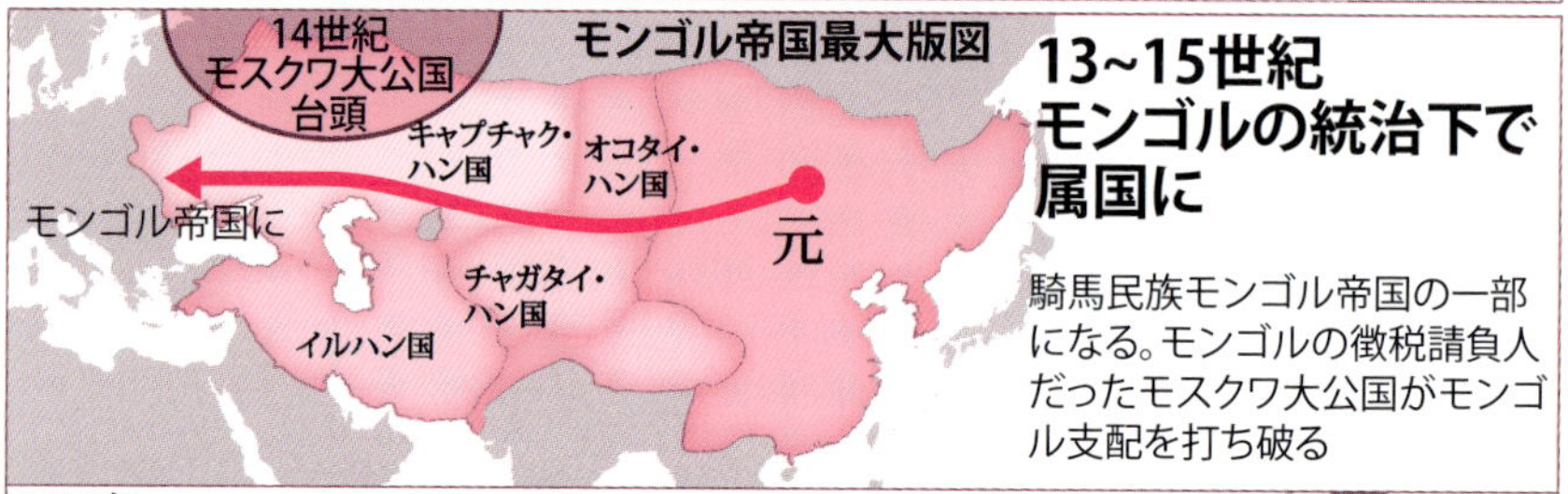
14世紀
モスクワ大公国
台頭
モンゴル帝国最大版図
13~15世紀
モンゴルの統治下で属国に
キャプチャク・ハン国
オコタイ・ハン国
モンゴル帝国に
元
チャガタイ・ハン国
イルハン国
騎馬民族モンゴル帝国の一部になる。モンゴルの徴税請負人だったモスクワ大公国がモンゴル支配を打ち破る

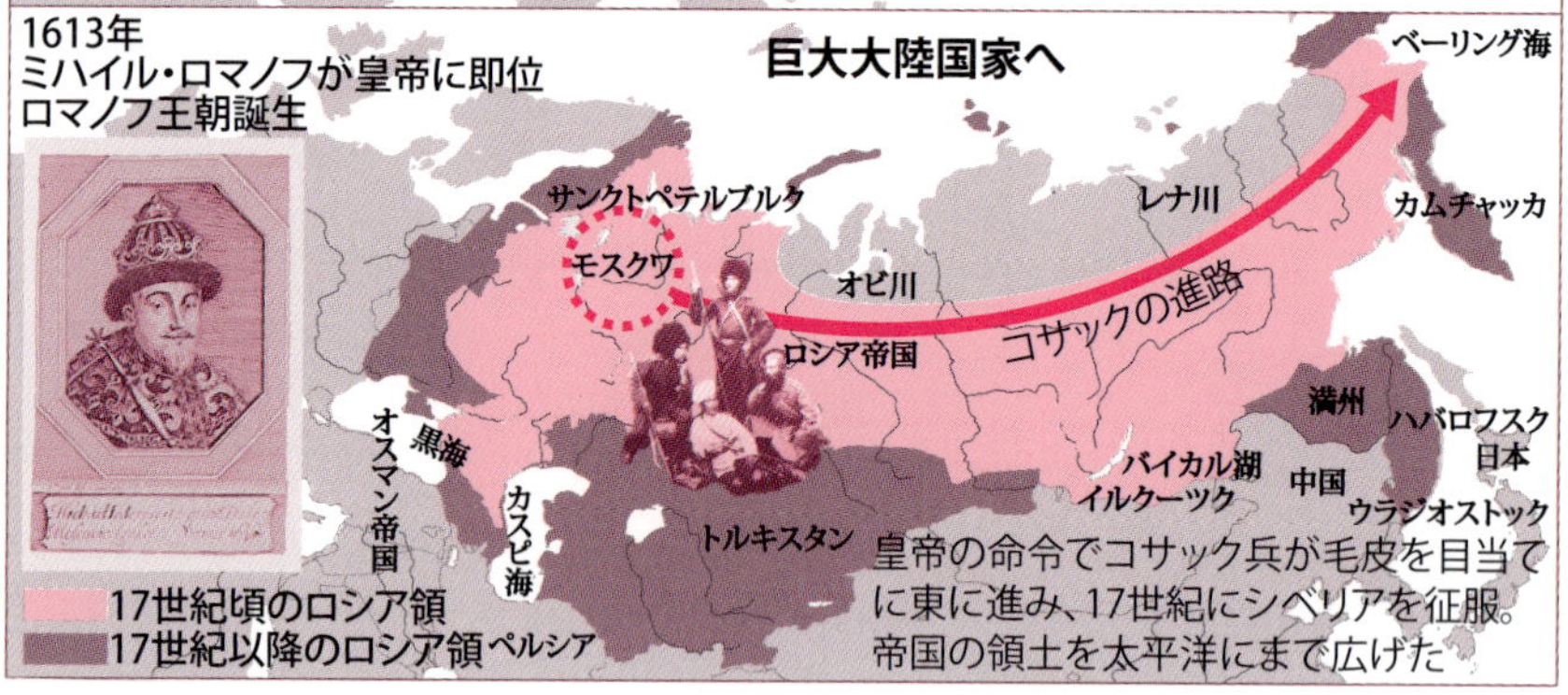
1613年
ミハイル・ロマノフが皇帝に即位
ロマノフ王朝誕生
巨大大陸国家へ
ベーリング海
サンクトペテルブルク
モスクワ
レナ川
カムチャッカ
オビ川
ロシア帝国
コサックの進路
満州
ハバロフスク
日本
黒海
オスマン帝国
バイカル湖
イルクーツク
中国
ウラジオストック
カスピ海
トルキスタン
皇帝の命令でコサック兵が毛皮を目当てに東に進み、17世紀にシベリアを征服。帝国の領土を太平洋にまで広げた
17世紀頃のロシア領
17世紀以降のロシア領
ペルシア

## ハートランドを制したロシア帝国

現在のロシアがウクライナに執着するのは、そもそもロシアという国家がウクライナから始まったためとも考えられます。

ウクライナはユーラシア大陸で最も肥《ひ》沃《よく》な平原と温暖な気候に恵まれた地。ここに9世紀頃、小さな国キエフ公国が誕生しますが、13世紀には東から押し寄せてきたモンゴルに征服されます。このモンゴルの臣下になって徴税を請け負った一派が力をつけ、14世紀初頭にモスクワ大公国が台頭。モンゴルの衰退と同化、内輪もめなどを経て、1613年、のちにロシア帝国を築くロマノフ家の初代皇帝ミハイル・ロマノフが即位し、ロシアの近代史が始まります。

ロシアがユーラシア大陸の東端まで、果てはアラスカまで領有したのも、ウクライナに発する戦士軍団コサックに負うもの

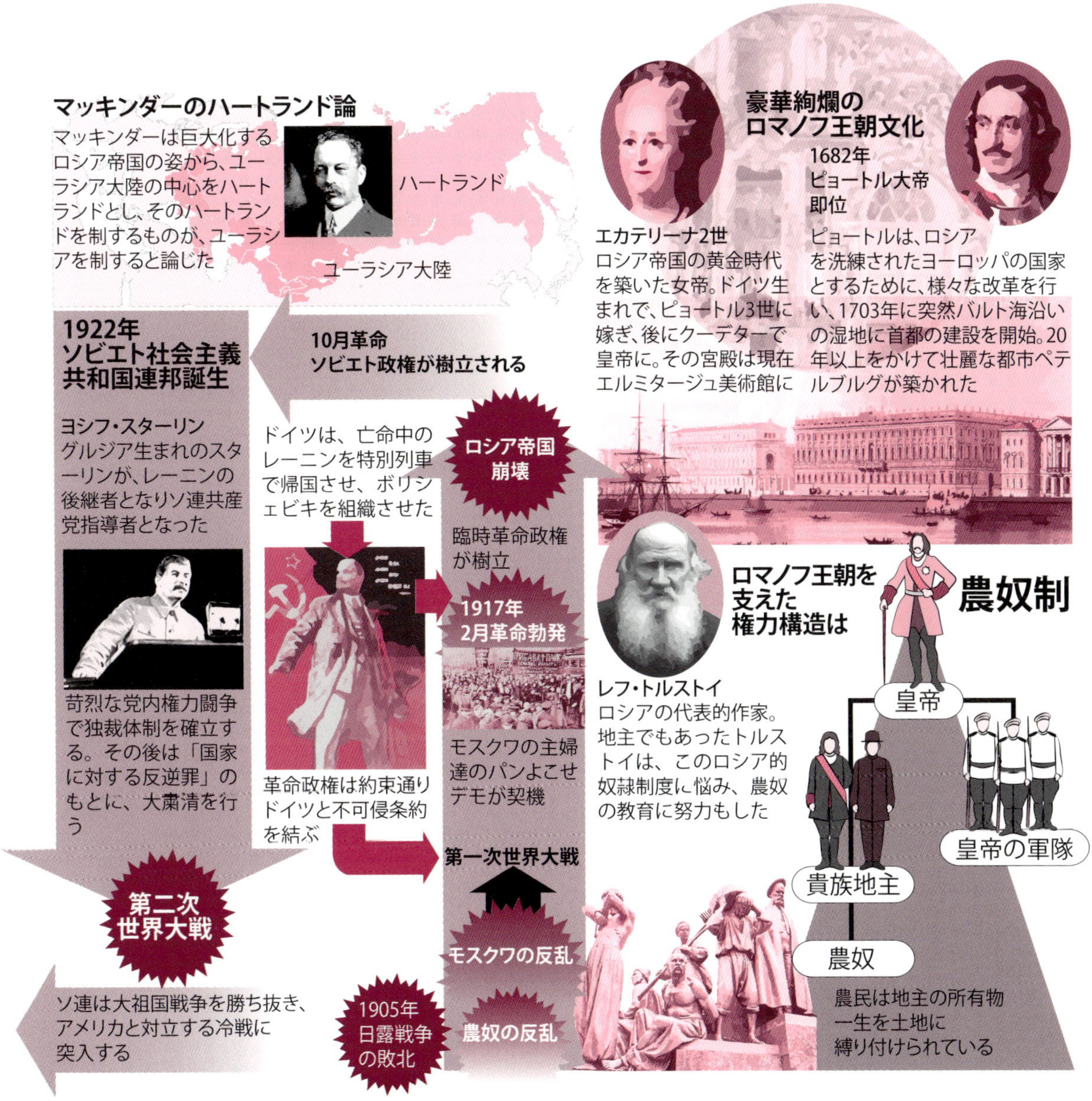
マッキンダーのハートランド論
マッキンダーは巨大化するロシア帝国の姿から、ユーラシア大陸の中心をハートランドとし、そのハートランドを制するものが、ユーラシアを制すると論じた
ハートランド
ユーラシア大陸
豪華絢爛のロマノフ王朝文化
1682年 ピョートル大帝即位
エカテリーナ2世
ロシア帝国の黄金時代を築いた女帝。ドイツ生まれで、ピョートル3世に嫁ぎ、後にクーデターで皇帝に。その宮殿は現在エルミタージュ美術館に
ピョートルは、ロシアを洗練されたヨーロッパの国家とするために、様々な改革を行い、1703年に突然バルト海沿いの湿地に首都の建設を開始。20年以上をかけて壮麗な都市ペテルブルグが築かれた
1922年 ソビエト社会主義共和国連邦誕生
10月革命 ソビエト政権が樹立される
ヨシフ・スターリン
グルジア生まれのスターリンが、レーニンの後継者となりソ連共産党指導者となった
苛烈な党内権力闘争で独裁体制を確立する。その後は「国家に対する反逆罪」のもとに、大粛清を行う
ドイツは、亡命中のレーニンを特別列車で帰国させ、ボリシェビキを組織させた
革命政権は約束通りドイツと不可侵条約を結ぶ
ロシア帝国崩壊
臨時革命政権が樹立
1917年 2月革命勃発
モスクワの主婦達のパンよこせデモが契機
第一次世界大戦
モスクワの反乱
農奴の反乱
1905年 日露戦争の敗北
第二次世界大戦
ソ連は大祖国戦争を勝ち抜き、アメリカと対立する冷戦に突入する
ロマノフ王朝を支えた権力構造は
農奴制
レフ・トルストイ
ロシアの代表的作家。地主でもあったトルストイは、このロシア的奴隷制度に悩み、農奴の教育に努力もした
皇帝
皇帝の軍隊
貴族地主
農奴
農民は地主の所有物一生を土地に縛り付けられている

です。皇帝の命を受けたコサックたちは、ラッコやテンの貴重な毛皮を求めてシベリアに遠征。少数民族を平定し、ついには太平洋に連なるアリューシャン列島に達します。こうして17世紀半ばには、広大な大陸国家の版図が姿を現すに至りました。

20世紀初頭、イギリスの地理学者ハルフォード・マッキンダーは自著の中で、このロシア帝国の占める領域を「ハートランド」と表現しています。ヨーロッパも含めたユーラシア大陸を制するのは、このハートランドを制したものだ、とも記しています。マッキンダーが危惧《きぐ》したことは、ヨーロッパ諸国にとっては自明でした。国土の大半が寒冷で耕作できないロシア帝国の膨張圧力は、西と南に向かいます。ヨーロッパにとってロマノフ王朝のロシア帝国は、常に巨大な脅威であり続けました。

このロシアの脅威は、皮肉なことにロマノフ王朝の滅亡によって最高潮に達します。1922年、レーニンなど亡命ユダヤ人たちによってソビエト社会主義共和国連邦が誕生。マッキンダーのハートランド論が正しければ、社会主義が世界を制することになる、という事態が生じたのです。

ロシア2

# ハートランド、ソ連を包囲しろ 冷戦とはリムランドの攻防戦だった

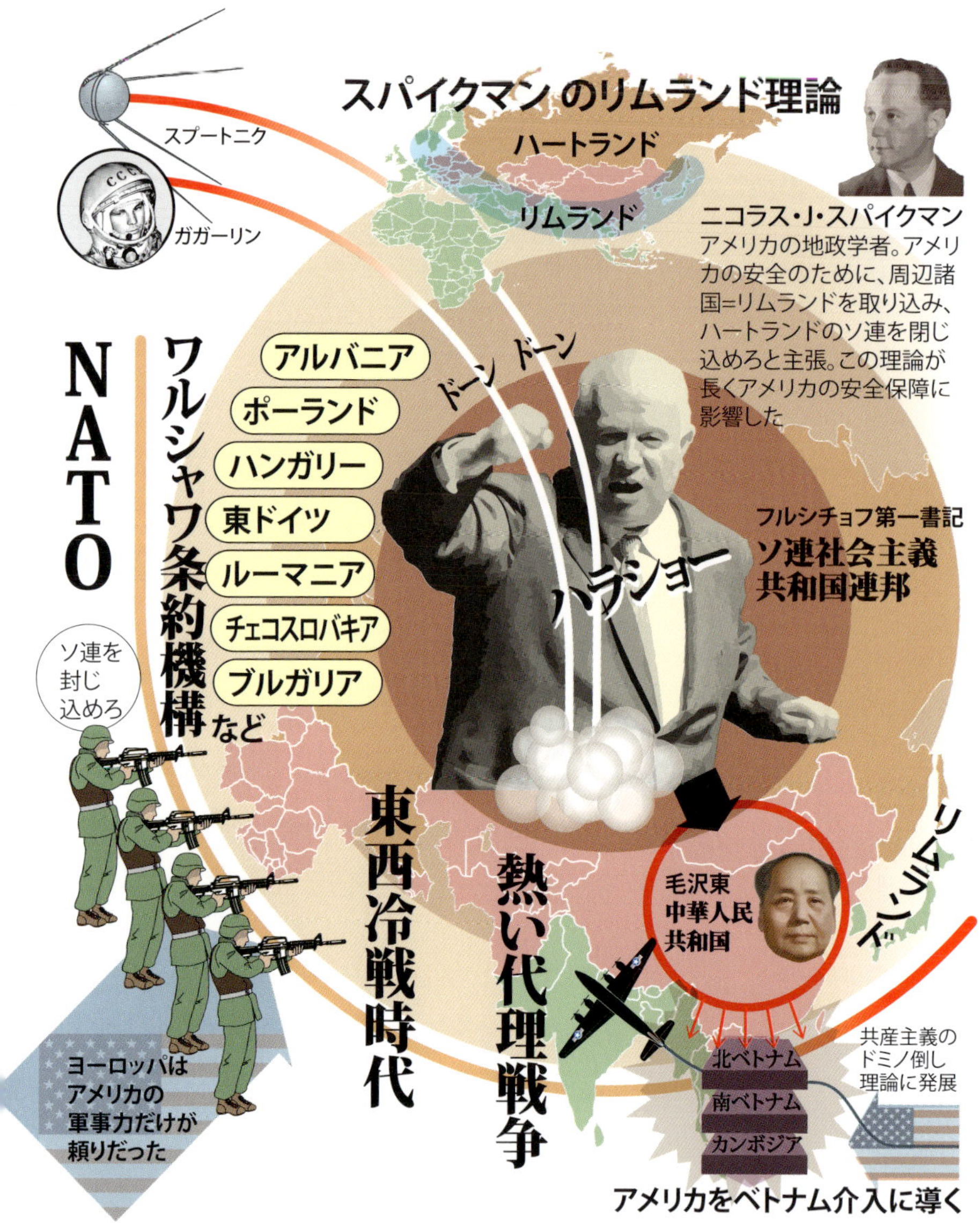
スパイクマン のリムランド理論
ハートランド
リムランド
ニコラス・J・スパイクマン
アメリカの地政学者。アメリカの安全のために、周辺諸国=リムランドを取り込み、ハートランドのソ連を閉じ込めろと主張。この理論が長くアメリカの安全保障に影響した
スプートニク
ガガーリン
NATO
ワルシャワ条約機構など
アルバニア
ポーランド
ハンガリー
東ドイツ
ルーマニア
チェコスロバキア
ブルガリア
ドーン ドーン
ハラショー
フルシチョフ第一書記
ソ連社会主義共和国連邦
ソ連を封じ込めろ
東西冷戦時代
熱い代理戦争
毛沢東
中華人民共和国
リムランド
北ベトナム
南ベトナム
カンボジア
共産主義のドミノ倒し理論に発展
ヨーロッパはアメリカの軍事力だけが頼りだった
アメリカをベトナム介入に導く

## アメリカが目指したソ連包囲網

マッキンダーの「ハートランド」という地政学の概念は、第二次世界大戦後の対ソ連戦略を模索するアメリカ国防省で脚光を浴びます。1942年に地政学者ニコラス・スパイクマンは、ハートランドを包囲する周辺地域として「リムランド」構想を提唱。ハートランドであるソ連の拡張を外輪（リム）で防衛しようというものでした。

周りに味方の外輪を欲していたソ連は、チェコスロバキアを制圧して、ベルリンにも侵攻。社会主義圏を広げていきます。一方、大戦で疲弊した西ヨーロッパ諸国は、ソ連と対抗するためにアメリカの軍事力を盾に、防衛同盟NATO（北大西洋条約機構）を誕生させます。

ところが西の防御が整った頃、東のリムランドの中に社会主義国、中国が誕生。さ

# ソ連が1991年に崩壊した、その3つの理由

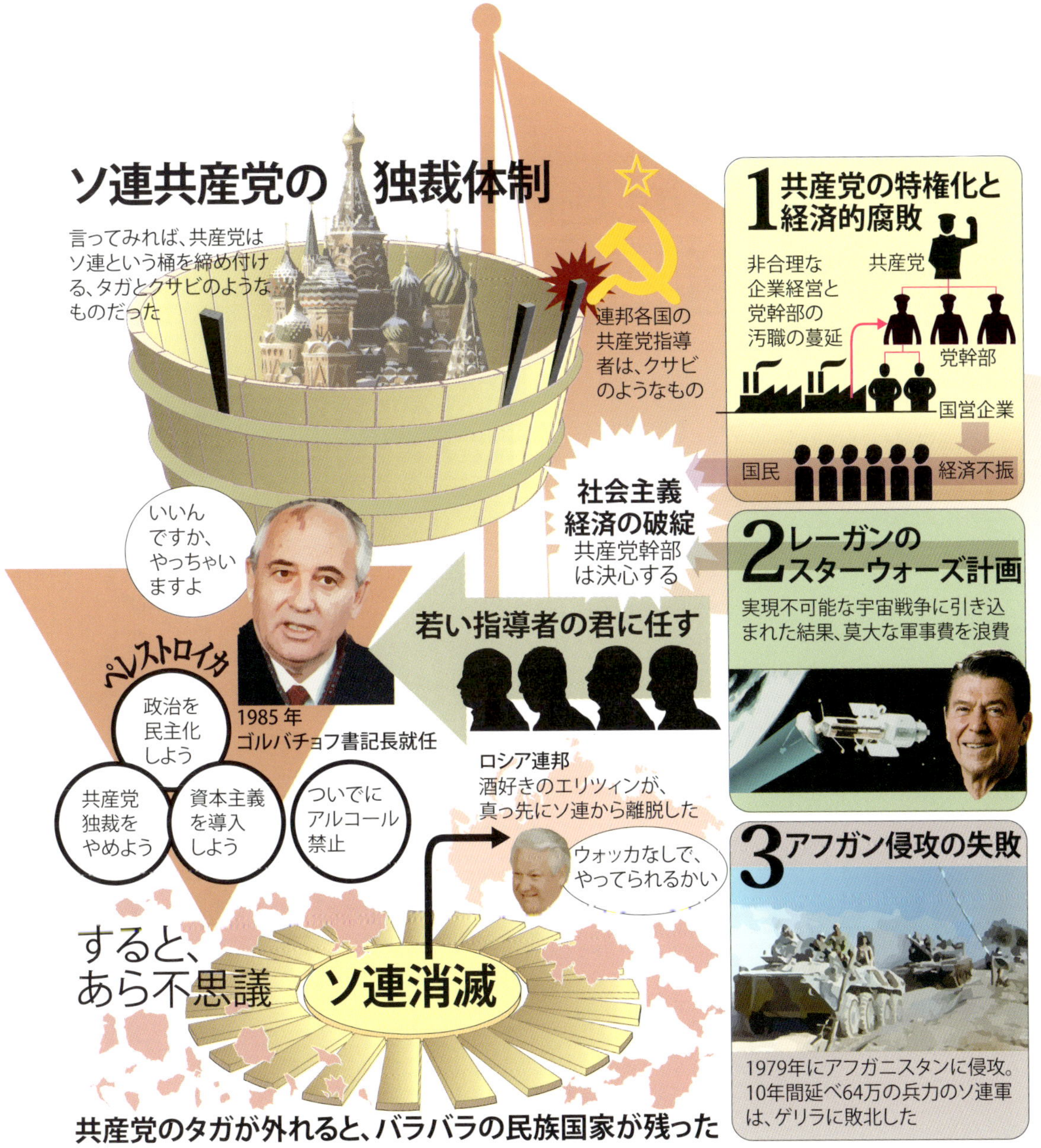

ソ連共産党の独裁体制
言ってみれば、共産党はソ連という桶を締め付ける、タガとクサビのようなものだった
連邦各国の共産党指導者は、クサビのようなもの
1 共産党の特権化と経済的腐敗
非合理な企業経営と党幹部の汚職の蔓延
共産党
党幹部
国営企業
国民
経済不振
社会主義経済の破綻
共産党幹部は決心する
2 レーガンのスターウォーズ計画
実現不可能な宇宙戦争に引き込まれた結果、莫大な軍事費を浪費
若い指導者の君に任す
いいんですか、やっちゃいますよ
1985年
ゴルバチョフ書記長就任
ペレストロイカ
政治を民主化しよう
共産党独裁をやめよう
資本主義を導入しよう
ついでにアルコール禁止
ロシア連邦
酒好きのエリツィンが、真っ先にソ連から離脱した
ウォッカなしで、やってられるかい
3 アフガン侵攻の失敗
1979年にアフガニスタンに侵攻。10年間延べ64万の兵力のソ連軍は、ゲリラに敗北した
すると、あら不思議
ソ連消滅
共産党のタガが外れると、バラバラの民族国家が残った


らに北朝鮮、ベトナムが社会主義陣営に加わり、リムランドに綻《ほころ》びが生じます。

アメリカがリムランドの防衛に国力を注いでいる間に、ソ連は大陸間核弾道ミサイルや有人宇宙飛行でアメリカに先行します。この東西冷戦の時代、資本主義と社会主義の戦いは永遠に続くかと思われました。ところが、1991年、ソ連はあっけなく崩壊します。一体何が起こったのでしょうか。

社会主義国ソ連は内側から病んでいました。市場のニーズとは無縁の計画経済の破《は》綻《たん》、共産党官僚の特権化と腐敗、市民の不満を押さえつける秘密警察の横暴。さらにソ連軍のアフガニスタン侵攻が、決定的な財政危機を生み出します。

そんな弱体化したソ連に誕生したゴルバチョフ政権は、ペレストロイカ（建て直し）に乗り出し、ついには共産党一党独裁を終了させます。しかし共産党という国家のタガが外れるや否や、共和国が次々と独立。瞬く間にバラバラになったのです。このソ連崩壊を、中国は大きな教訓とします。

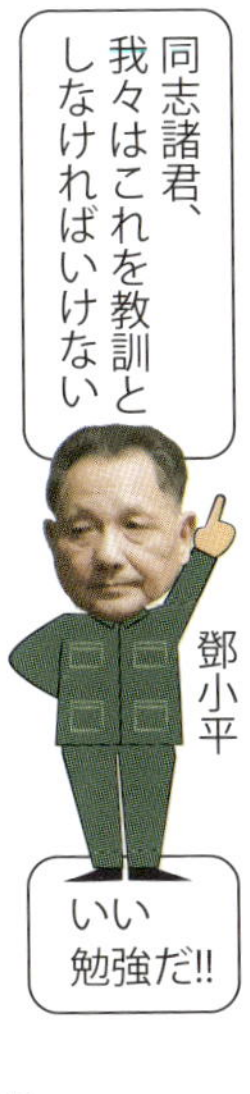

同志諸君、我々はこれを教訓としなければいけない
鄧小平
いい勉強だ!!

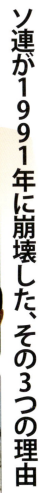

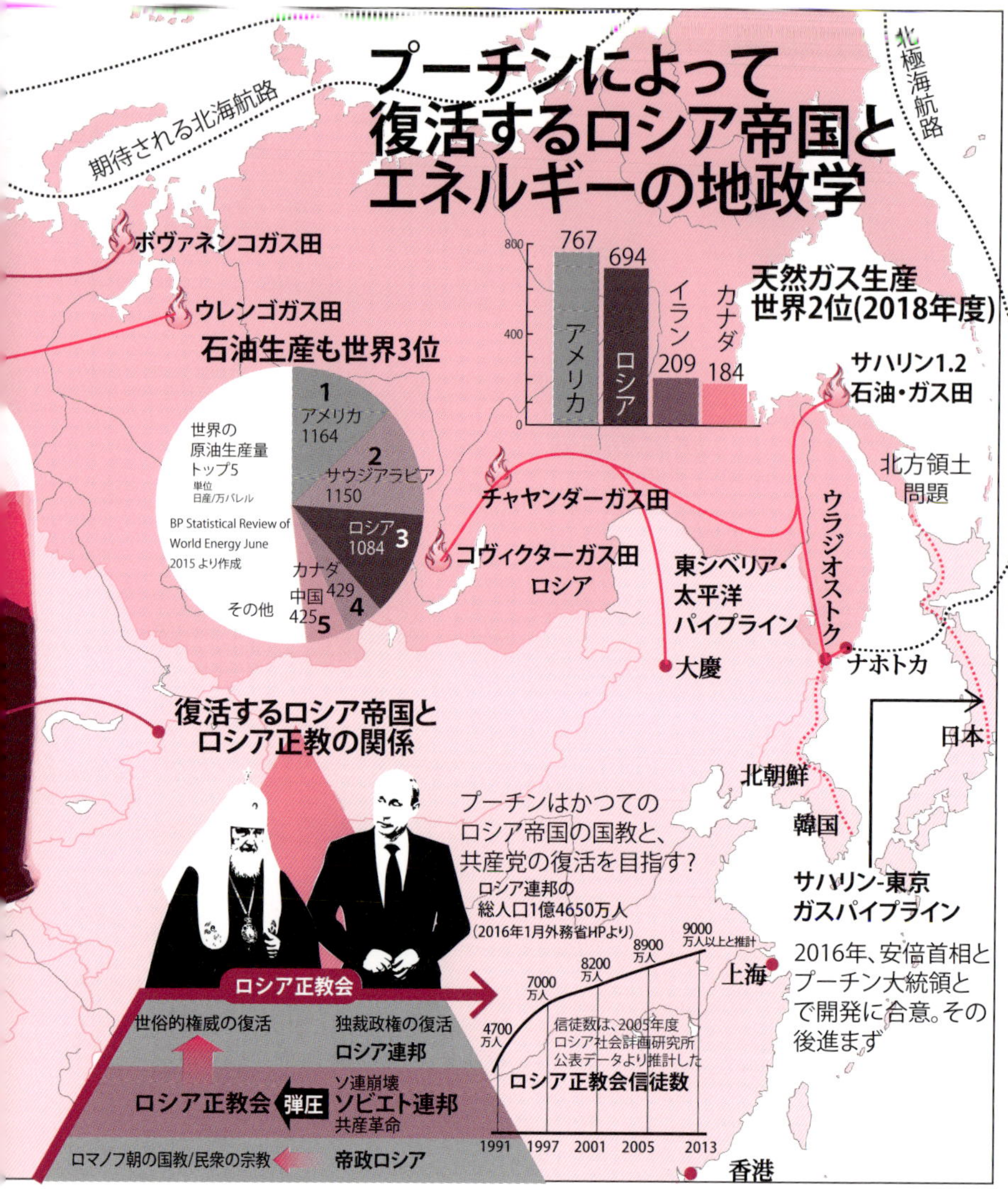
プーチンによって
復活するロシア帝国と
エネルギーの地政学
期待される北海航路
北極海航路
ボヴァネンコガス田
ウレンゴガス田
石油生産も世界3位
世界の
原油生産量
トップ5
単位
日産/万バレル
BP Statistical Review of
World Energy June
2015 より作成
1
アメリカ
1164
2
サウジアラビア
1150
ロシア
1084
3
カナダ
429
4
中国
425
5
その他
767
694
アメリカ
ロシア
イラン
209
カナダ
184
天然ガス生産
世界2位(2018年度)
サハリン1.2
石油・ガス田
北方領土
問題
チャヤンダーガス田
コヴィクターガス田
ロシア
東シベリア・
太平洋
パイプライン
ウラジオストク
ナホトカ
大慶
日本
北朝鮮
韓国
サハリン-東京
ガスパイプライン
2016年、安倍首相と
プーチン大統領と
で開発に合意。その
後進まず
上海
香港
復活するロシア帝国と
ロシア正教の関係
プーチンはかつての
ロシア帝国の国教と、
共産党の復活を目指す？
ロシア連邦の
総人口1億4650万人
(2016年1月外務省HPより)
ロシア正教会
世俗的権威の復活
独裁政権の復活
ロシア連邦
ソ連崩壊
ロシア正教会
弾圧
ソビエト連邦
共産革命
ロマノフ朝の国教/民衆の宗教
帝政ロシア
4700
万人
7000
万人
8200
万人
8900
万人
9000
万人以上と推計
信徒数は、2005年度
ロシア社会計画研究所
公表データより推計した
ロシア正教会信徒数
1991
1997
2001
2005
2013

ロシア3

# プーチンの新ロシア帝国はエネルギーと宗教が生命線？

## プーチンの初仕事は泥棒退治

旧ソ連の人々は、突然のソ連消滅に茫然《ぼうぜん》自失します。あれほど強固と思えた共産党も消えて、腐敗の元凶だった特権的官僚たちは、一斉に国営企業の財産に群がりました。エネルギーを中心とした資産が、ロシア系ユダヤ人の企業家によってタダ同然で「民営化」され、西側の金融資本の資金がそこに流れこみました。こうして、気がつくと旧ソ連の国営企業の資産は、新興財閥と称される人々に簒奪《さんだつ》され、その資源を西側諸国に販売した利益によって巨大エネルギー企業群が誕生していたのです。

国営企業の消滅、国家の混乱の中で、人々の収入も途絶え、ロシアは破綻《はたん》国家になりかかっていました。そんな絶望的なときに、人々が喝采《かっさい》することが起こります。新興財閥の中心的人物を「泥棒」と呼び、

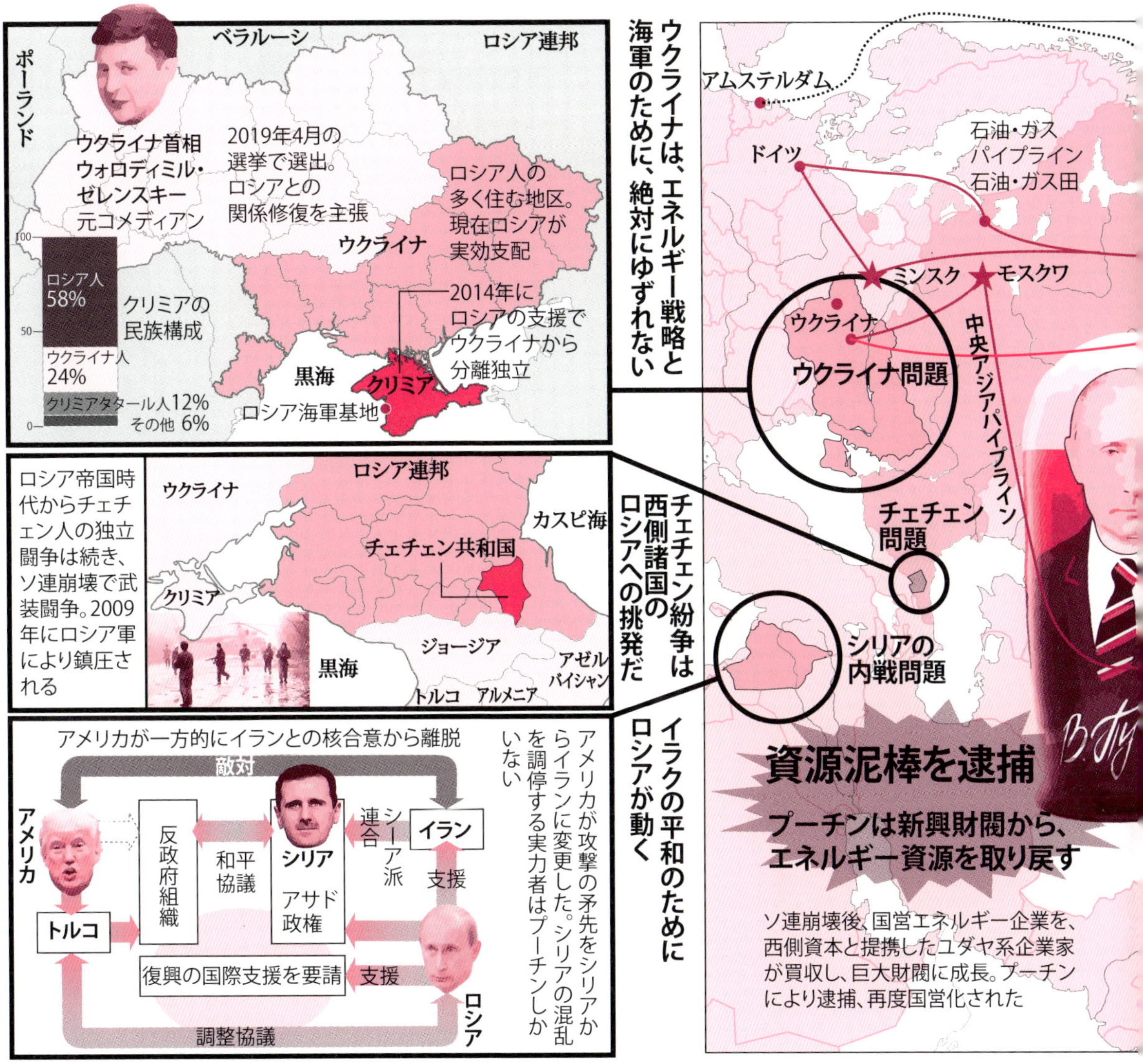


逮捕・収監するヒーローが現れたのです。エリツィンに替わって登場したウラジーミル・プーチン大統領です。プーチンは次々と問題のある企業人を告発しました。その一人、ミハイル・ホドルコフスキーは、個人資産をキプロスなどの秘密口座に隠し、企業の株をアメリカの石油メジャーに売り払おうとさえしていました。

プーチンはこれらのエネルギー企業を再び国有化し、国家管理のもとに、ヨーロッパ諸国に対するエネルギー供給国としてロシアの国家戦略の再構築を図ったのです。

解体寸前だったロシア経済をエネルギー政策で再稼働させたプーチンは、もう一つ、ロシアの新しい統一理念をつくろうとしています。それは、共産党政権下では非合法だったロシア正教の復権です。ロシア正教は、ローマ帝国の東西分裂後、カトリックと袂《たもと》を分かったキリスト教の一派、東方正教会がロシアに根づいたものであり、ロシア帝国時代以前からロシア人の心の拠《よ》り所であり続けてきました。プーチンはこのロシア正教の聖地に何度も出向いて教会との連携を深め、宗教の権威のなかに、自らの権威も位置づけようとしています。

## フセインとイラクの不幸

# フセインは、育ててから潰された？ アメリカの中東戦略の錯誤の犠牲か

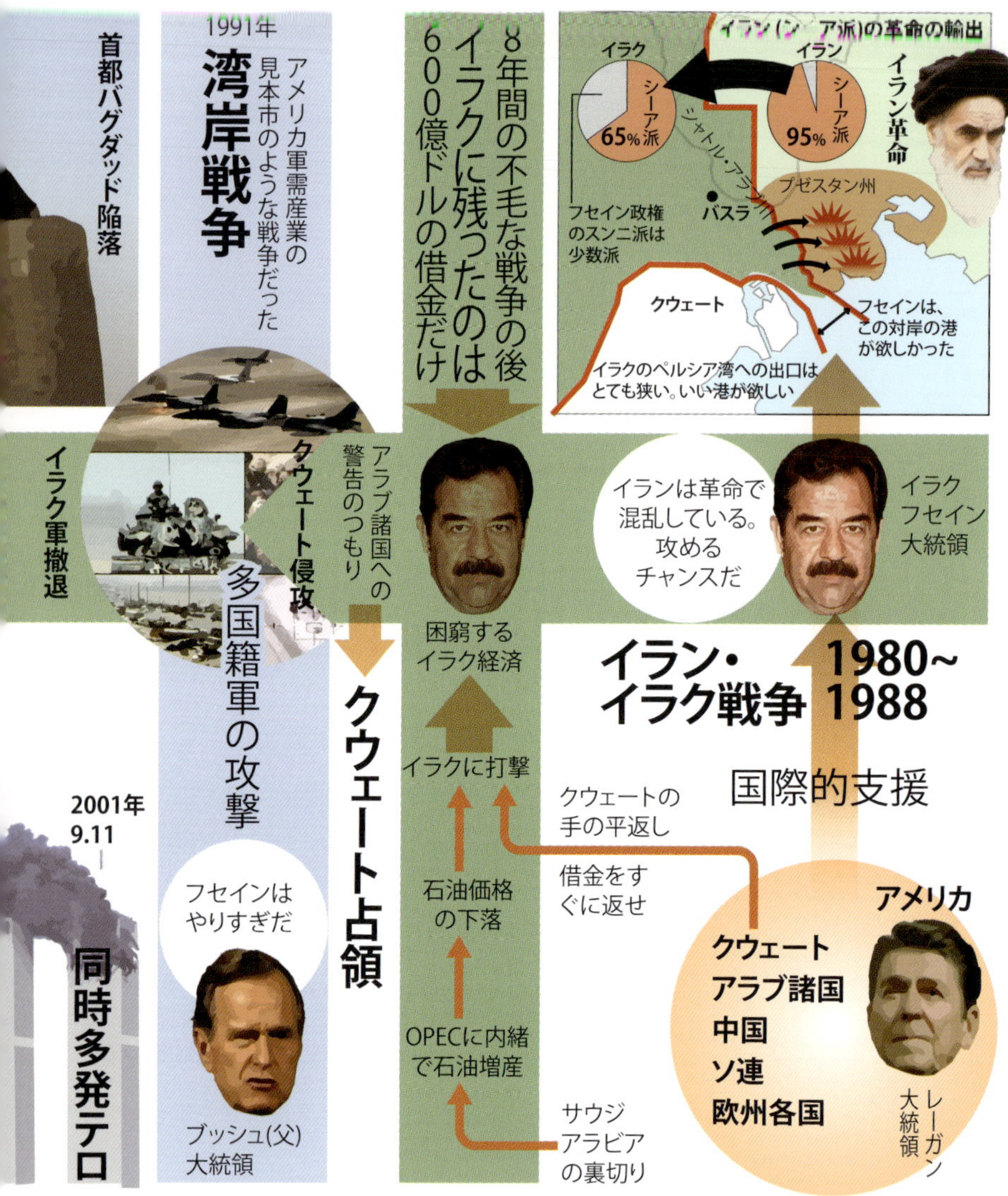


### 始まりはやはりイラン革命から

1990年頃、イラクのフセイン大統領は怒り狂っていたことでしょう。アラブ世界を代表して危険なシーア派革命の国イランと8年間も戦い、アメリカの絶対的な支持も受けていたのに、その戦いの代償が、600億ドルの借金だったからです。

かたや他のアラブ諸国は石油の増産で潤っています。しかも、その増産が石油価格の低下を招き、借金国イラクの財政を痛めつけていました。クウェートに至っては、戦争が終われば手の平返しで借金返済を迫り、イラクの石油の盗掘までしていました。

1990年8月、フセインはクウェートを占領。この段階でフセインは大きな読み違いをします。アメリカは自分を支持するだろう、と。ところが、ブッシュ（父）大統領は多国籍軍によるイラク攻撃を敢行しま

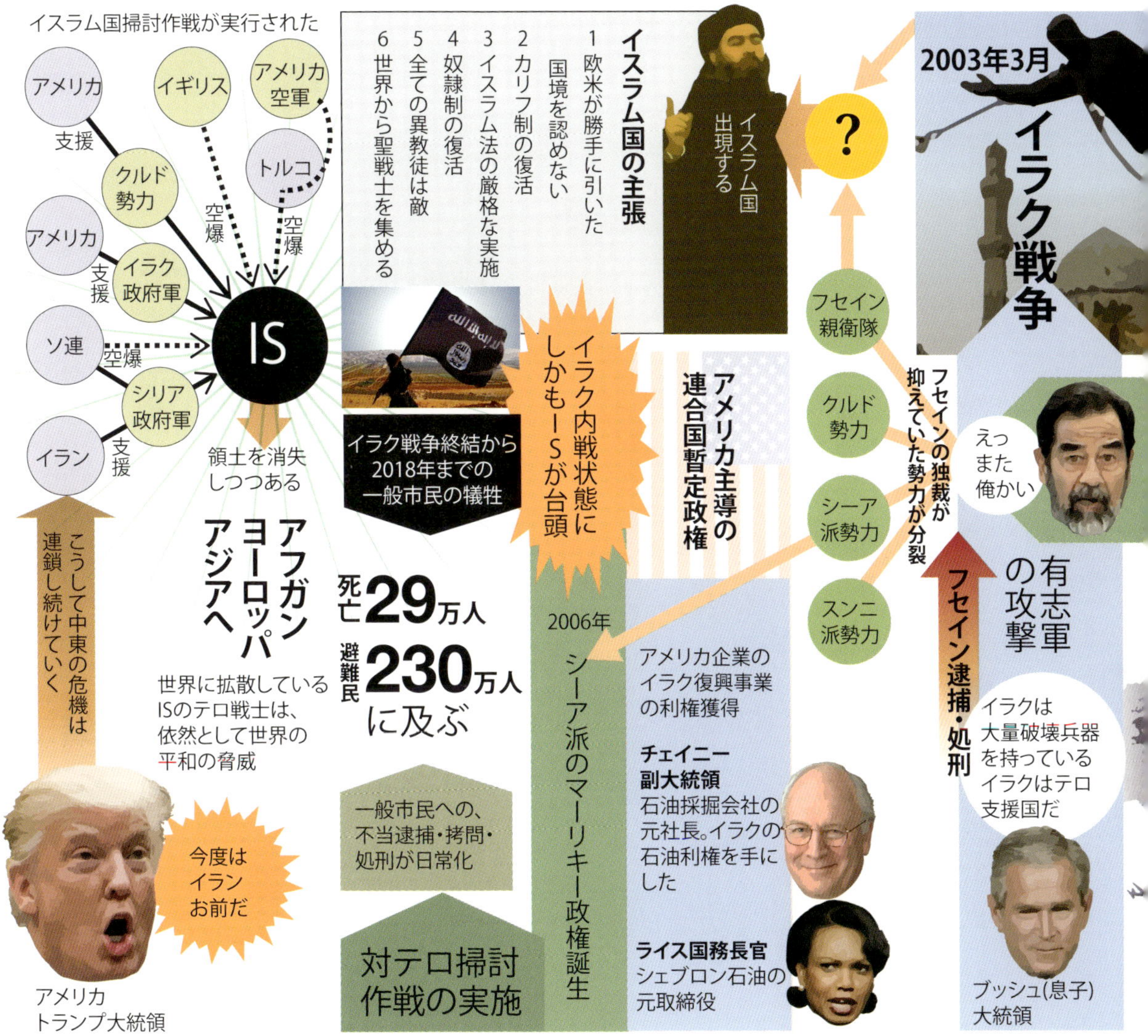
2003年3月
イラク戦争
有志軍の攻撃
えっまた俺かい
イラクは大量破壊兵器を持っているイラクはテロ支援国だ
ブッシュ(息子)大統領
フセイン逮捕・処刑
フセインの独裁が抑えていた勢力が分裂
フセイン親衛隊
クルド勢力
シーア派勢力
スンニ派勢力
?
イスラム国出現する
イスラム国の主張
1 欧米が勝手に引いた国境を認めない
2 カリフ制の復活
3 イスラム法の厳格な実施
4 奴隷制の復活
5 全ての異教徒は敵
6 世界から聖戦士を集める
アメリカ主導の連合国暫定政権
アメリカ企業のイラク復興事業の利権獲得
チェイニー副大統領
石油採掘会社の元社長。イラクの石油利権を手にした
ライス国務長官
シェブロン石油の元取締役
2006年
シーア派のマーリキー政権誕生
イラク内戦状態にしかもISが台頭
イラク戦争終結から2018年までの一般市民の犠牲
死亡29万人
避難民230万人に及ぶ
一般市民への、不当逮捕・拷問・処刑が日常化
対テロ掃討作戦の実施
イスラム国掃討作戦が実行された
アメリカ
支援
クルド勢力
イギリス
アメリカ空軍
トルコ
空爆
アメリカ
支援
イラク政府軍
ソ連
空爆
シリア政府軍
イラン
支援
IS
領土を消失しつつある
アフガンヨーロッパアジアへ
世界に拡散しているISのテロ戦士は、依然として世界の平和の脅威
こうして中東の危機は連鎖し続けていく
今度はイランお前だ
アメリカトランプ大統領

した。1991年1月の湾岸戦争です。

この時、アメリカも大きな読み違いをします。イラク攻撃のため、サウジアラビアに軍事基地を建設し、進駐します。これに怒ったのがアル・カーイダで、アメリカはテロの標的となり、9・11同時多発テロに繋がることになります。ブッシュ（子）大統領は、このテロの犯人をイラクと名指し、2003年、イラク戦争を起こします。その侵攻理由はほとんど言いがかりで、真の目的はフセインを排除し、イラク民主化の名の下に、アメリカ企業が石油利権と戦後処理事業を手中に収めることでした。

しかし、ここでもアメリカは大きな読み違いをします。フセインという強権の重石《おもし》が外れたイラクは、対立する諸勢力の分裂・内戦の地となったのです。しかも、この分裂した勢力から、最悪のイスラム原理主義の武装勢力IS（イスラム国）が誕生し、瞬く間にイラク、シリア国内に領土を広げました。これが、IS掃討作戦とイラク内戦、そしてイランとアメリカの危機が続く現在の中東の地政学的関係図（p7）へと繋がっていきます。危機の連鎖は、思い違いの連鎖でもあったのです。

海洋と大陸

# 大陸国家と海洋国家の法則
# 陸と海、二兎を追う国は破綻する？

海洋国の拡大は海へ!!
海軍と航空戦力の世界展開が必須
カナダ
アメリカ
シーパワー
シーパワー
中継寄港地の確保
大西洋から太平洋へ
パナマ運河の確保
アメリカが防衛する世界のシーレーン
大陸国家と海洋国家の軍事力の違い

**海洋国家の力・シーパワーの雄**
**アメリカ・世界最大の海洋国家**

大陸国家並みの領土を持つが、国境を接する国家の圧力は弱く、アメリカのパワーは大西洋、太平洋の海洋に延ばされている。世界最大の海軍力をもち世界の海上輸送の安全を長く担ってきた

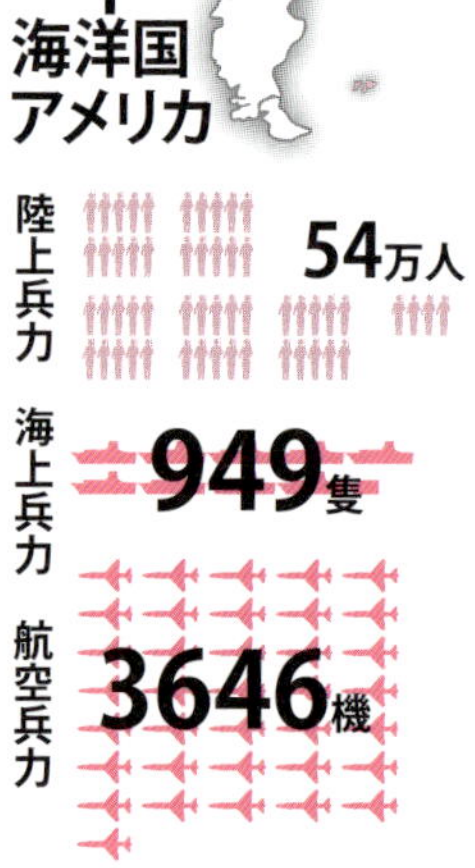
海洋国アメリカ
陸上兵力
54万人
海上兵力
949隻
航空兵力
3646機

**シーパワーの誤算・日本**

かつて日本は南太平洋にまで広大な権益を有する、典型的な海洋国家だった。その海洋国が中国大陸に進出し、大陸国家を形成しようとし、その一方で、海洋国としてアメリカと戦い敗北した

**地政学的ポイント**

大陸国家と海洋国家は相互依存的存在で、共存が可能

長期間、一国が海洋国家と大陸国家の役割を担うことは困難

## 大陸国家と海洋国家の違いを知る

地政学には最も基本的な法則として、大陸国家と海洋国家という2つの異なった国家の法則があります。

大陸国家の典型は、ユーラシア大陸のロシア、中国、そしてかつてのモンゴル帝国など、広大な陸地をもつ国家です。では、アメリカも大陸国家でしょうか。確かに広大な国土をもちますが、実はアメリカは海洋国家の典型なのです。

この大陸国家と海洋国家の違いとは何でしょうか。

まず人間の営みの基本である農業から考えてみます。農業には土地が必要で、人口が増えると、もっと広い農地が必要です。そこで国家は領土の拡大を図ります。

ユーラシア大陸の場合は、それぞれの国が拡大を続ければ、当然ぶつかり、争いが

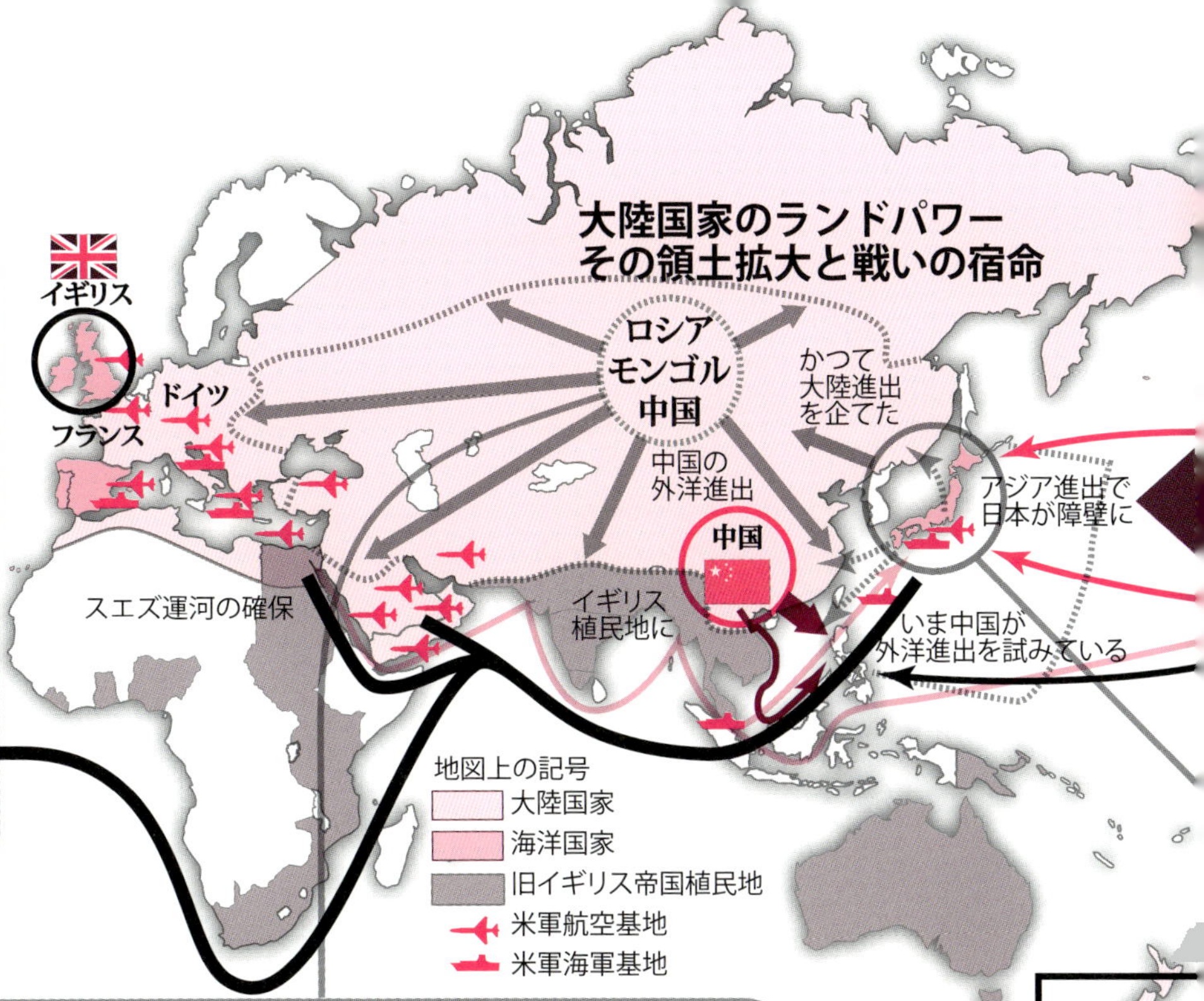

大陸国家のランドパワー
その領土拡大と戦いの宿命
イギリス
ドイツ
フランス
ロシア
モンゴル
中国
かつて
大陸進出
を企てた
アジア進出で
日本が障壁に
中国の
外洋進出
中国
イギリス
植民地に
スエズ運河の確保
いま中国が
外洋進出を試みている
地図上の記号
大陸国家
海洋国家
旧イギリス帝国植民地
米軍航空基地
米軍海軍基地


## 世界史上、かつて最も成功した海洋国家はイギリス

強力な武装艦隊と優れた植民地経営によって、世界の海を制し、植民地は70カ国、その面積は地球の約23%にも及んだ

## 大陸国家の力・ランドパワーの雄 かつてのモンゴル、そしてロシア

大陸国家は陸続きの大地に人々が国境を接して暮らす。ランドパワーが拡大を望む時は、宿命として国境を侵し、戦争を引き起こす。かつてのモンゴルは強力な騎馬戦力でユーラシア大陸を席巻し、ヨーロッパまでもその帝国に含めた。ロシアはモンゴルの版図を引き継ぎ、シベリアを含む大陸国家として、常にヨーロッパの脅威だった

## そしていま 新たな大陸国家 中国が海を目指している

かつてのユーラシア大陸の大国中国が、世界一の人口と驚異的な経済成長を背景に、国際的な地位を回復した。エネルギーと通商路の確保のための外洋進出によって、中国は新たな海洋強国を目指している。しかし、周辺のアジア諸国に多大な圧力が及び、国際的な緊張を生み出している

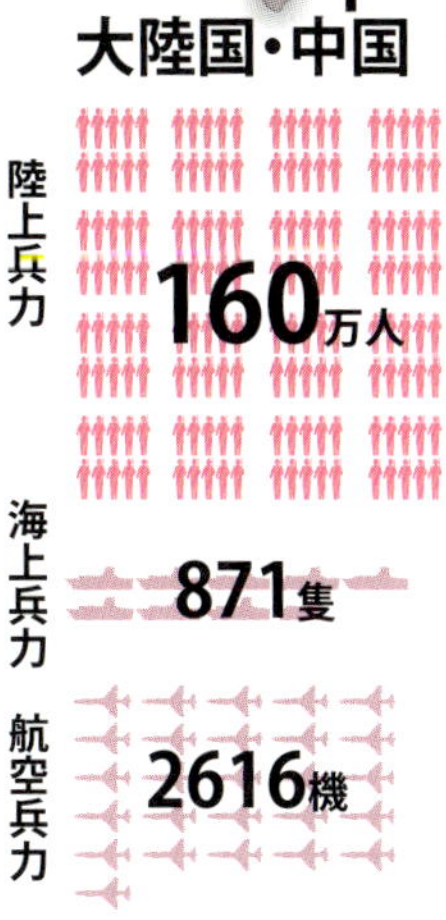

大陸国・中国
陸上兵力
160万人
海上兵力
871隻
航空兵力
2616機


起こります。大陸国家は領土紛争が宿命。陸上の国境を守る強大な陸軍が必要であり、その資金と兵員維持のためには権威主義的な政権が生まれやすくなります。

一方、アメリカは東西を海に挟まれています。農地が海岸に至れば、それ以上の拡張は不可能です。人口を養うには海に出て交易に励む必要があります。

この地理的条件から、アメリカは世界一の貿易国となり、全世界から膨大な資源、エネルギー、商品を輸出入しています。この交易のために、自由で開かれた貿易ルートが不可欠であり、アメリカはその防衛のために世界最大の海軍を擁しています。

このように大陸国家と海洋国家は活動領域が異なるために、相互補完的で平和な関係の維持が可能です。しかし、どちらかが相手の領域を侵すと、戦いになります。

これまでの歴史のなかから、地政学が一つの法則を導いています。それは「大陸国家と海洋国家を、長期間兼ねることはできない」というもの。その理由は、一国が巨大な陸軍と海軍を同時に維持すると、財政的な破綻《はたん》を招くから。現在の中国は、この法則に挑んでいる、とも言えるのです。

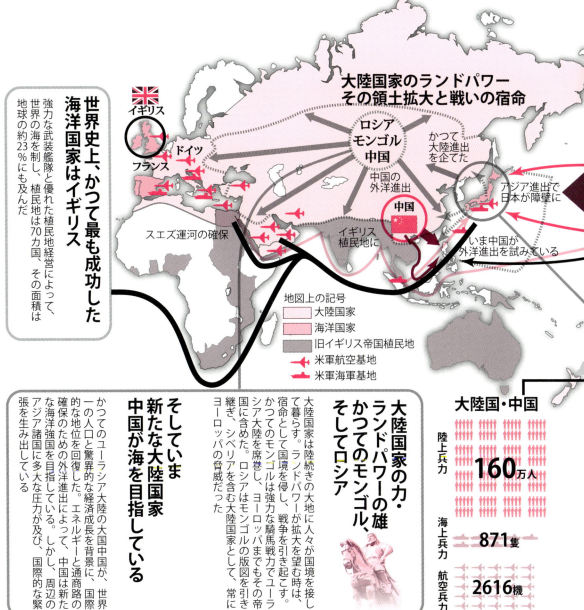

Part 6
地政学的思考の基礎
2

半島と内海

# 半島国家は大国に利用される宿命
# ただし内海をもてば大国にもなる

もう一つの典型がバルカン半島

ヨーロッパ勢力
スラブ・ロシア勢力
バルカン半島
アラブ・イスラム勢力
地中海ギリシア・ローマ勢力

1
バルカン諸国
ローマ帝国
トルコ
ローマ帝国に征服された

2
今度はゲルマン人が侵入してきた


半島国家共通の悲劇・大国の通路になる　その典型が朝鮮半島

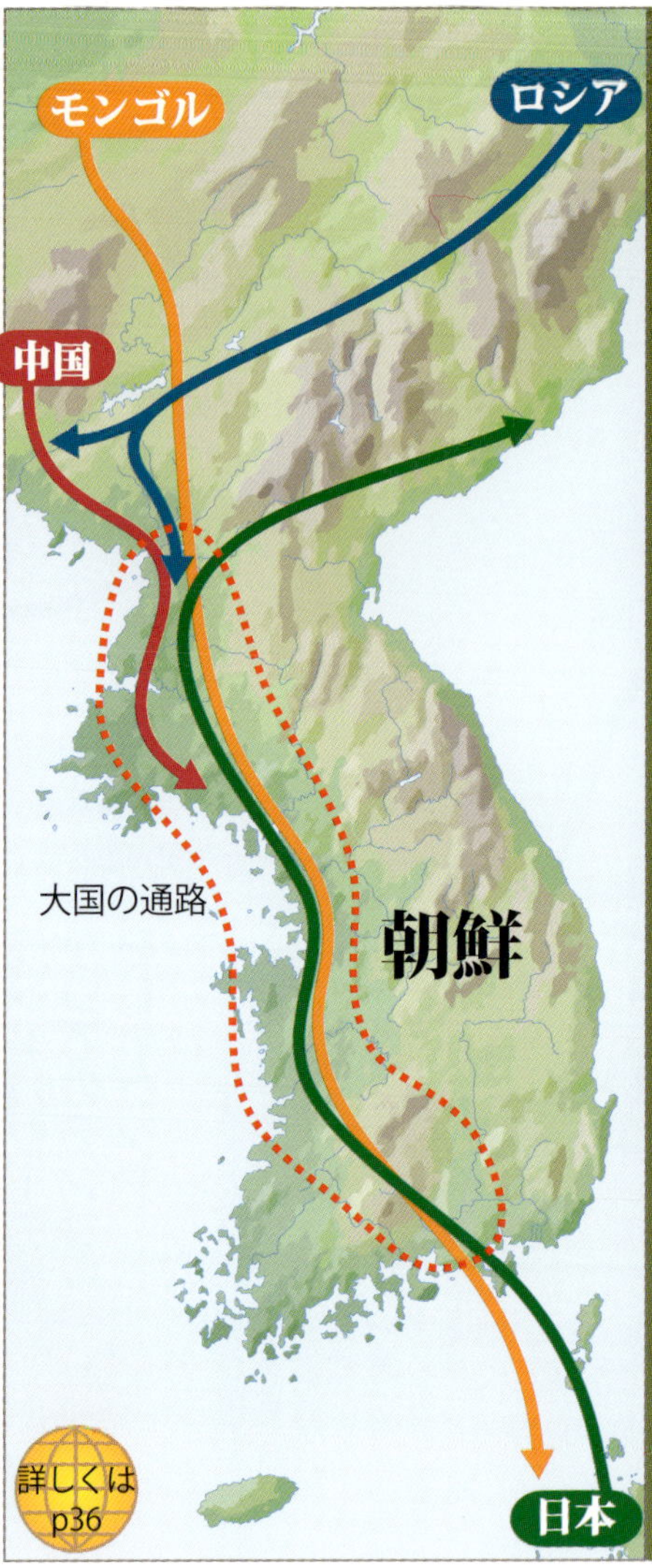

モンゴル
ロシア
中国
大国の通路
朝鮮
日本
詳しくはp36


## 半島国家の法則と内海の法則

次に半島に位置する国々を見てみましょう。地政学的な半島国家の典型は朝鮮半島です。朝鮮半島は、背後には広大な大陸国家、半島の先に広がる海洋には強力な海洋国家が控えています。この位置関係が、朝鮮半島に悲劇の歴史をもたらしてきました。

大陸国家が海洋まで進出し、その先へ進むとき、海洋に突き出た半島はちょうどいい足場となります。ましてや、その先にある海洋国家を攻略するとなれば、半島は格好の通路となるのです。

例えば、13世紀、中国の元《げん》は朝鮮半島に軍事進出。そして朝鮮半島を足掛かりに日本を攻撃しました。世に言う元寇《げんこう》です。日本征服は失敗したものの、元は華南《かなん》にあった南宋《なんそう》を攻め滅ぼして南シナ海、インド洋に進出し、地中海に至る海のシルクロード

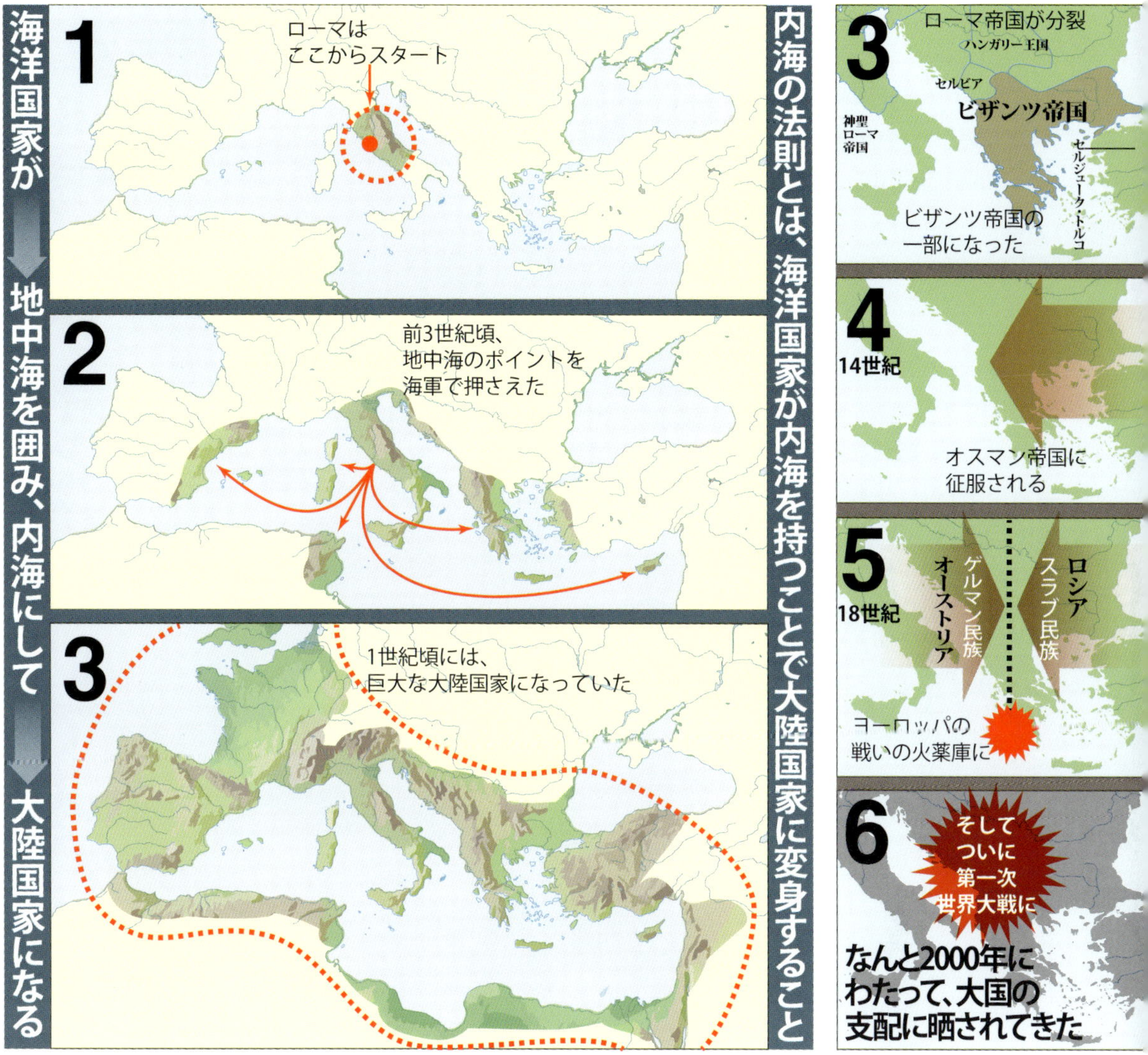

を完成させました。

　このとき攻撃された海洋国家日本も、16世紀には逆に朝鮮半島に侵攻。その西海岸を攻め上がり、明《ミン》と攻防戦を展開しました。豊臣秀吉《とよとみひでよし》の朝鮮出兵です（詳しくはp86）。

　同じような境遇にある半島が、イベリア半島とバルカン半島です。イベリア半島はヨーロッパとアフリカを結ぶ通路として、地政学的歴史を刻んできました。バルカン半島も地中海とスラブの草原の境目にあり、両勢力の抗争の舞台であり続けてきました。こうした抗争が臨界に達したのが、第一次世界大戦だったと言えます。

　しかし、同じ半島でも全く異なった地政学的条件で大帝国となった例もあります。イタリア半島からスタートしたローマ帝国です。イタリア半島は朝鮮半島とは異なり、2つの幸運に恵まれていました。まず大陸側との通路を閉じる山脈があり、大国も容易に攻め込めなかったこと。それと海洋側にイタリアに拮抗《きっこう》する海洋国がなかったことです。ローマは半島国家から、周辺の海域を制圧して海洋国家となり、さらには地中海全体を内海として包み込むことで、巨大な大陸国家へと姿を変えたのです。

Part 6
地政学的思考の基礎
3

## 世界史で検証する地政学の法則① アテネとスパルタ

# アテネとの戦いでスパルタが落ちた罠

**海洋国アテネ**
人口は10万人程度
**政治体制**
税金を払う市民による、民主政治体制
**経済**
海外植民都市貿易による商業経済

**大陸国スパルタ**
人口は2万の支配階級市民と、その10倍の奴隷社会
**政治体制**
支配階級による独裁的強権政治体制
**経済**
土地所有による農業経済

トラキア
マケドニア
エーゲ海
テッサリア
イオニアがペルシアに反乱アテネが支援する
ペルシア帝国
3
イオニア
アカイア
アテネ
スパルタ
1
2
ペルシア軍の侵攻ルート
1回目
2回目
3回目
サラミスの海戦でギリシア連合が勝利!


**前4世紀 ペルシア戦争当時のギリシア世界**

## アテネ・スパルタを勝利に導いた軍船

**当時の軍船三段櫂船**

漕ぎ手を三段に配置し、高速での移動と俊敏な操船を可能にする軍船。
複雑な海岸線で自在に動き、舳先の青銅の角で敵船を破壊する戦法でギリシアが勝利する

強大なペルシアが攻めてきた!!
アテネ、スパルタは連合して戦った

### 陸海両軍の増強が破滅を呼ぶ

紀元前5世紀頃の古代ギリシアは、都市国家の集合体でした。その中で指導的な役割を果たしていたのが、アテネとスパルタです。アテネは海洋国家で、貿易の拠点として栄えていました。スパルタは大陸国家で、農業が盛んで強い陸軍をもっていました。海洋国と大陸国が共存していたのです。

このギリシア世界に危機が訪れます。エーゲ海を挟んだ東側に巨大なペルシア帝国が出現し、ギリシアに侵攻してきたのです。3回にわたったペルシアの攻撃を、ギリシアの同盟軍は防ぎきり、最後のサラミスの海戦で強力な海軍をもつアテネが善戦し、勝利を決定づけました。

ペルシア戦争後、アテネとスパルタはギリシアの主導権をめぐって対立します。アテネはデロス同盟を作り、スパルタも対抗

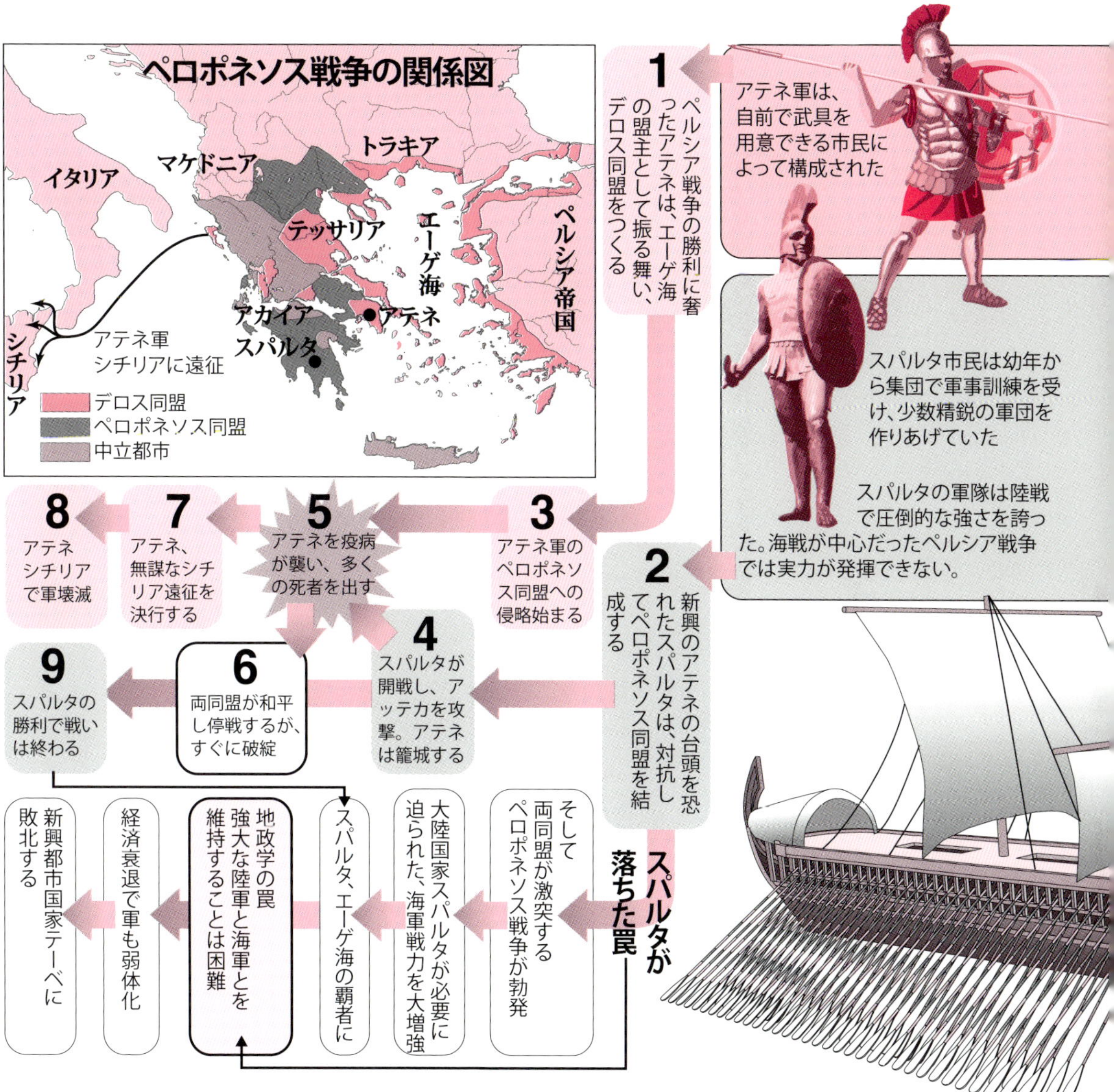


し同盟軍を組織します。ギリシアの覇権争《はけん》いは、新興の海洋国アテネと旧勢力の大陸国スパルタという構造になりました。

この両勢力が戦ったペロポネソス戦争は、複雑な経緯をたどり、延々と27年も続いたのです。当初はアテネ側が有利に戦いを進めましたが、しだいに戦線が膠着《こうちゃく》。いったん講和が成立したものの、それぞれの同盟国は戦争を継続していたため、結局、両国とも戦争を再開してしまいました。

この戦いは結果的にスパルタの勝利となるのですが、それを決定づけたのは、海軍でした。それまで陸軍主体だったスパルタは、ペルシアと結び、その資金で劣勢だった海軍力を増強し、ついに大艦隊でアテネを破ったのです。ここでスパルタは大陸国家と海洋国家を一国で担うという、地政学的な罠に落ちたのです。

ギリシアの覇権を握ったスパルタでしたが、新興都市国家テーベとの戦いに、あっけなく敗北します。その理由は、スパルタの財政破綻《はたん》による国力の衰退でした。陸軍と海軍を同時に維持することは、不可能だったのです。地政学の法則は、遠くギリシア時代から生きていました。

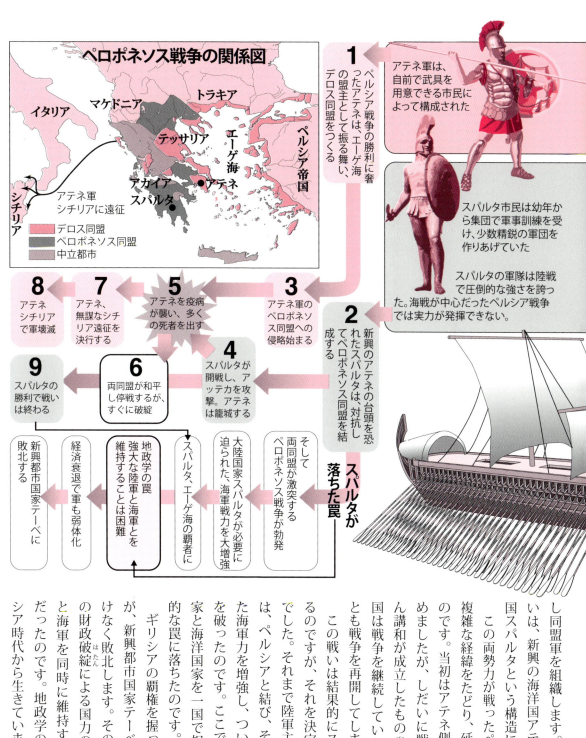

世界史で検証する地政学の法則② モンゴル

# モンゴル帝国の世界征服と滅亡

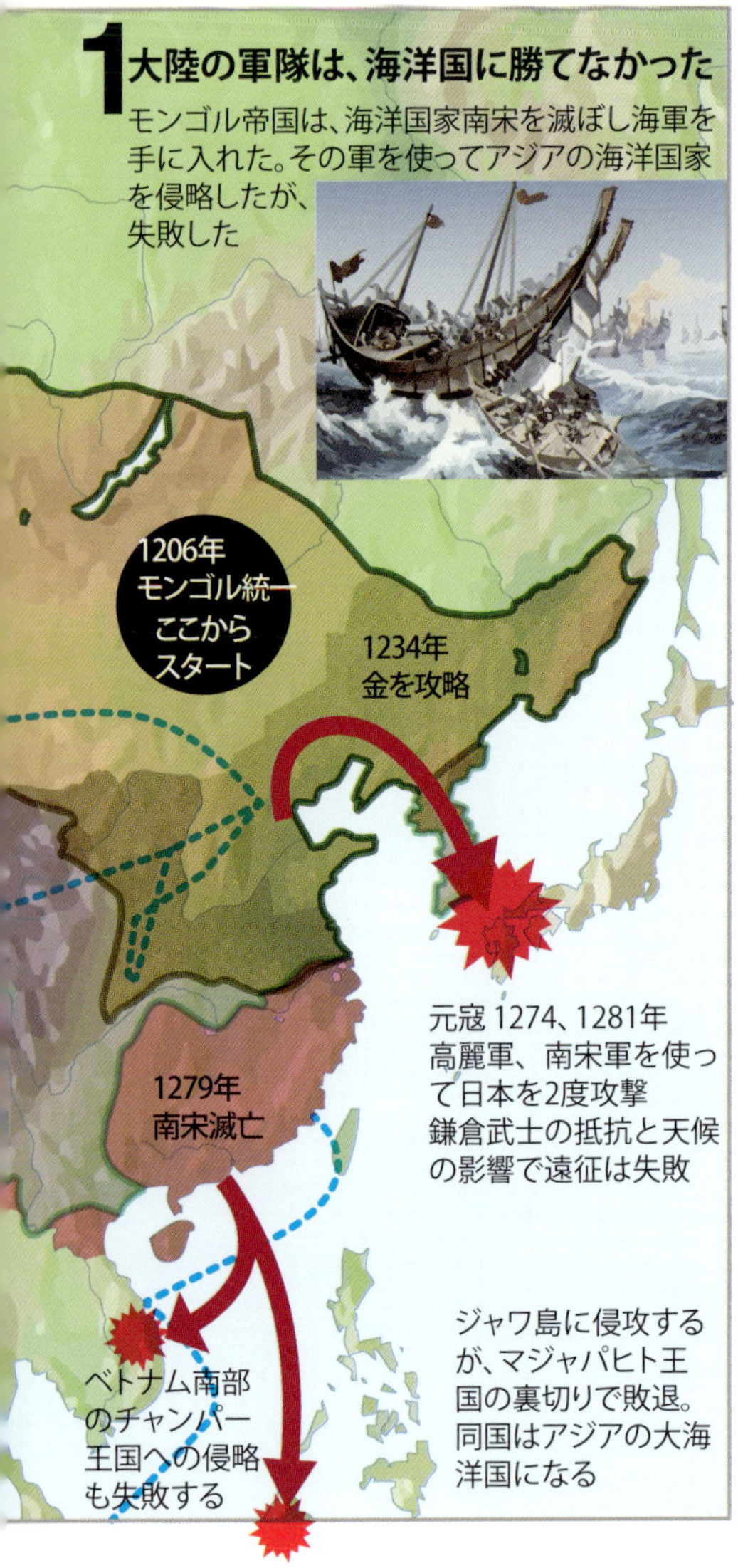
1 大陸の軍隊は、海洋国に勝てなかった
モンゴル帝国は、海洋国家南宋を滅ぼし海軍を手に入れた。その軍を使ってアジアの海洋国家を侵略したが、失敗した
1206年
モンゴル統一
ここから
スタート
1234年
金を攻略
元寇 1274、1281年
高麗軍、南宋軍を使って日本を2度攻撃
鎌倉武士の抵抗と天候の影響で遠征は失敗
1279年
南宋滅亡
ジャワ島に侵攻するが、マジャパヒト王国の裏切りで敗退。同国はアジアの大海洋国になる
ベトナム南部のチャンパー王国への侵略も失敗する

## 大陸を制して一大経済圏を確立

　左に示したのは13世紀のモンゴル帝国の版図です。ユーラシア大陸の大半をこの一国で制圧していたことがわかります。東は中国、朝鮮半島まで、西は東ヨーロッパまで、南はインド、北は現在のロシアの一部が含まれています。ユーラシア大陸の歴史は大帝国の興亡の歴史でしたが、これほどの大帝国は後にも先にも例がありません。

　モンゴル帝国の支配面積は約3300万㎢で、世界史上第2位。第1位の大英帝国（約3500万㎢）は、世界各地にまたがった海洋帝国だったので、陸続きの領土としてはモンゴル帝国が最大です。

　なぜモンゴル帝国は、これほど広大な国土を制圧することができたのでしょう？

　モンゴル帝国の創始者チンギス・ハンは、情報と機動力を生かした騎馬戦略を展開。わずか20年余りでアジア大陸の半分を制します。騎馬軍団の圧倒的組織力が、距離をものともしない遠征を可能にしたのです。

　チンギス・ハンの死後も、モンゴル帝国は優れた後継者たちに恵まれて拡大を続け、13世紀末には大帝国が築かれました。それまで分裂していたアジア大陸の大半が初めて統一されたのです。

　しかもモンゴル帝国は、征服した各地域の文化を尊重したため、平和と繁栄がもたらされ、人、物、金、情報の移動が盛んになりました。現在のイランやパキスタン、アフガニスタンなどのイスラム教圏が編入されたことにより、イスラム商人による交易も活発化。本格的な紙幣の発行も始まり、ユーラシア大陸に未曾有《みぞう》のグローバル経済

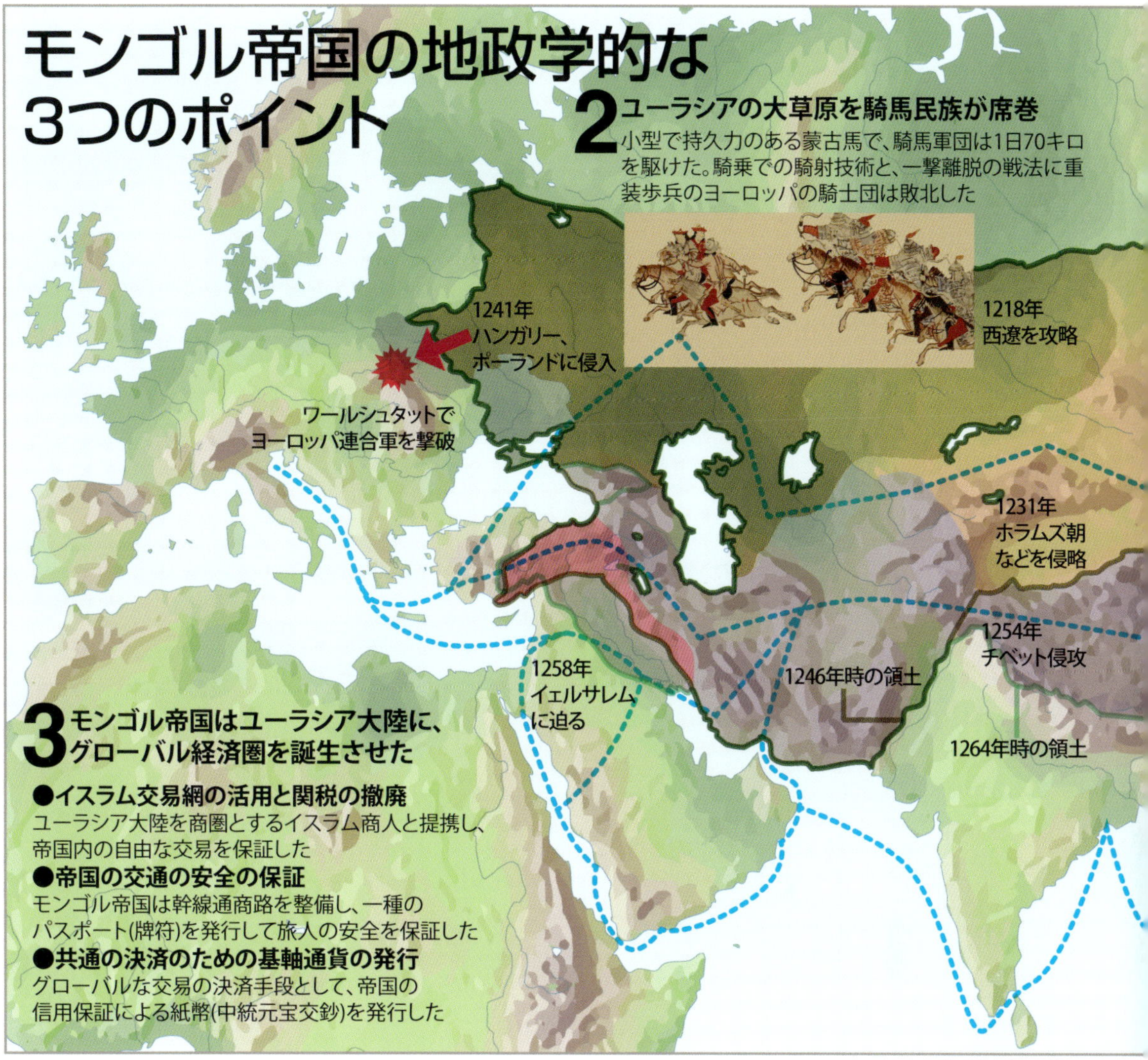
モンゴル帝国の地政学的な3つのポイント
2 ユーラシアの大草原を騎馬民族が席巻
小型で持久力のある蒙古馬で、騎馬軍団は1日70キロを駆けた。騎乗での騎射技術と、一撃離脱の戦法に重装歩兵のヨーロッパの騎士団は敗北した
1241年 ハンガリー、ポーランドに侵入
ワールシュタットでヨーロッパ連合軍を撃破
1218年 西遼を攻略
1231年 ホラムズ朝などを侵略
1254年 チベット侵攻
1258年 イェルサレムに迫る
1246年時の領土
1264年時の領土
3 モンゴル帝国はユーラシア大陸に、グローバル経済圏を誕生させた
●イスラム交易網の活用と関税の撤廃
ユーラシア大陸を商圏とするイスラム商人と提携し、帝国内の自由な交易を保証した
●帝国の交通の安全の保証
モンゴル帝国は幹線通商路を整備し、一種のパスポート(牌符)を発行して旅人の安全を保証した
●共通の決済のための基軸通貨の発行
グローバルな交易の決済手段として、帝国の信用保証による紙幣(中統元宝交鈔)を発行した

圏が誕生するに至りました。

## 海洋進出を阻まれた大陸国家

１２７１年、第5代皇帝フビライによって、モンゴル帝国は中国式に元《げん》と改称されます。当時、元は大都《だいと》（現在の北京《ペキン》）を首都として中国北部を支配していました。中国南部には、海に面した海洋国家、南宋《なんそう》がありました。元はこの南宋を攻め滅ぼし、海軍を手に入れます。そして、南宋のあった地域を新たな海洋進出の拠点とし、海洋国家としての道を模索し始めました。

『東方見聞録』で知られるヴェネツィアの商人マルコ・ポーロは、１２７１年に陸路で元に渡り、17年滞在したのち、帰りは海路でインド洋沿岸を通っています。このことからも、元の最盛期には、陸路と海路が完備されていたことがわかります。

しかし、日本を始めとする周辺の海洋国家に度々遠征を試みたものの、ことごとく失敗。大陸国家と海洋国家は両立できないという地政学の法則は、ここでも実証されることになりました。そして、維持するにはあまりに広大になりすぎた帝国は、14世紀半ば、元の滅亡によって崩壊します。

日本史で検証する地政学の法則① 日本内海

# 大和朝廷の興亡を決した瀬戸内海

## 瀬戸内海を制した神武天皇

2016年4月3日、平成天皇皇后両陛下は、奈良県橿原《かしはら》市にある神武天皇陵《じんむてんのうりょう》で二千六百年式年祭《しきねんさい》の山陵《さんりょう》の儀《ぎ》に臨まれました。初代の天皇である神武天皇が崩御されて2600年を祈念する儀式です。

この年数は『日本書紀』の記述から算定されたものですが、『古事記』にはこれに類する記述がなく、当時どのように年月日を数えていたのか、よくわかっていません。正確には約2000年前ではないかという意見もあります。

神武天皇は現在の宮崎県から船で北上し、瀬戸内海を通って現在の奈良県に至り、そこで天皇として即位したと『古事記』も『日本書紀』も伝えています。これを神武東征《とうせい》と呼びますが、ここで重要なのは経路です。

左上の図に示したように、宮崎県の日向《ひゅうが》市から出発し、北上したのち瀬戸内海沿岸をたどって東進しながら、各地に拠点を築いています。そして現在の東大阪市あたりに上陸しようとして、生駒山《いこまやま》の武装勢力に阻止され、紀伊半島を南下して熊野に上陸。ここから北上して奈良に至り、生駒山の背後を突く形で制圧しています。

大和朝廷は神武天皇を始祖として、関西で勢力を拡大し、やがて日本全体を統一しました。神武天皇が瀬戸内海沿岸に拠点を築いていったのを見れば、成功の秘密は地政学の「内海の法則」にあったわけです。

## 瀬戸内海を奪われ滅亡した平家

大和朝廷は奈良朝、平安朝と都の位置を変えながら平和と繁栄を維持しましたが、それは平安朝の終わりとともに潰《つい》えてしまいます。その原因は何だったのでしょう？

平安末期、太政《だじょう》大臣に登りつめた平清盛《たいらのきよもり》は、幼い安徳《あんとく》天皇を擁立し、南宋《なんそう》との貿易を推進するため、突如、瀬戸内海に面した福原《ふくはら》に都を移しました。瀬戸内海を内海とする大陸国家となっていた日本を海洋国家に変えようとしたのです。

しかし、そのため大陸国家的な性格が濃厚な関東方面への防備がおろそかになり、源氏《げんじ》が挙兵して陸路を進撃するのを押さえられなくなりました。源氏の指揮官であった源義経《みなもとのよしつね》は陸戦の名手でしたが、瀬戸内海に臨むや、海戦も恐れず、平家《へいけ》を攻め立てます。最後は北九州近くの壇ノ浦《だんのうら》で、当時としては世界史上最大規模の海戦で平家を滅ぼしました。安徳天皇も崩御し、ここに平安朝は終わりを告げたのでした。

神武東征の地図と平家滅亡の地図を見比べてみると、朝廷が瀬戸内海を征圧して確立し、反対に瀬戸内海の覇権《はけん》を奪われることによって衰退した様子がよくわかります。

# 神武天皇の東征

日本最初の統一政治権力は、瀬戸内海を文字通り内海として成立

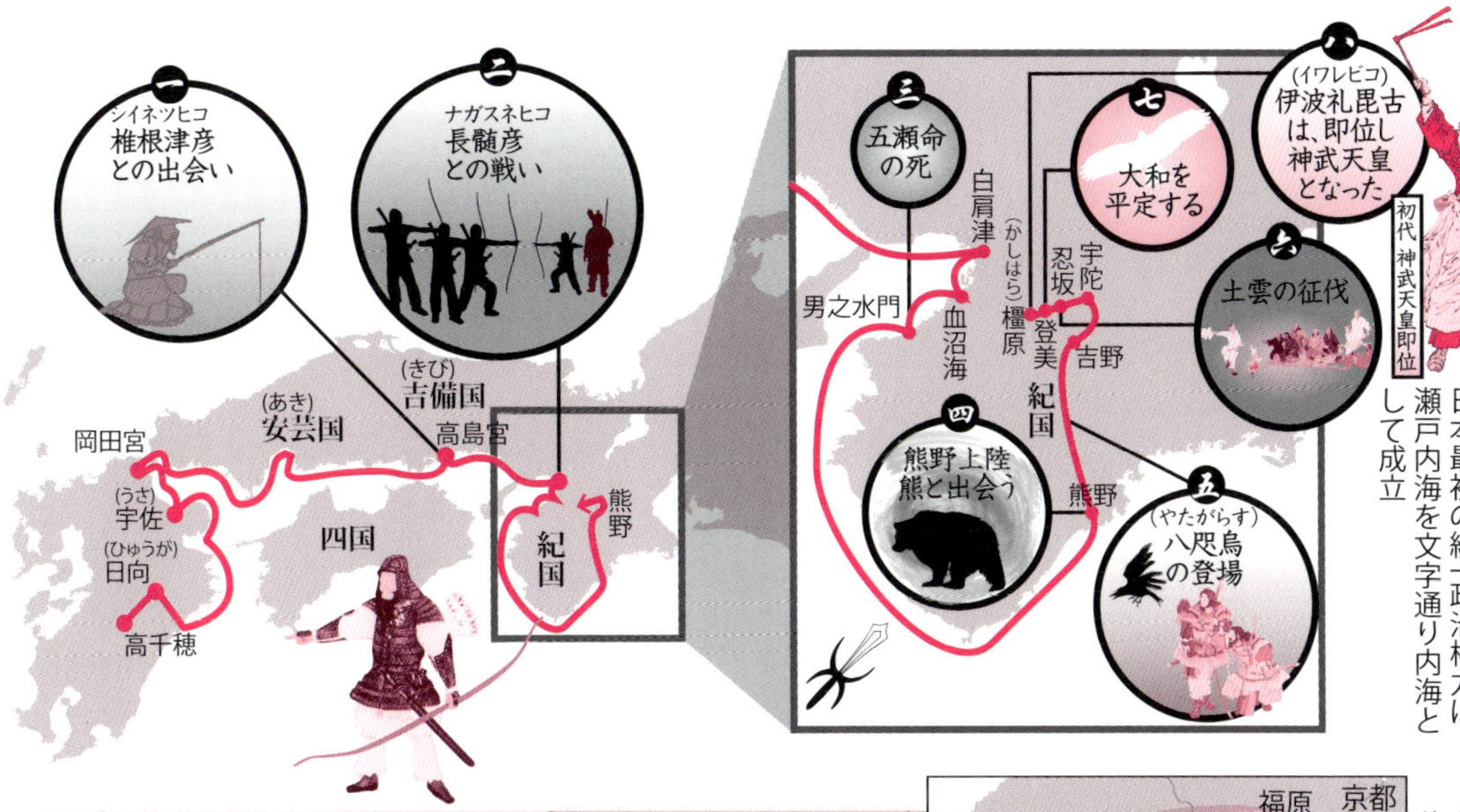


# 平清盛の日宋貿易

清盛は、自らの政権を海洋国家にしようとした

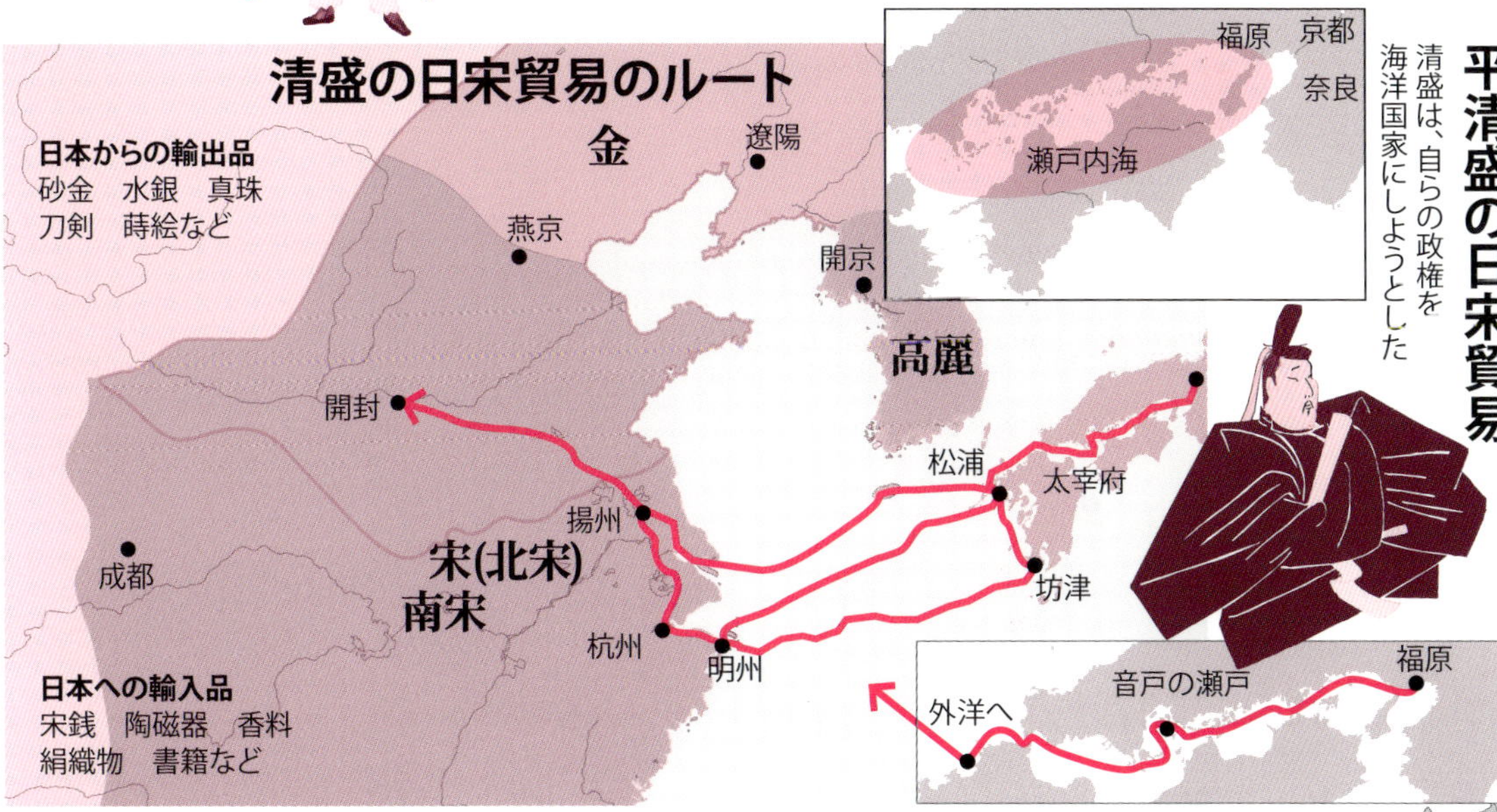


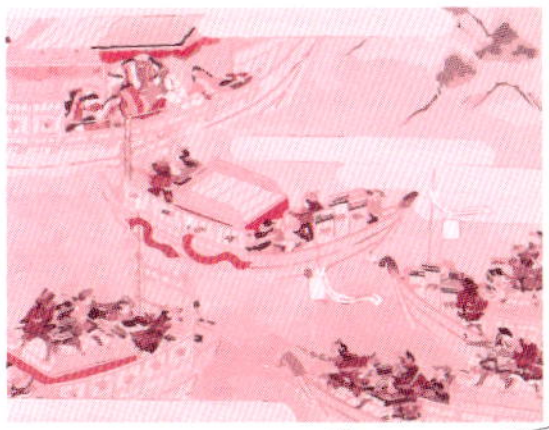

源平の壇ノ浦の合戦

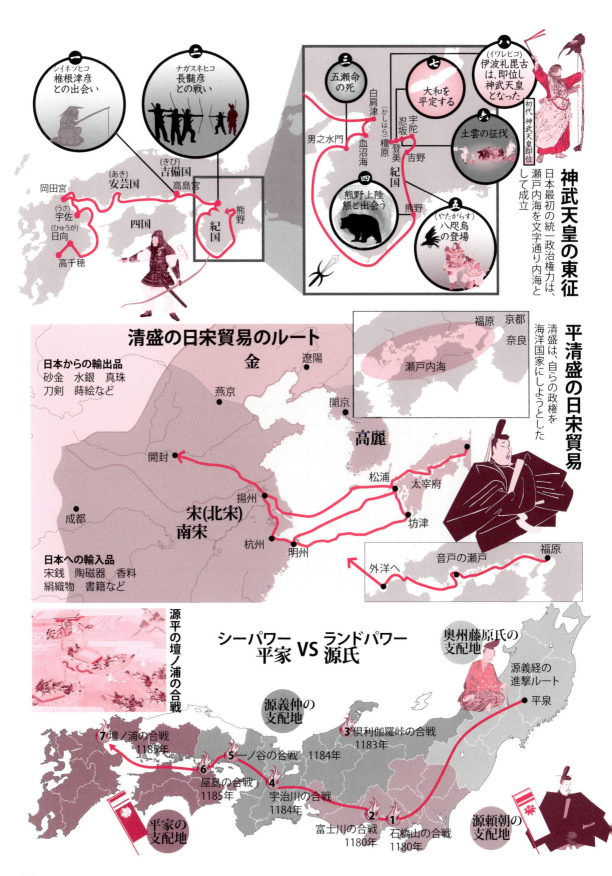

Part 6
地政学的思考の基礎
6

日本史で検証する地政学の法則② 秀吉の朝鮮出兵

# 秀吉はなぜ唐突に朝鮮を攻めたのか？

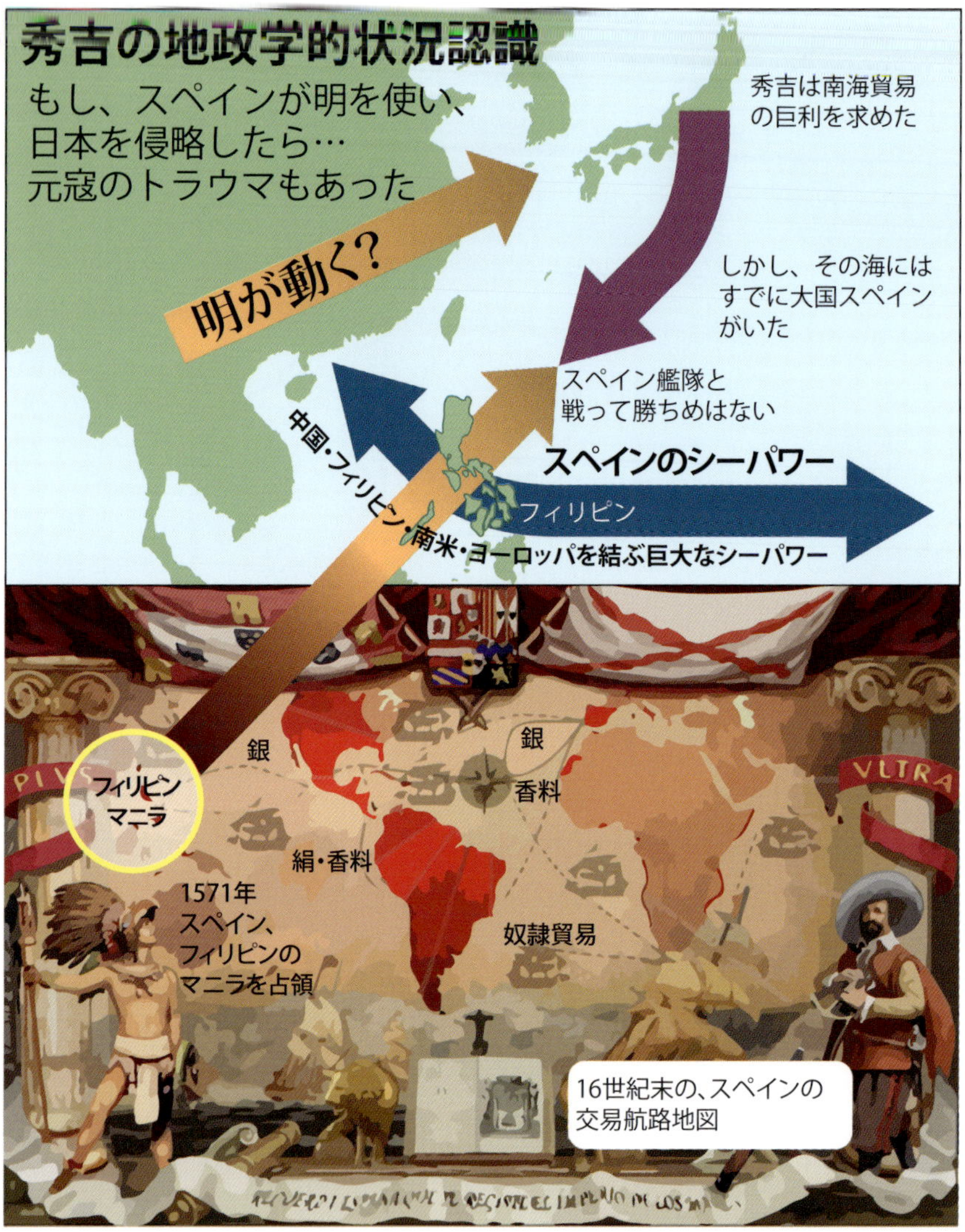

秀吉の地政学的状況認識
もし、スペインが明を使い、日本を侵略したら…
元寇のトラウマもあった
明が動く？
秀吉は南海貿易の巨利を求めた
しかし、その海にはすでに大国スペインがいた
スペイン艦隊と戦って勝ちめはない
スペインのシーパワー
フィリピン
中国・フィリピン・南米・ヨーロッパを結ぶ巨大なシーパワー
銀
銀
香料
絹・香料
奴隷貿易
フィリピン
マニラ
1571年
スペイン、
フィリピンの
マニラを占領
PLVS
VLTRA

16世紀末の、スペインの交易航路地図

## 地政学の視点から見る朝鮮出兵

1592年、天下を統一して日の浅い豊《とよ》臣《とみ》秀吉《ひでよし》が、突如、予備兵力も入れて30万という大軍を投入し、海を越えて朝鮮半島に攻め入りました。秀吉の朝鮮侵攻とも言われる、海洋国日本が半島国家に仕掛けた侵略戦争でした。

結局、秀吉の死後、日本軍は撤退することになりましたが、この唐突な朝鮮出兵の理由については、古くから様々な説が唱えられています。主君であった織田信長《おだのぶなが》の野望の継承だとする説から、秀吉の家臣のための新たな領地獲得説、はては老齢の秀吉の妄想説まで諸説あります。しかしこれらの説に欠落しているものがあります。それは当時の東アジアの地政学的視点です。

16世紀は、ヨーロッパ諸国による大航海の全盛期。その主役はスペインでした。メ

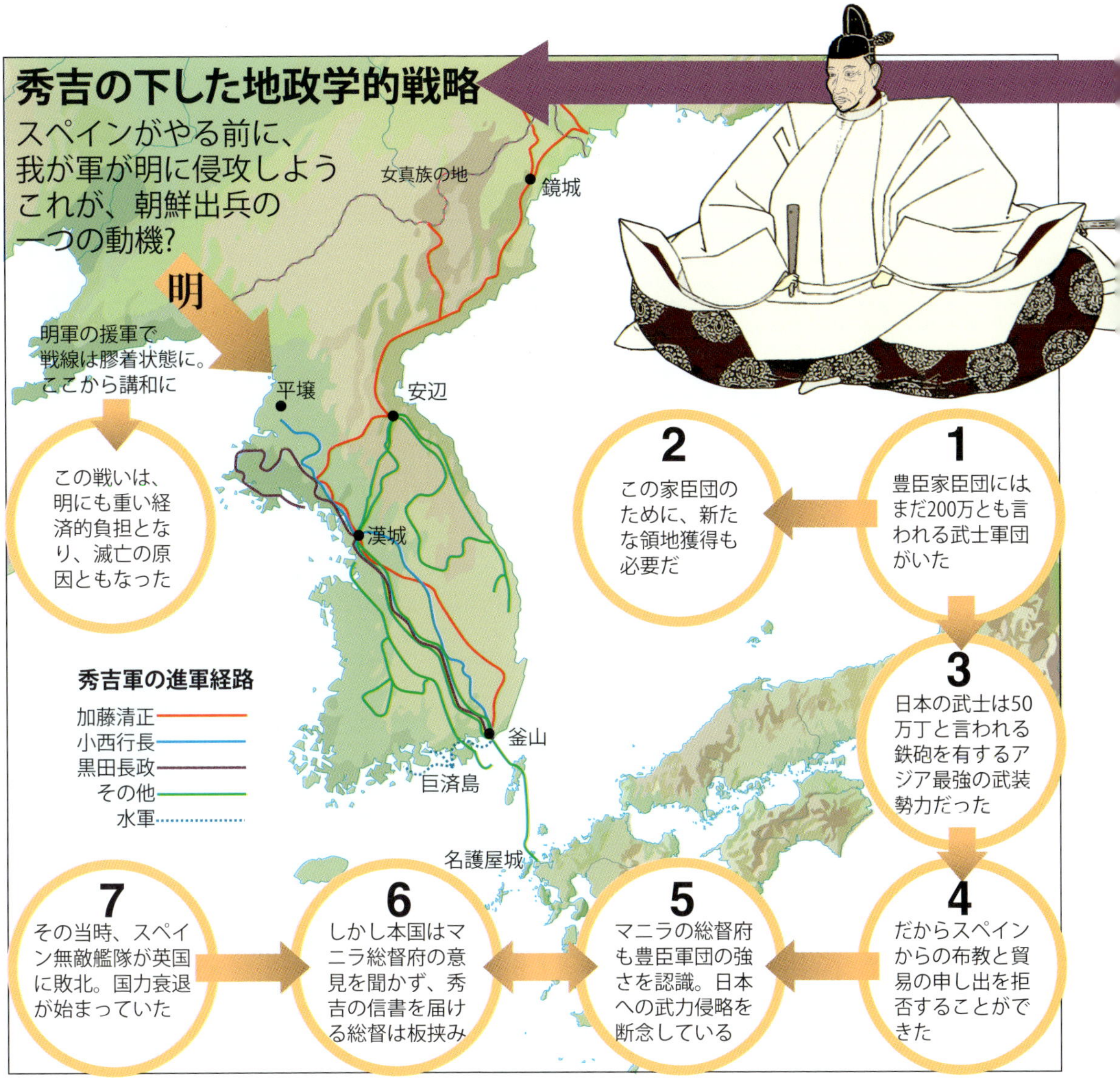

秀吉の下した地政学的戦略
スペインがやる前に、
我が軍が明に侵攻しよう
これが、朝鮮出兵の
一つの動機?
明
明軍の援軍で
戦線は膠着状態に。
ここから講和に
この戦いは、
明にも重い経
済的負担とな
り、滅亡の原
因ともなった
女真族の地
鏡城
平壌
安辺
漢城
釜山
巨済島
名護屋城
秀吉軍の進軍経路
加藤清正
小西行長
黒田長政
その他
水軍
1
豊臣家臣団には
まだ200万とも言
われる武士軍団
がいた
2
この家臣団の
ために、新た
な領地獲得も
必要だ
3
日本の武士は50
万丁と言われる
鉄砲を有するア
ジア最強の武装
勢力だった
4
だからスペイン
からの布教と貿
易の申し出を拒
否することがで
きた
5
マニラの総督府
も豊臣軍団の強
さを認識。日本
への武力侵略を
断念している
6
しかし本国はマ
ニラ総督府の意
見を聞かず、秀
吉の信書を届け
る総督は板挟み
7
その当時、スペイ
ン無敵艦隊が英国
に敗北。国力衰退
が始まっていた


キシコの銀山で産出された銀を鋳造《ちゅうぞう》したメキシコ銀貨が世界貿易の基軸通貨となり、太平洋航路を自由に航行するスペイン艦隊の覇権《はけん》は、中国にまで達していました。この状況を秀吉始め、独自に海外貿易を続けてきた西国《さいごく》の大名が知らないわけはありません。そのスペインが1571年にフィリピンを征服し、植民地にします。秀吉の頭上で警報が鳴らないわけはありません。

スペイン艦隊のような強力な武力をもたない秀吉の商船隊が、東シナ海へ進出しても容易に迎撃されるでしょう。秀吉の海外進出ルートは絶たれています。さらに、もう一つの危惧《きぐ》があります。もしスペインが当時の中国統一王朝、明《ミン》を平定し、かつての元《げん》のように朝鮮半島伝いに日本に押し寄せてきたら、ひとたまりもありません。

この地政学的な危機に対して、秀吉は朝鮮出兵を決断したと考えられます。苛烈《かれつ》な生き残り戦争を勝ち上がった当時の戦国武将200万の軍事力は、スペインさえもが恐れたものでした。しかし、半島国家を足掛かりにして、大陸国家である明に進出するという野望は、朝鮮と明、双方からの反撃にあって潰《つい》えたのでした。

Part 6
地政学的思考の基礎
7

日本史で検証する地政学の法則③ 太平洋戦争

# なぜ日本軍は、大陸と海洋への壮大な二面作戦を実行してしまったのか

## 分裂した日本の海軍と陸軍

第二次世界大戦において、日本がアジアで展開したアジア・太平洋戦争に関しては、膨大な記録と解説、論評が存在します。しかし、この戦争の評価は論者の立ち位置ごとに異なり、まだ定まってはいません。

まず左の地図を見てください。1942年、日本海軍が米軍ハワイ基地を奇襲した翌年の日本軍の戦域地図です。この広大なエリアに当時の日本政府は陸海軍合計840万人の兵士を送り込み、うち210万人が、1945年の敗戦までに亡くなっています。また、この戦いに巻き込まれたアジア地域では、910万人が犠牲となりました。これだけの犠牲を負ってまで、日本政府は何を達成しようとしたのでしょう。

日本軍が戦った戦域は、大きく2つに分かれています。中国大陸への戦域と、南太平洋から東南アジアを巻き込む戦域です。この2つの方向性を持つ日本の対外戦略は、北進論、南進論と呼ばれ、それぞれ陸軍と海軍が主張したものでした。極めて大雑把《おおざっぱ》に言えば、アジア・太平洋戦争とは、陸軍と海軍が、それぞれの持論を掲げて戦った、2つの戦争だったとも言えます。

先の大陸国家と海洋国家の事例で見たように、大陸国家は領土拡張の戦いが宿命であり、海洋国家は海軍力による交易のネットワーク構築が使命です。ここでも同じ力が働きました。日本陸軍は中国大陸に領土を求め、日本政府の意向に反して、強引に侵略を始めます。陸軍の領土拡張は1932年の満州国建国で達成されたかに見えました。しかし、領土拡張に限界はないという、大陸国家の罠にはまります。

その間、海軍は、仮想敵国アメリカと太平洋で対峙《たいじ》していました。p28のアメリカから見た太平洋戦略を思い出してください。この地図の右側にp28の地図が続きます。アメリカはフィリピンを領有し、次の目的は、太平洋戦略の仕上げ、中国大陸の権益の把握でした。ここで、アメリカは邪魔な日本に対し、現在も北朝鮮やイランに実施しているお馴染《なじ》みの戦術を用います。1941年8月、対日石油輸出禁止という経済制裁に踏み切ったのです。

これにより、日本の南進政策が決定的なものとなります。インドネシアの石油とビルマ、マレーシアの資源確保のために、ついに英米蘭と開戦。初戦は奇襲によって勝利したものの、海軍はその半年後には劣勢に立ち、アメリカはオレンジ計画通りに日本を敗北に追い込みました。

陸海軍を統合する戦略をもてなかった、それが日本の過ちでした。地政学の法則に反し、陸と海を共に求めてしまったのです。

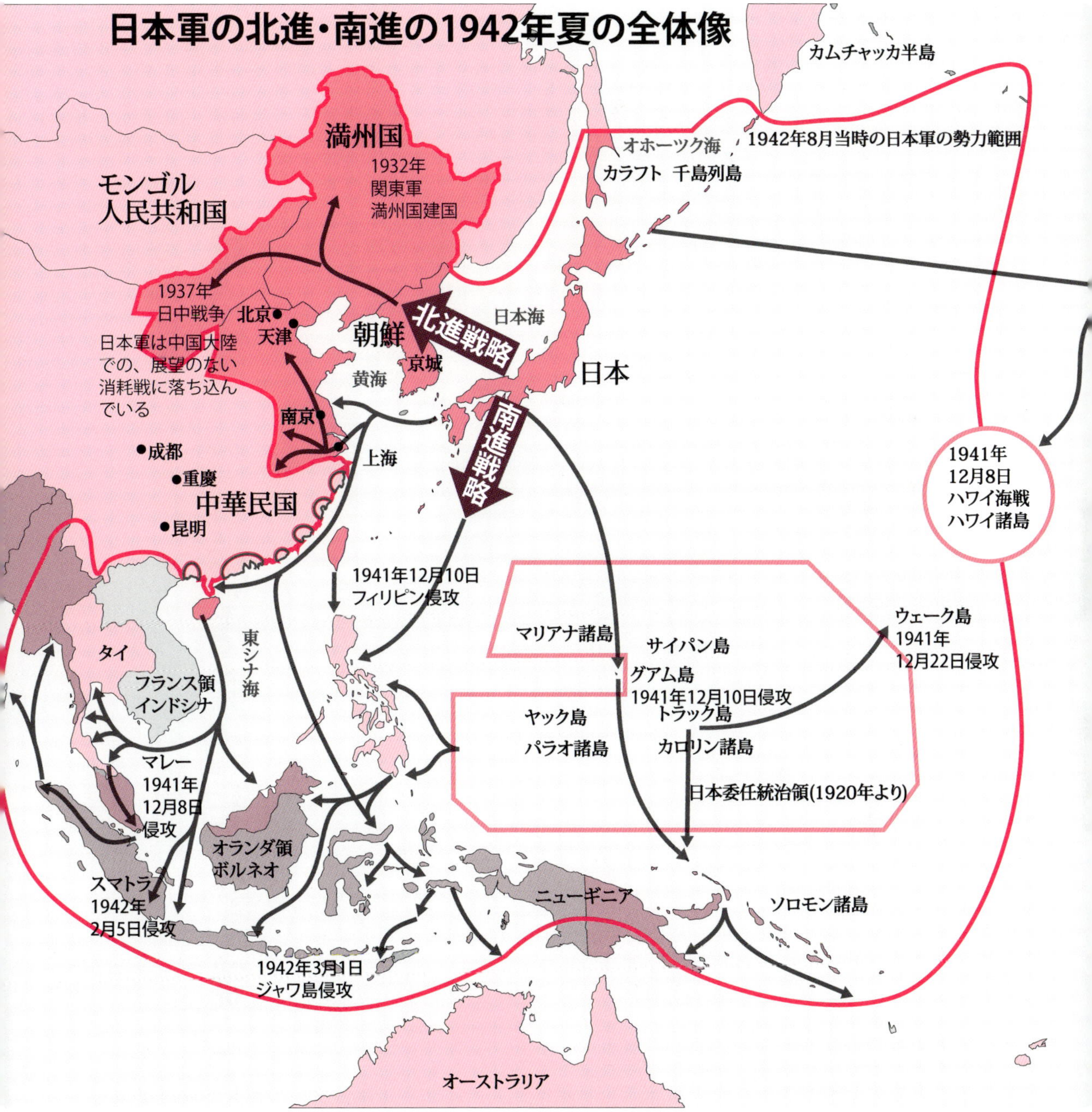


## 北進論

日本の大陸進出を朝鮮や中国東北、シベリアなどの北方諸地域に求めた対外論。明治維新以降、仮想敵国をソ連とする陸軍や国家主義者を中心に唱えられる。近代日本が欧米列強に対峙した際に、有力な主張として国策を導く。

ノモンハンを進軍する
日本陸軍

VS

仏領インドシナへの進駐

## 南進論

戦前の日本で、国家的海外進出を中国南部や東南アジアなどの南方諸地域に求めた対外論。海軍を中心に唱えられる。日中戦争後は石油などの軍需資源確保を目的とし、仏印に進駐し、英米と対立。太平洋戦争開始のきっかけとなった。

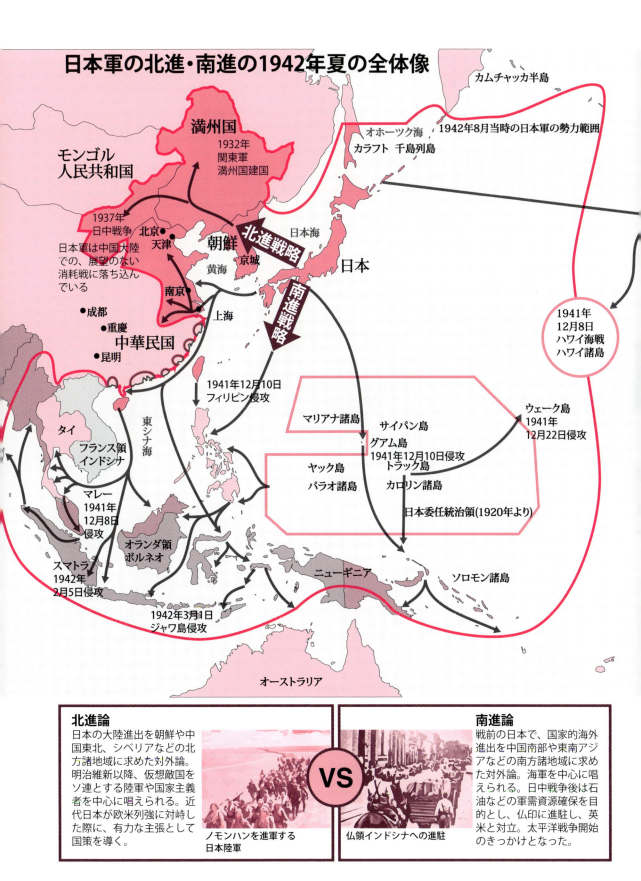

Geopolitics

# おわりに
# 太平洋ネットワークの起点国家へ

## 海洋国家日本が選ぶ平和のための第3の地政学

**日本は国家の始まりから明治まで、繁栄するアジアの辺境にあった**

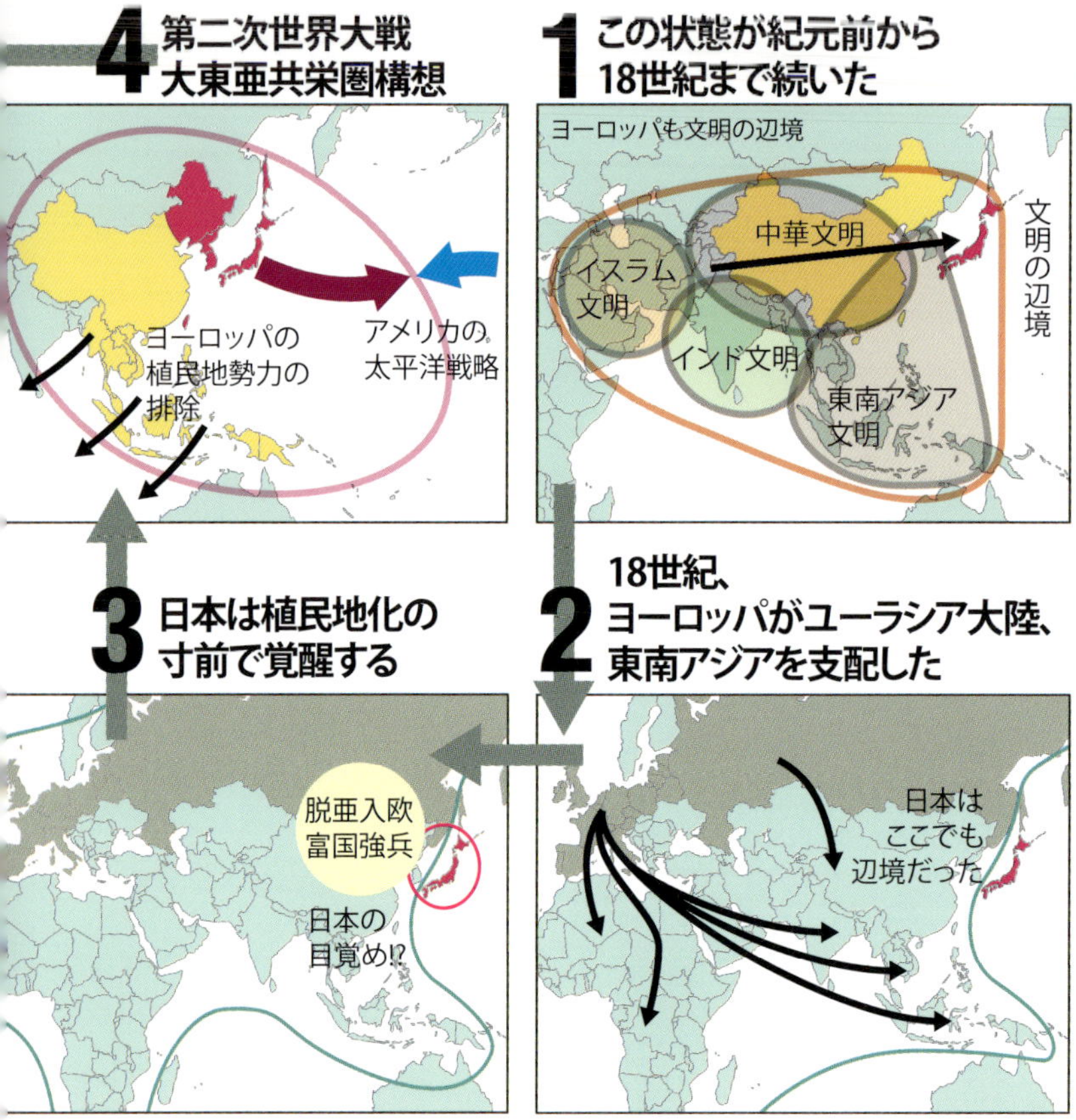
1 この状態が紀元前から18世紀まで続いた
ヨーロッパも文明の辺境
中華文明
イスラム文明
インド文明
東南アジア文明
文明の辺境
2 18世紀、ヨーロッパがユーラシア大陸、東南アジアを支配した
日本はここでも辺境だった
3 日本は植民地化の寸前で覚醒する
脱亜入欧
富国強兵
日本の目覚め!?
4 第二次世界大戦 大東亜共栄圏構想
ヨーロッパの植民地勢力の排除
アメリカの太平洋戦略

1945年夏、日本は第二次世界大戦に敗北し、敵であった連合国軍に国土を占領されました。その後7年間に及んだアメリカの占領政策で、現在の日本の原型ができあがります。まず1947年に日本国憲法が施行されます。この憲法は、第二次世界大戦の惨禍《さんか》を経た日米双方にとって、極めて理想に満ちたものでした。国家による戦争と軍備の放棄を謳《うた》う「原理的」平和憲法でした。

この憲法が生まれた背景には、戦勝国の「理性による地政学」がありました。連合国側が戦後世界に期待した、国連軍による平和です。国連軍だけが国際紛争解決のための軍事力となり、国連軍は国連の安全保障理事国だけが組織できる。この構想の下では、日本の戦争と軍備の放棄は当然の道筋でした。

しかし、地政学的状況は激変します。平和憲法の制定を指導したアメリカが、日本に再軍備を要求したのです。原因は1950年に勃発した朝鮮戦争でした。この時にアメリカの指示によって創設された警察予備隊が、今日の自衛隊に発展していくことになります。さらに、1951年に日本は連合国とサンフランシスコ講和条約を締結し、国家主権を回復しますが、その裏側で結ばれた日米安全保障条約によって、アメリカは日

# 敗戦後は太平洋の西の辺境として生きてきた

## 5 アメリカの太平洋戦略の最前線に

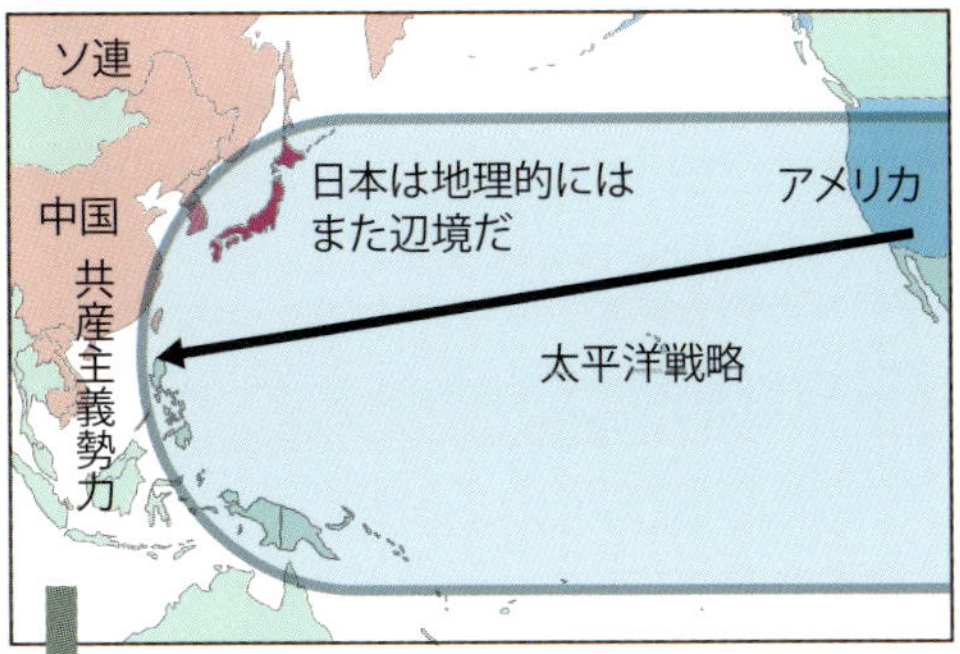
ソ連
中国
共産主義勢力
日本は地理的にはまた辺境だ
アメリカ
太平洋戦略

## 6 太平洋・インド洋・アラビア海でのアメリカの覇権の確立

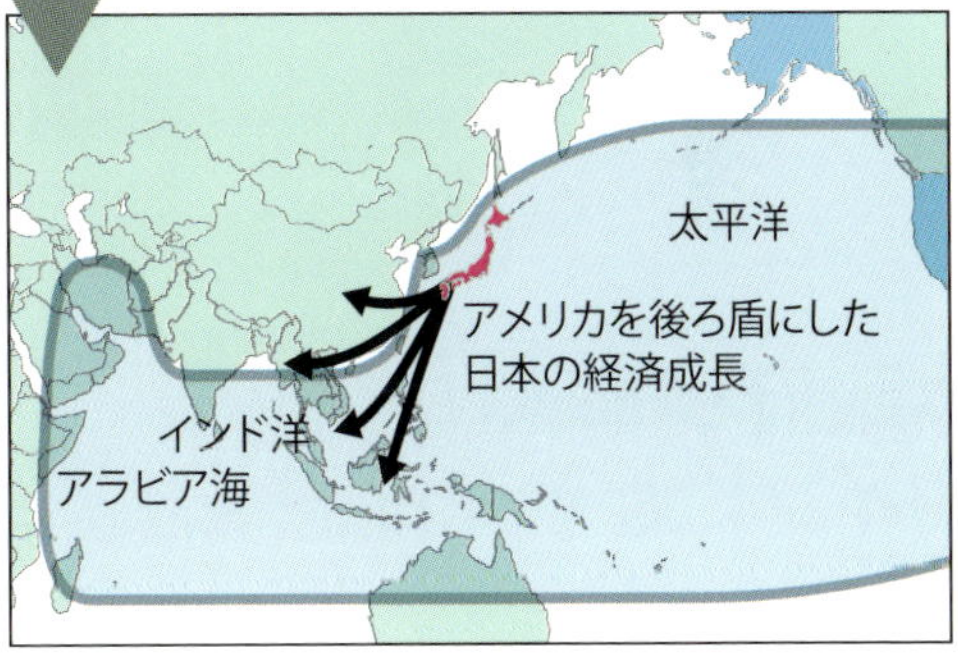
太平洋
アメリカを後ろ盾にした日本の経済成長
インド洋
アラビア海

# そしていま、日本の位置は微妙だ

## 7 日本は両勢力圏の中心にいる

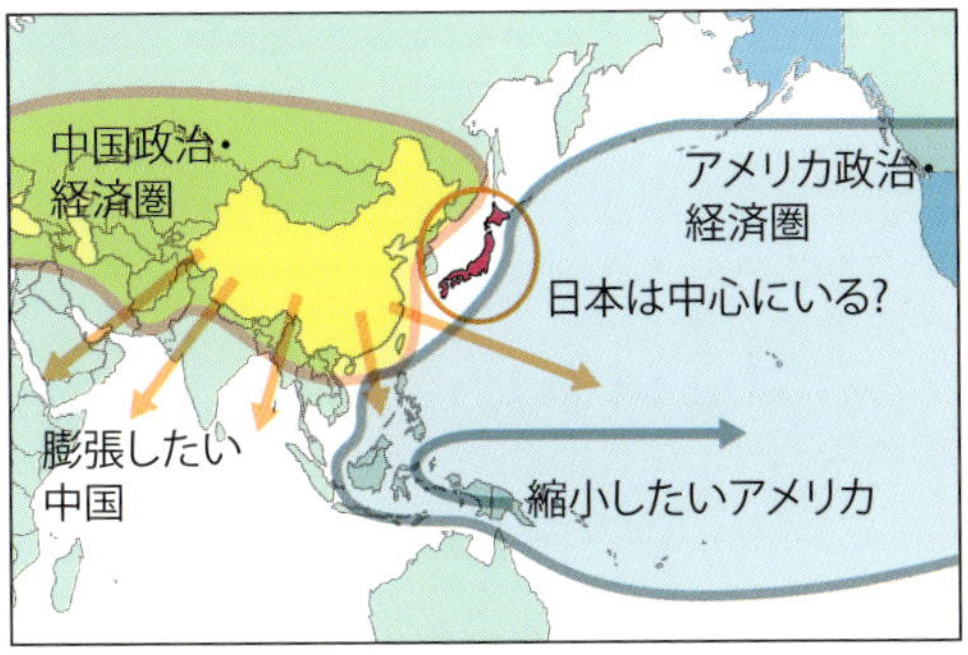
中国政治・経済圏
アメリカ政治・経済圏
日本は中心にいる?
膨張したい中国
縮小したいアメリカ

## 日本が選択し得る地政学的ポジション

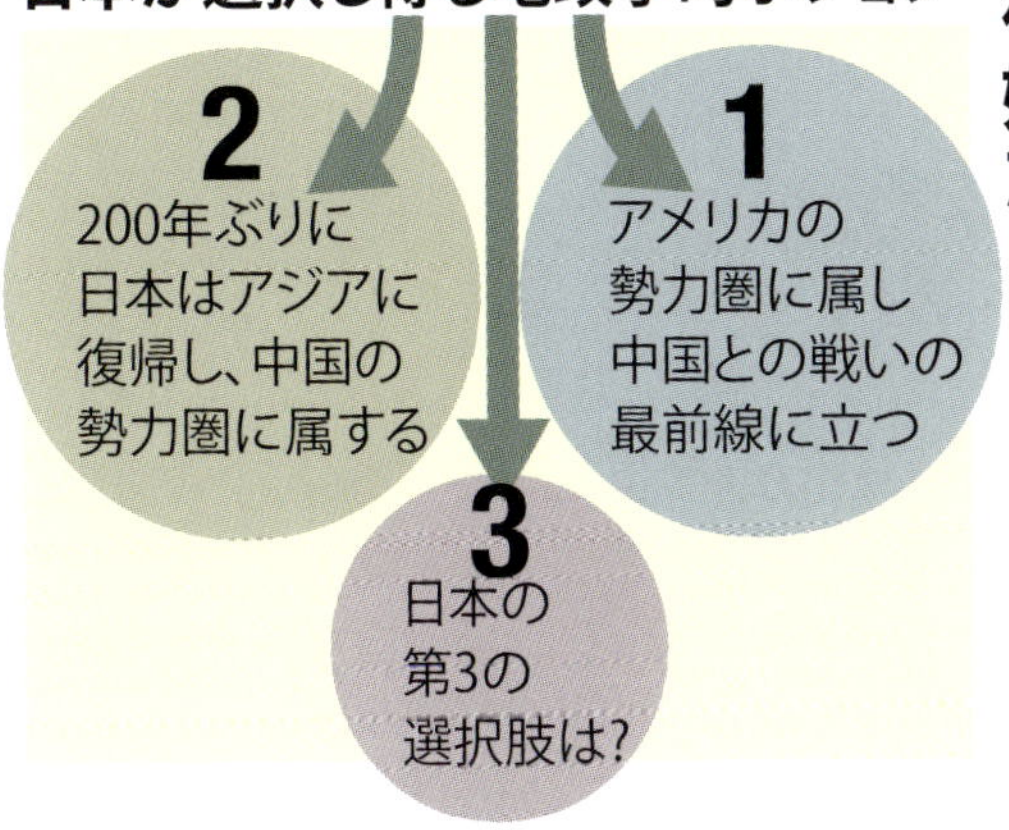
1
アメリカの勢力圏に属し中国との戦いの最前線に立つ
2
200年ぶりに日本はアジアに復帰し、中国の勢力圏に属する
3
日本の第3の選択肢は?

本国内で無制限に軍事施設を使用できる権限を手に入れます。ここに、戦後日本は、安保条約と平和憲法という大きな矛盾を抱えこみながら歩み始めたのです。

以来約70年間、日本は海洋大国アメリカの忠実な一員として、フィリピンとともに太平洋の西の最前線基地の役割を果たし続けてきました。その間、アメリカと共産国ソ連とが核兵器で対《たい》峙《じ》し、アジアでの代理戦争が続きます。アメリカがこの約70年間、様々な地域で戦い続けてきたことは、本書でも詳しく述べたとおりです。その過程でソ連が崩壊し、アメリカ一国の覇権《はけん》時代が到来しました。

しかし現在、世界の地政学上の力のバランスは、アメリカの国力の低下によって、世界第二の経済大国中国を中心とするアジアに大きく傾きつつあることを、私たちは知っています。

上の図を見てください。日本という国は地理上の位置ゆえに、常に地政学的な勢力圏外にある辺境の国であったことがわかります。アジアが世界の中心だった時代、日本はユーラシア大陸から外れた「東の端の国」でした。それゆえ、ユーラシアの戦乱から逃れることもできたのです。しかし、第二次世界大戦では、自らアジアに進出して独自の勢力圏を形成しようとして挫折。そして戦後は、アメリカの太平洋勢力圏の「西の最前線国家」であり続けてきました。

そして現在、日本の地政学的位置は、極めて微妙です。

アメリカのトランプ大統領は、ホルムズ海峡での日本のタンカー攻撃事件の後、収縮するアメリカの勢力圏の最前線国である日本に対し、正直に、身も蓋《ふた》もなくこう言い放ちました。

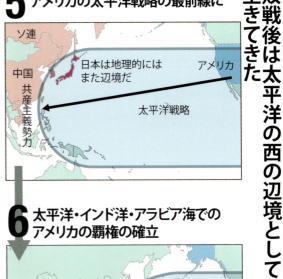

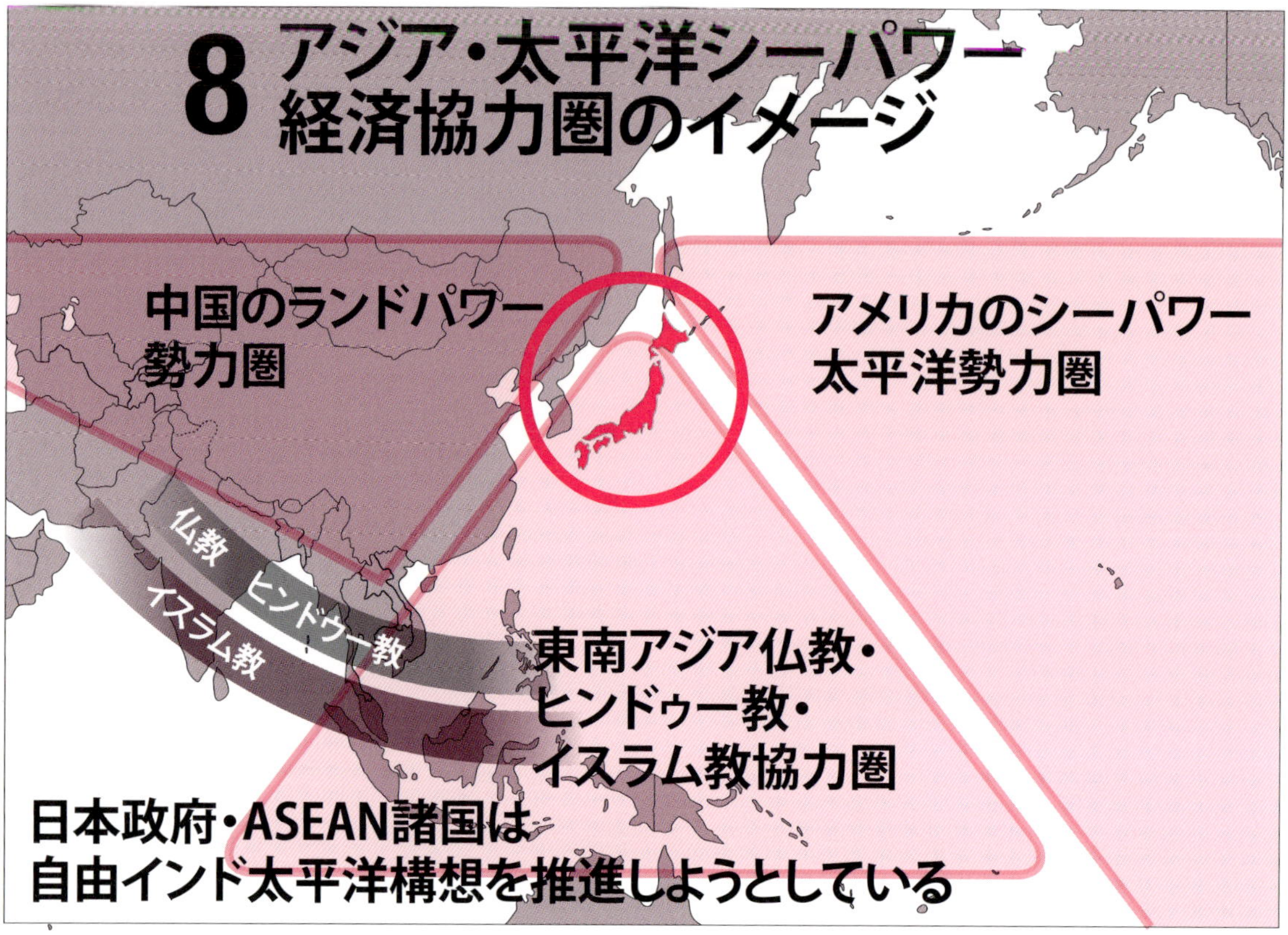
8 アジア・太平洋シーパワー
経済協力圏のイメージ
中国のランドパワー
勢力圏
アメリカのシーパワー
太平洋勢力圏
仏教
ヒンドゥー教
イスラム教
東南アジア仏教・
ヒンドゥー教・
イスラム教協力圏
日本政府・ASEAN諸国は
自由インド太平洋構想を推進しようとしている

「なぜ、われわれが他国のために無償で航路を守っているのか。これらの国は、危険な旅をしている自国の船を自らで守るべきだ」

さらに日本に対し、日米安保条約を見直す、とも発言しています。アメリカが日本を守ることを保障しても、日本にはアメリカを守る義務が課せられていないからです。こうしたトランプ大統領の発言は、戦後一貫してアメリカの太平洋戦略に忠実に従い、対米追従外交に甘えてきた日本に、地政学的な自己認識の変更を迫るものでした。

しかし、視点をいま一度、太平洋を中心とした地図に戻してみましょう。ここで日本は辺境ではありません。台頭する中国の勢力圏とは、「引っ越しのできない隣同士」でもあります。日本はアメリカと中国、拮抗《きっこう》する2つの勢力の中央に位置しています。これが現在の日本が置かれた地政学的な位置です。

このような日本が選択し得る道筋は、大きく3つあり得ます。

1．日本は、縮小するアメリカの太平洋勢力圏維持のための最前線として、中国の膨張圧力に対抗し続ける。

2．日本は、勃興するアジア経済圏の一員として、中国の勢力圏に含まれていく。

3．日本は2大国のどちらにも隷属せず、その中央に位置する地政学的特徴を生かして、太平洋の海洋国家をネットワークする新たな経済・文化圏を構築する。そして、このネットワークをインドやイスラム圏に繋ぐことで、アジアの成長のコア・センターの1つとして貢献する。このプランは、日本政府・ASEAN諸国が推進する構想と多くの共通点をもっています。

あなたなら、どの選択肢を支持するでしょう？

# 参考文献


『ラルース　新版　地図で見る国際関係』イヴ・ラコスト著（原書房刊）
『21世紀の地政学アトラス』地政学地図研究会編（小学館クリエイティブ発行）
『「接続性」の地政学 上下』パラグ・カンナ著（原書房刊）
『現代地政学　国際関係地図』パスカル・ボニファス著（ディスカヴァー・トゥエンティワン刊）
『マッキンダーの地政学　デモクラシーの理想と現実』ハルフォード・ジョン・マッキンダー著（原書房刊）
『マハン海上権力論集』麻田貞雄編（講談社刊）
『最新　アメリカの政治地図　地政学と人脈で読む国際関係』園田義明著（講談社刊）
『平和の地政学　アメリカ世界戦略の原点』ニコラス・スパイクマン著（芙蓉書房出版刊）
『「ポスト・グローバル時代」の地政学』杉田弘毅著（新潮社刊）
『失敗の本質　日本軍の組織論的研究』戸部良一ほか著（中央公論社刊）
『日経 資源・食料・エネルギー地図』日本経済新聞社編（日本経済新聞出版社刊）
『韓国と日本の歴史地図』武光誠著（青春出版社刊）
『宗教・地政学から読むロシア「第三のローマ」をめざすプーチン』下斗米伸夫著（日本経済新聞出版社刊）
『地図で読む世界の歴史　ロシア』ジョン・チャノンほか著（河出書房新社刊）
『フィリピン―急成長する若き「大国」』井出穣治著（中央公論社刊）
『好戦の共和国アメリカ』油井大三郎著（岩波書店刊）
『銃を持つ民主主義「アメリカという国」のなりたち』松尾文夫著（小学館刊）
『太平洋戦争とは何だったのか』クリストファー・ソーン著（草思社刊）
『中国共産党　支配者たちの秘密の世界』リチャード・マグレガー著（草思社刊）
『現代中国の父　鄧小平　上下』エズラ・F・ヴォーゲル著（日本経済新聞出版社刊）
『経済統計で見る　世界経済２０００年史』アンガス・マディソン著（柏書房刊）
『9・30世界を震撼させた日　インドネシア政変の真相と波紋』倉沢愛子著（岩波書店刊）
『リー・クアンユー回顧録　ザ・シンガポール・ストーリー上下』リー・クアンユー著（日本経済新聞出版社刊）
『物語　ヴェトナムの歴史　一億人国家のダイナミズム』小倉貞男著（中央公論社刊）
『マクナマラ回顧録　ベトナムの悲劇と教訓』ロバート・S・マクナマラ著（共同通信社刊）
『タイの基礎知識』柿崎一郎著（めこん刊）
『タイ　混迷からの脱出　繰り返すクーデター・迫る中進国の罠』高橋徹著（日本経済新聞出版社刊）
『バンコク燃ゆ　タックシンと「タイ式」民主主義』柴田直治著（めこん刊）
『台湾とは何か』野嶋剛著（筑摩書房刊）
『蔡英文　新時代の台湾へ』蔡英文著（白水社刊）
『インド独立史』森本達雄著（中央公論社刊）
『イギリス帝国の歴史』秋田茂著（中央公論社刊）
『攻撃計画　ブッシュのイラク戦争』ボブ・ウッドワード著（日本経済新聞社刊）
『アラブとイスラエル　パレスチナ問題の構図』高橋和夫著（講談社刊）
『原理主義の終焉か』私市正年著（山川出版社刊）
『アッラーのヨーロッパ　移民とイスラム復興』内藤正典著（東京大学出版会刊）
『欧州複合危機　苦悶するEU、揺れる世界』遠藤乾著（中央公論社刊）
『ポピュリズムとは何か』ヤン＝ヴェルナー・ミュラー著（岩波書店刊）
『欧州ポピュリズム』庄司克宏著（筑摩書房刊）

以下のサイトも参考にしました
https://jbpress.ismedia.jp
https://toyokeizai.net/articles/-/287478
https://www.fnn.jp/
https://www.travel-zentech.jp/index.htm
https://globe.asahi.com
https://jp.reuters.com/article/china-southchinasea-idJPL3N0Z21N020150616
https://ja.wikipedia.org/wiki/ 南沙諸島
http://wedge.ismedia.jp/articles/-/15013
https://researchmap.jp/joul1dco1-18602/#_18602
http://www.tufs.ac.jp/asc/information/post-541.html
https://diamond.jp/articles/-/179332
https://www.sankei.com/world/news/180903/wor1809030026-n1.html
https://imidas.jp/jijikaitai/d-40-077-11-03-g040
https://forbesjapan.com/articles/detail/22417
https://www.pictet.co.jp/Individual/Report/markets/emerging/20180711
https://jbpress.ismedia.jp/articles/-/56380
https://www.recordchina.co.jp/b17492-s0-c20-d0000.html
https://www.recordchina.co.jp/b27700-s0-c30-d0000.html
https://www.recordchina.co.jp/b34636-s0-c20-d0000.html
https://www.recordchina.co.jp/b22715-s0-c20-d0000.html
https://www.jetro.go.jp/
http://wedge.ismedia.jp/articles/-/16087
https://synodos.jp/
https://imidas.jp/jijikaitai/d-40-042-09-02-g034
https://www.afpbb.com/articles/-/3168648
https://www.jiji.com/jc/article?k= 2019061100921&g=int
https://ecodb.net/country/
https://ryokoukankou.com/singapore/basic-penalty.html
https://www.transparency.org/cpi2015
https://www.mizuhobank.co.jp/corporate/world/info/investment_environment/pdf/vietnam.pdf
http://sophist.hatenablog.com/entry/2018/02/26/070441
https://www.asahi.com/articles/ASL585D5L58UHBI027.html

# 索引

## あ



## か



## さ



## た

Index

**監修／鍛冶 俊樹（かじ としき）**

軍事ジャーナリスト。元航空自衛隊幹部。『日本の安全保障の現在と未来』で第一回読売論壇新人賞受賞。著書に『領土の常識』『国防の常識』（共に角川新書）、『戦争の常識』（文春新書）など、監修に『超図解でよくわかる！現代のミサイル』（綜合図書）、『イラスト図解戦闘機』（日東書院本社）。配信中のメルマガ「鍛冶俊樹の軍事ジャーナル」は、メルマ！ガ オブザイヤー 2011受賞。

**著／インフォビジュアル研究所**

2007年より代表の大嶋賢洋を中心に、編集、デザイン、CGスタッフにより活動を開始。これまで多数のビジュアル・コンテンツを編集・制作・出版。主な作品に、『イラスト図解 イスラム世界』（日東書院本社）、『超図解 一番わかりやすいキリスト教入門』（東洋経済新報社）、「図解でわかる」シリーズ『ホモ・サピエンスの秘密』『14歳からのお金の説明書』『14歳から知っておきたいＡＩ』『14歳からの天皇と皇室入門』『14歳から知る影響と連鎖の全世界史』『14歳から知る 人類の脳科学、その現在と未来』（いずれも太田出版）などがある。

企画・構成・執筆　大嶋 賢洋
豊田 菜穂子
イラスト・図版制作　高田 寛務
カバーデザイン・DTP　河野　謙
校正　鷗来堂

図解でわかる
**14歳からの地政学**

2019年 9月 2日 初版第1刷発行
2022年 10月 22日 初版第2刷発行

監修　鍛冶 俊樹
著者　インフォビジュアル研究所

発行人　岡 聡
発行所　株式会社太田出版
〒160-8571 東京都新宿区愛住町 22 第三山田ビル4階
Tel.03-3359-6262　Fax.03-3359-0040
振替 00120-6-162166
http://www.ohtabooks.com
印刷・製本　中央精版印刷株式会社

ISBN978-4-7783-1680-8 C0030